KETTLEBELL TRAINING

壶铃训练指南

[英]史蒂夫·考特（Steve Cotter） 著　杨思巧　杨帆　译

[修订版]

人民邮电出版社

北京

图书在版编目（C I P）数据

壶铃训练指南 / （英）史蒂夫·考特
(Steve Cotter) 著；杨思巧，杨帆译. -- 2版（修订本）
. -- 北京：人民邮电出版社，2022.8
ISBN 978-7-115-57876-1

Ⅰ. ①壶… Ⅱ. ①史… ②杨… ③杨… Ⅲ. ①健身器
械－健身运动－指南 Ⅳ. ①G883-62

中国版本图书馆CIP数据核字(2022)第044258号

版权声明

免责声明

作者和出版商都已尽可能确保本书技术上的准确性以及合理性，并特别声明，不会承担由于使用本出版物中的材料而遭受的任何损伤所直接或间接产生的与个人或团体相关的一切责任、损失或风险。

内 容 提 要

壶铃训练是一种性价比很高的训练方式，相当多的全球顶级运动员和训练者已经将它纳入日常训练中。作为专业壶铃认证机构国际壶铃健身联合会的创始人和久负盛名的壶铃训练专家，史蒂夫·考特拥有丰富的壶铃训练理论知识和实践经验，他为本书读者总结了系统、科学的壶铃训练方法。本书从基础到进阶，带领读者认识壶铃这个训练工具，了解壶铃训练的原则和训练前的目标设定、体质评估及注意事项，学习基础、中级、高级的壶铃练习方法，并为读者提供力量和体能训练方案及针对特定运动项目的训练方案，帮助读者安全、有效地进行壶铃训练，达成上佳的训练效果。

◆ 著　　　　[英]史蒂夫·考特（Steve Cotter）
　　译　　　　杨思巧　杨 帆
　　责任编辑　刘日红
　　责任印制　马振武
◆ 人民邮电出版社出版发行　　北京市丰台区成寿寺路 11 号
　　邮编　100164　电子邮件　315@ptpress.com.cn
　　网址　https://www.ptpress.com.cn
　　北京虎彩文化传播有限公司印刷
◆ 开本：700×1000　1/16
　　印张：14　　　　　　　　　2022 年 8 月第 2 版
　　字数：312 千字　　　　　　2025 年 4 月北京第 5 次印刷
　　　　　著作权合同登记号　图字：01-2016-9881 号

定价：88.00 元
读者服务热线：(010)81055296　印装质量热线：(010)81055316
反盗版热线：(010)81055315

谨以本书献给我的妻子萨曼莎（Samantha），一个美丽而不可思议的女人、我一生的挚爱，是她给予了我力量，使我能够在所做的每一件事情中不断超越自己。同时献给我的宝贝孩子们：雷利（Rileigh）、伊丽莎白（Elizabeth）和丹尼尔（Daniel），我为他们都成了出色的人而感到骄傲。还要献给我的学生们，是他们赋予了我与世界分享自身天赋与经验的灵感。最后要献给你们，我亲爱的读者们，没有你们，这部作品将毫无意义。

目　录

作者寄语

各位亲爱的中国读者，非常荣幸我的这本书能和大家见面。两位译者——杨思巧和杨帆是我的好朋友，感谢他们不辞辛劳，为中国读者们翻译了这本书。我还要感谢人民邮电出版社，对本书的出版给予的大力支持。

壶铃训练已经风靡中国，并且这种影响正在持续扩散。这与壶铃的实用性、高效性和全面性密不可分。壶铃训练有助于提升身体发展所需的多种特质，尤其是力量、爆发力、心肺耐力、肌肉耐力和灵活性。进一步说，壶铃的独特设计允许训练者在所有运动平面中对负重动作进行探索，为他们提供了多样的选择。

本书对壶铃训练进行了全面介绍，包括大量壶铃提举动作技术的透彻分析、壶铃的历史、如何将壶铃与其他功能性训练工具组合使用，以及不同运动项目中的壶铃训练方案示例。

壶铃训练适用于从初学者到经验丰富的体育行业从业者的广泛人群。

在本书中，你们将学到：壶铃的优点、如何开始训练、科学训练的关键原则、设定目标的重要性、评估体质与安全训练的关键、如何通过充分热身和放松来确保训练计划的连贯性和综合性等内容。

亲爱的读者们，我希望本书能够帮助你们每一个人获得安全、高效的壶铃训练技能，并祝愿大家从身体、思想和情感上终身受益。

再次致以感激。

Steve Cotter

译者序

国际壶铃健身联合会（IKFF）的创始人史蒂夫·考特，是我最敬佩的身体训练领域的大师之一。他从少年时代开始学习中国功夫，有几十年的功夫功底。因此，虽然他不会说很多中文，但是他对中国文化的了解十分全面。他曾经对我说："我越了解中国，就越热爱这个地方，如果以后有机会，我很愿意在中国住上一段时间，去感受整个中国带给我的正能量。"

我很荣幸能够在王雄老师的引荐下，担任史蒂夫这本书的翻译，这对我来说意义非凡，也是我认为必须去做的事情。但翻译工作并不像我想象的那么简单和有趣。幸运的是，我由于工作关系，能够经常见到史蒂夫本人，可以抓住他和他讨论书中的内容。关于书的名字，我问他有没有酷炫的想法。他如往常一般平静地一笑，说希望能够用最朴实的语言和最简洁明了的语句，为所有想进行壶铃训练的人提供一目了然的指导。

正如大家即将看到的，这本书介绍了许多经典壶铃训练动作的技巧，语言平实，娓娓道来，但是知识点却十分丰富，从呼吸技巧，到动作节奏，再到如何挑选适合训练者自己的壶铃都十分详尽。相信本书会为各位读者打开壶铃训练的大门。

每次史蒂夫进行壶铃培训时，他都会为学员演示完整的考试内容，而不仅仅是某几个动作。他每次成功演示之后，会跟学员说："作为老师，我为你们演示是想让你们看到，我是有能力对你们进行考核的，同时，我希望你们知道，要想拿到证书，就要用实际行动赢得它。"本书的字里行间，同样透露着他的这份执着，告诉你不要放弃，坚持训练。世上本没有捷径，很多人看上去轻松，只是他们走得多了，走习惯了。

把一件简单的事情做好，就是不简单的。几十年如一日地坚持壶铃训练和培训，史蒂夫可以说已将壶铃这个训练工具深深扎根于整个身体中。与此同时，他也帮助全世界的壶铃爱好者们打下了扎实的训练基础。走近他，走进他的书，去领略史蒂夫倾尽一生所追求的壶铃艺术吧！

感谢史蒂夫带给我们的朴实而又精彩的内容，希望这本书能够成为指引你训练的一盏明灯。最后我要感谢王雄老师的引荐，感谢人民邮电出版社和JUZPLAY的大力支持，感谢杨帆在翻译校对工作中给予的帮助。

让我们一起向大师致敬，向专业致敬。

原版推荐序

2004年9月18日那天，我开车前往我的位于密歇根州（Michigan）壁湖市（Walled Lake）的巴西柔术（BJJ）学校，准备去参加一场由史蒂夫·考特（Steve Cotter）主讲的讲座。当周早些时候，我在一本书中见过一张史蒂夫的照片。照片中，史蒂夫手提两个70磅（约32千克。下文中的单位换算值均为约数）重的壶铃，做了一个单腿深蹲的姿势（手枪式深蹲）。疯狂的运动能力、世界级的武术技能及对健身和教练技术的创造性见解——我想，要是能和他一起训练，就真的无敌了。但是因为当时他还在圣迭戈（San Diego），而我在密歇根，感觉有点不可能。可是两天后，在我们的巴西柔术学校，我却发现了一张传单，上面写着他就要飞来我们学校授课了。两天之后，我就和他在一起训练了。

这一系列的事情改变了我的一生，也成了我与史蒂夫交往过程的主题。一切皆有可能，只要想法和态度合理，几乎没有什么是不可实现的。史蒂夫不仅仅是个伟大的运动员。显然，作为一个极具天赋的沟通者、教练员和导师，他已经超越了运动员的身份。因此，说起史蒂夫曾经环游世界各地，教导了数以千计的学员并以相同的方式启发他们，便是件不足为奇的事情了。能够成为他的学员，我感到非常自豪与荣幸。而且我知道很多人和我一样，有着相同的感受。

从这本书中，读者将收获一份真正全面的参考资料，这在当今社会是十分难得的。大多数健身书籍与产品提供的信息并不完整，以此留下悬念吸引读者，使其陷入不断购买续篇、重复性内容等的购买循环之中。这本书绝非此类产品。为了确保读者一观壶铃运动的全景，而非冰山一角，史蒂夫倾注了大量的时间与精力。这本书为读者提供了练习、进阶、变形、计划设计等众多内容。

预祝各位读者阅读愉快！史蒂夫身上有着杰出导师的特质，选择他，将有助于各位读者将自身的知识水平、健康水平及体能表现提升到一个新的高度！

肯·布莱克本（Ken Blackburn）
国际壶铃健身联合会国际团队领队、
首席资深教练

致 谢

我坚信，有做学生的时候，就有当老师的时候。俗语说，有学生就有老师。多年来，在我时而为学生、时而为老师的职业发展道路上，这一原则一直指导着我。在这个我们大多数人共同奋斗其中的快节奏、即时满足的世界中，我们很容易忘记我们的出发点。作为一名武术家，我对传统艺术及其历史一直报以深深的敬意与欣赏。每一名优秀的学生背后必然有一位教法得当的老师，而每一位出色的运动员背后必然有一位或多位训练得当的教练。人们只有对那些使我们发展到当前知识水平的前人的作品有所了解之后，才能真正对所有要学习的东西有所领悟。

因此，我要真诚感谢进行壶铃学习、练习和教学多年以来，曾经指导过我的各位壶铃导师。在此不分先后，我要感谢以下在我事业发展的各个阶段，我有幸与之进行互动和学习的壶铃导师：帕维尔·察苏林（Pavel Tsatsouline）、瓦莱里·费多伦科（Valery Fedorenko）、德米特里·塞迪夫（Dmitri Sateav）、潘塔莱伊·菲利基迪斯（Pantalei Filikidis）、奥莱·伊利卡（Oleh Ilica）、谢尔盖·鲁德涅夫（Sergei Rudnev）、谢尔盖·莫库林（Sergei Merkulin）、弗拉基米尔·季希诺夫教授（Dr. Vladamir Tikhinov）、肯·布莱克本（Ken Blackburn）和阿尔塞尼·热尔纳科夫（Arsenij Zhernakov）。此外，还要感谢我的第一位体能训练导师迈克·帕特森（Mike Patterson），在我拿起第一个壶铃之前，是他让我了解到了中国武术和教学艺术；以及后来教我武术的宗师高圣伦（Kao San Lun）。在我作为一名专业健身运动员的职业生涯中，如果没有我亲爱的朋友戴维·瓦克（David Weck），我不会如此专注于我的事业。他是波速球（BOSU）平衡训练和瓦氏训练法（Weck Method）的发明者。我对运动锻炼和人类潜能的理解深受其影响。所有这些人都曾以这样或那样的方式教给我很多有价值的东西。对此我深表感谢。

对我来说同样重要甚至更为重要的是，感恩每一部伟大的作品背后必然存在的一个为作品提供支持和养料的了不起的团队。我的妻子萨曼莎，我的伴侣，无论我创造了多么优秀的作品，她的爱才是我的灵感之源。无论我在生活中取得什么样的成就，都比不上作为一群美丽聪慧且富有冒险精神的孩子们——雷利、伊丽莎白和丹尼尔——的父亲更值得我骄傲。

我要特别感谢我的朋友戴夫·迪皮尤（Dave Depew），感谢他将位于圣迭戈的豪华的格林德健身馆（Grinder Gym）提供给我进行照片拍摄，以及优秀的模特们：艾丽丝·阮（Alice Nguyen）、约翰·帕克（John Parker）和卡梅伦·元（Cameron Yuen）。感谢人体运动出版社的团队成员们：编辑劳拉·普利亚姆（Laura Pulliam）、编辑汤姆·海涅（Tom Heine）和我们的摄影师尼尔·伯恩斯坦（Neil Bernstein）。没有他们的专业指导，就不可能完成这部作品。

最后，如果一种艺术形式要在时代的变迁过程中经久不衰，那么在一代又一代人之间必然有着知识与经验的传递。本着这种精神，我要感谢全球范围内我有幸与之分享我的壶铃运动知识、经验和方法的众多学生们。

前　言

在过去的几年中，壶铃和壶铃运动越来越受到人们的喜爱，而此前壶铃和壶铃运动还分别是鲜为人知的健身工具和源自俄罗斯的民族体育运动。运动员、教练员、私人健身教练、健身爱好者，以及希望在短时间内完成大量运动的忙碌的专业人士，都被这种独特的一体化健身方法吸引。这种方法将力量训练、心肺调节、核心稳定性训练、协调性训练及动态灵活性训练完美地融入一种高强度的训练之中。人们对壶铃的兴趣不断增加，对专业壶铃教练的需求不断扩大，促进了相关新兴产业的发展。在这种情况下，人们急需一本清晰简明的书来介绍一下什么是壶铃、为什么选择壶铃及如何使用壶铃，从而指导初学者通过安全有效的方法进行壶铃练习。这本书提供了进行这种充满活力的健身训练所需要的基础知识与专业技术。

壶铃训练的一个最根本的组成部分是使用这种健身工具将整个身体作为一个统一的功能单元进行训练。与健美的方案不同，壶铃训练并不区分肌群，不针对各个肌群单独训练，而是采用了一种更具运动性的方法，将身心结合起来。大多数壶铃训练是站立进行的，同时训练肌肉与动作。这些训练同时在多个运动平面上作用于多个关节。因此，必须清楚地了解这种动态运动系统的训练方法和安全的生物力学原理。

本书开篇对壶铃进行了介绍。我们生活在一个繁忙的现代世界之中，而壶铃训练正是在这个世界中的一种理想的健身解决方案。去健身房健身的人采用的传统方法是单独作用于单个健身部位。与传统方法不同，壶铃训练本质上是一种全面和整体的训练，因此通过壶铃训练，可以把提升肌肉张力、增强心肺功能、提升肌肉耐力、减脂及提升力量与爆发力等健身目标同时结合在一起。此外，训练者的一般身体素质也会得到提升，如灵敏性、平衡性、协调性、力量、爆发力和持久性等。如果真的存在一种一体化的健身计划，那么这个计划一定是壶铃训练。

壶铃采用了一种独特的设计，这种设计使其在形式与练习方式上与大众更为熟悉的哑铃和杠铃区分开来。书中对壶铃的历史进行了简要介绍，描述了壶铃是如何在其他铃类器材大放光彩的情况下异军突起，在力量训练方法中占据一席之地的。

在开始执行正式的训练计划之前，我们需要针对这种体能训练方法的相关原则进行一次全面的学习。本书讨论了训练的频率、负荷、运动量、强度和持续时间等变量，逐渐增加阻力的方式，训练身体各种能量系统的方法，以及壶铃运动中涉及的一般技能与特殊技能。除了训练原则之外，书中还讨论了训练计划执行过程中的休息与恢复，以及如何看待休息与恢复这一重要的因素。

清楚地了解了壶铃训练的好处之后，我们就可以开始制订训练计划了。第一步是确定我们的个人健身目标或运动目标。本书将提供关于如何根据个人目标制订训练计划的指导。明确了目标以后，就做好了实现目标的准备。当然，我们都希望在没有痛苦或不受伤的情况下实现目标，因此本书就损伤预防和安全练习进行了讨论。由于适当的准备和恢复是降低剧烈体育运动期间受伤可能性的重要组成部分，因此本书使用了一整章的篇幅来介绍热身与放松。附录中还提供了关于营养与水分的一些常识性建议，以便训练者能够最大限度地使壶铃训练计划发挥效果。

壶铃练习按照基础、中级和高级这三个主要类别分别进行介绍。在介绍完每一种练习之后，都会强调关键原则和常见错误。由基础练习向高级练习进阶的过程中，这种介绍方式将有助于训练者在不同级别之间轻松过渡。

有了一本几乎无所不包的壶铃训练百科全书，我们发现书中有关计划设计的章节珍贵无比。无论我们的具体目标是更倾向于减脂、增强整体力量和提高耐力等一般的健身目标，还是身为一名教练或运动员想要通过壶铃训练对自身进行补充训练，都会在这些章节中找到我们所需要的计划设计指导。

如果你是首次接触壶铃训练，欢迎来到壶铃的世界！准备迎接一种有趣而激烈的运动和锻炼方式吧。开始壶铃训练之后，你很可能会发现自己变得比以往任何时候都更加健壮和健康。如果你已经具备了一定的壶铃训练经验，那么本书将是帮助你提升力量、完善壶铃训练计划设计的宝贵资源。现在让我们一起开启本书的阅读之旅吧！

第 1 章

壶铃的优点

如果我说，每天练习不超过 30 分钟，每周坚持 3 至 4 天，只要一件价格低廉的工具，在舒适的家中或办公室，就可以实现所有的健身目标，大家会做何感想？如果我说，无须购买花哨的设备、难吃又费钱的营养品或昂贵的健身卡，就可以尽享一体化训练计划带来的全部优势，大家会做何感想？没错，我们可以做到，而且本书将会告诉大家如何做到。欢迎阅读这本关于名为"壶铃"的一体化掌上健身房的书！

喜爱健身与体能训练的人们在过去的 20 年中走过了一段漫长的道路。不久前，我们对健身和训练的认识还局限于基于健美的塑形训练计划，而这种训练计划在结束后往往令人感到浑身酸疼、痛苦不堪。时间长、速度慢的远距离训练方法，如慢跑和骑行及其他费时的有氧训练计划，虽然能够锻炼心肺，却无法强化身体的其他部位。多人的、高强度的团体训练计划通常对膝盖、髋部和背部的要求很高，因此对于身材不佳的训练者来说，要跟上精力充沛的教练可能会令人十分沮丧。更糟糕的是，常见的健身训练计划多数是强调力量、肌肉张力或心肺功能的单维训练计划，很少有人将这些重要的部分组合成一套综合的训练计划。此外，由于这些训练计划过于注重某一种形式的能力

而忽略了其他方面，因此不可能培养出全面发展的运动素质。没有人会希望有一辆好看却不能开的车，也不会希望有一辆能开却碍眼的车，大家都想要一辆外形时尚、性能良好、开起来舒适的车。对于身体来说同样如此。我们在健身训练计划中投入了时间，就应该达到体能、外形与感觉皆良好的效果！

在过去的 10 年中，大量新的信息涌入健身行业，这在很大程度上归功于全球化水平的提高及不同文化之间信息交流的增多。例如，假如我们如今 35 岁左右，那么回想一下青少年时期的健身文化，我们能想到的健身楷模不外乎健美界的代表人物阿诺德·施瓦辛格（Arnold Schwarzenegger）、首次将电视健美操节目推广开来的简·方达（Jane Fonda）、后来广为人知的跆搏搏击操系列，以及由库珀研究院（Cooper Institute）和詹姆斯·菲克斯（James Fixx）创作的关于跑步的成功著作《跑步完全指南》（*The Complete Book of Running*）一书共同引发的跑步热潮中出现的人物。关于如何训练及如何充分发掘我们的身体潜能和运动潜能，我们了解得并不多。更多时候，我们只是在顺应流行趋势，希望找到一个可以长期坚持并看到成效的训练计划而已。除非能够整

天泡在健身房里，否则大多数人根本没有时间或不具备相应的专业知识来达到体能的巅峰。

但是如今我们可以了解到瑜伽的奥秘、武术的精髓，以及其他国家体能训练与竞技准备的诀窍。我们可以获取来自全球顶尖的训练信息。虽然我们从未接触过这些信息，但是其中的大部分信息已经经历了多年的考验，值得信赖。近期，随着这些久经时间考验的健身工具和训练计划的涌现，我们在进行练习和健身训练的方式上迎来了一个新的发展趋势。

什么是壶铃

20世纪80年代，除苏联以外没有人知道壶铃是什么，更不用说有人见过或摸过壶铃了。而如今似乎每一位私人教练在上课时及与客户打交道的过程中都在使用壶铃。那么壶铃训练比其他训练方式都高效的原因是什么呢？为了回答这个问题，我们来比较一下壶铃与哑铃和杠铃这两个大众更为熟悉的铃类器材（见图1.1）。

壶铃采用了一种独特的设计，这种设计将其在形式与练习方式上与大众更为熟悉的哑铃和杠铃区分开来。"壶铃"一词源自俄语的"girya"一词，指的是一种铸铁制成的称重工具，外形类似于带有把手的炮弹。正是为球体部分配备的这个把手使得壶铃训练别具一格。虽然西方使用"壶铃（kettlebell）"一词来描述这种重量工具，但是更精确的翻译应该是"手球（handleball）"，因为这才是壶铃的真实外形——一种带有把手的球。

与传统的哑铃不同，壶铃的质心在把手以外。

这种设计允许使用者进行爆发式的或快速的甩摆运动，在进行心肺、力量和柔韧性训练的同时，作用于身体的整个肌肉系统。除了极其适合全方位的健身训练外，这一类型的运动还模拟了铲雪或除草等功能性的活动。

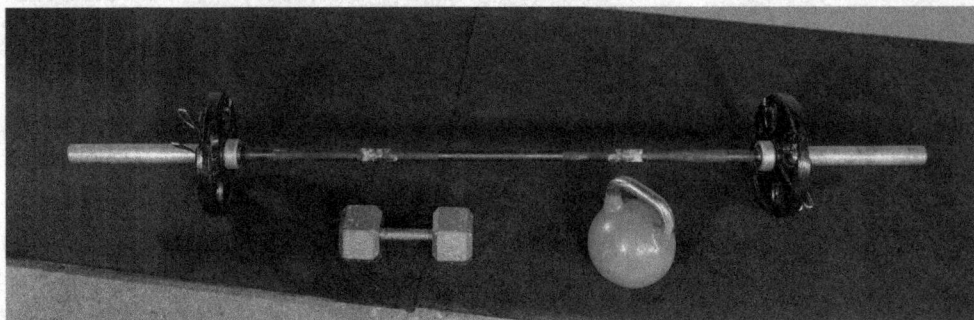

图1.1　壶铃与哑铃和杠铃的对比图

壶铃在功能性训练中的应用

这几年出现了一种新的健身方式，被称为"功能性训练"。功能性训练将现代与古代体育训练中的精华与神经系统科学相结合，从而将身体作为一个整体的功能单位来训练，而不是将其作为一个由不同部位组合而成的集合。换句话说，这些前沿的训练计划不再指导我们针对单块肌肉或单个肌群进行练习，而是训练能够帮助我们实现有效运动的动作和运动模式。与过去流行的健美训练计划不同，如今的功能性训练计划，不仅以美学为基础，还注重运动表现。通过关注运动表现，这些功能性训练计划同样塑造出了既健康又有吸引力的身材。

我们的身体可以被准确地描绘成一种动力链或运动链。像链条一样，身体由一系列互相连接的链条环节组成。这些链条组成了一个由关节、肌肉、骨骼、神经和结缔组织构成的有效输出力的杠杆系统。功能性训练的方法将我们的身体视为一个统一的整体，其使用的工具作用于我们的全身而不是个别肌肉。

在功能性训练所使用的众多工具和计划中，一种工具走在了所有工具的前面，作为性价比高的单一训练方法闪耀着耀眼的光芒。这种工具就是壶铃。

壶铃训练有两种，它们的主要用途或目的不同。首先是出于增强体质与提高身体机能的目的而进行的壶铃训练。这种训练采用了各种各样的动作，涉及了不同的运动平面，应用了不同的重复次数，作用于全身的各个部位，以此增强体质与提高身体机能。出于增强体质的目的而进行的壶铃训练可选用的动作和计划种类繁多，多到几乎没有限制，训练的时间可随训练者的喜好缩短或延长。

其次是出于壶铃比赛的目的而进行的壶铃训练。这种训练要在固定的时间范围内尽可能多地重复一个动作。传统的竞赛摆举动作有单壶铃或双壶铃挺举、单壶铃抓举、单壶铃或双壶铃循环项目或高翻＋挺举。大多数比赛的时长是 10 分钟，但是也有 3 ~ 5 分钟的冲刺赛、连续摆举不少于 1 小时的马拉松赛及团队接力赛。要在壶铃运动中保持竞争力需要高水平的体能、力量、有氧代谢能力和柔韧性。

为什么选择壶铃

谈到健身训练时，有无数的选择摆在我们面前，为什么壶铃应该成为我们选择的健身工具呢？毕竟我们时间宝贵，选择如此多，我们如何能够确定壶铃就是满足我们健身需求的最佳答案呢？

壶铃有什么特别之处，为什么壶铃训练就是我们实现健身目标的理想解决方案呢？

实用性

首先，壶铃非常实用。因为壶铃锻炼的不是力量或心肺功能等单一的身体素质，壶铃训练结合了肌肉张力训练、心肺调节和肌肉耐力训练的全部优点，能够在提升力量和爆发力的同时提高柔韧性、减少脂肪、增加肌肉量、缓解压力和增强自信心。其他任何一种工具都无法同时做到如此多的事情。

全身性

作为一种体能训练工具，壶铃的作用范围之广是无与伦比的。壶铃在两腿之间甩摆时产生的深度离心负荷锻炼了髋部伸展能力，这种能力对于包括跑步、跳跃、深蹲、弓步和踢腿在内的各种技能动作来说都具有基础性的作用。这种离心负荷还强化

和塑造了臀部肌群，在锻炼了腰部的同时塑造了臀部性感圆润的外形。壶铃的重心偏移，最大限度地强化了肩部的力量与柔韧性。圆形的把手和动态的运动模式极大地锻炼了手掌、手指和前臂的力量。健壮的背部就是健康的背部，壶铃同时以静态和动态的方式塑造着背部每一个可能的角度。把手的形状和位置使训练者能够在两手之间以数不清的花式运动模式进行壶铃传递。而这是任何其他类型的铃类器材都无法做到的。

独特性

如前所述，壶铃的设计独特。它们的形状各不相同，也不像大众更为熟悉的杠铃或哑铃那样具有相同的特性。杠铃和哑铃也是不错的健身工具，但就作用范围而言不如壶铃那般广泛。壶铃带有把手的球形设计不仅允许训练者练习推举、高翻＋挺举、抓举和深蹲等传统的举重动作，还允许训练者练习花式壶铃等非常规的技能。由于球身的重量在把手之前，不像哑铃，重心的位置与把手一致，因此即使是最基本的壶铃运动也需要训练者在更大的运动范围内运动，提高了对训练者的柔韧性与灵活性的要求。例如，训练者无法在两腿之间甩摆杠铃，却可以甩摆壶铃。这种摇摆大大增加了训练者可以锻炼的髋部的运动范围，甚至在训练者完全没有察觉的情况下提升了柔韧性并"募集"了肌肉纤维。

低成本性

幸运的是，壶铃训练入门简单。壶铃的价格不高，使用时需要的空间不大，且使用方便。

一个壶铃的价钱不到 100 美元。如果有

几百美元，就可以买下足够的壶铃，把整个家装备成健身房，循序渐进地实现自己多年的健身目标。由于壶铃是由钢或铸铁制成的，因而永远不需要更换——可以使用一生。壶铃可谓是一种一体化的掌上健身房。由于携带方便，在室内、户外都可以进行壶铃训练，如居家场所、办公室或车库，只要你开心，健身房或当地的公园也可以。壶铃训练对场地几乎没有要求。

趣味性

壶铃训练趣味性十足。这不仅是因为它见效快。通常，人们首次使用壶铃练到气喘时，呼吸均匀之后蹦出的第一句话往往是在感叹壶铃训练与他们以往做过的其他训练有多么不同。壶铃需要身心的充分投入！

高效性

壶铃训练效率很高。如果有效的工具指能完成任务的工具，那么高效的工具就是指能用更短的时间完成任务的工具，而壶铃就是高效的工具。由于壶铃训练结合了力量训练、无氧和有氧心肺训练及柔韧性和灵活性训练的优点，因此训练者将不再需要每周花费大量时间奔波于举重训练、有氧训练和拉伸训练之间。在壶铃训练中，训练者可以同时进行所有的训练，这就意味着我们会有更多的时间陪伴亲人及关注生活的其他重要方面。

竞技性

最后，壶铃训练是竞技性的训练。它不只是一种健身的方式，也是一种训练技能的方式。虽然我们从没有真正成为过运动员，但是通过壶铃训练，我们会学会如何像一名运动员一样运动。壶铃训练会帮助我们训练运动素质，包括力量、爆发力、灵活性、平衡性、灵敏性、协调性、耐力。这些运动素质能通过壶铃简单高效的训练系统得到整合。

壶铃训练是有史以来健身和运动训练使用的最具活力的运动方法之一。如果训练者希望通过减脂和培养运动素质来改善自己的健康状况、身体素质和运动表现，那么壶铃将是你的不二选择！

本书提供给训练者进行安全的、循序渐进的训练所需要的知识，是训练者进行有效壶铃训练的实用指南。书中提供的基础练习、中级练习和高级练习及示范的壶铃训练计划将为训练者提供锻炼整体力量、柔韧性和灵活性所必需的学习资料。有了这本书，我们就拥有了改变自身体质所需的知识。不再有任何借口，不再有任何限制。做好准备，开启你与壶铃的邂逅之旅！

第 2 章

了解壶铃

由于壶铃训练只用了一种单一的工具就将如此多的重要体能素质融合在了一种训练中,因而这种训练吸引了世界各地的健身爱好者。力量、爆发力、耐力和灵活性都是壶铃训练所挑战的内容。训练者在开始实施自己的壶铃训练计划之前,有必要完整地了解一下训练所使用的工具和方法。我们需要知道可以使用的壶铃类型有哪些、适合自己选择的类型是什么、如何购买壶铃、训练期间穿什么,以及在哪里训练。本章提供了训练者自信地开展壶铃训练所需要的信息。

壶铃的类型

常见的壶铃有两种:铸铁材质的经典壶铃(或健身壶铃)和钢制的竞赛壶铃(或运动壶铃)。尽管名字不同,但是竞赛壶铃也可用于健身,而经典壶铃也可用于竞赛。

铸铁材质的经典壶铃

由于制作简单,铸铁材质的经典壶铃(或健身壶铃),是一种价格较为低廉的壶铃,如图 2.1 所示。所用材料是实心的,可以使用多年,甚至一生。经典壶铃非常适合一般性健身,原因是除非是级别非常高的训练者,否则没人会一个动作连续重复上百次。因此与竞赛选手不同,在一般性健身中,壶铃的精度对训练者来说不是十分重要。铸铁材质的经典壶铃是使用各种尺寸的模具制作而成的。壶铃越重,壶铃的尺寸就越大。例如,一个 18 磅(8 千克)重的经典壶铃球身较小,把手也相对较细,而一个 71 磅(32 千克)

图 2.1 铸铁材质的经典壶铃

重的壶铃在尺寸上更接近于竞赛壶铃。与竞赛不同，使用壶铃进行一般性健身训练时，壶铃的尺寸不是十分重要。我们将在下一节中介绍这一内容。对于参加比赛的壶铃运动员来说，这些大小不一的壶铃都不理想。原因是如果他们每次使用的壶铃尺寸都不一样，就会造成壶铃在手中的位置和靠在身体上的位置略有不同，这样就更加难以锻炼出一致的技能。但对于一般性健身来说，这种差异就不会如此明显，原因是我们起步时的重复次数会是 10 次、15 次、20 次或 30 次，而不是 50 次、80 次或 100 次。铸铁材质的经典壶铃的另一个优点是，它们的价格比竞赛壶铃稍低一点，但品质仍然非常好。因此综合考虑成本、质量和性能，购买这种壶铃是种不错的投资。

钢制的竞赛壶铃

钢制的竞赛壶铃（或运动壶铃），采用的是壶铃训练和壶铃体育运动的国际标准重量与设计，如图 2.2 所示。虽然壶铃运动传入西方与亚洲的大部分地区的时间只有大约 10 年，但在东欧，尤其是俄罗斯，壶铃训练已经发展为一种高水平的竞技运动。像所有其他体育运动一样，壶铃运动也有标准化的设备与规则。壶铃专家研究了壶铃的设计与性能，设计出了最适合比赛的重量标准。所有的壶铃竞赛选手都要使用标准的壶铃进行训练和比赛。

竞赛壶铃是钢制的、空心的。由于使用钢材制作，因此竞赛壶铃在价格上比便宜材料制成的壶铃贵一些。此外，竞赛壶铃采用的是统一的设计与重量标准。

- 高度——8.5 英寸（216 毫米）。
- 直径——8.25 英寸（210 毫米）。
- 把手直径——1.4 英寸（36 毫米）。

竞赛壶铃的尺寸不随重量的变化而变化。例如，18 磅（8 千克）重的竞赛壶铃与 35 磅（16 千克）、71 磅（32 千克），甚至 106 磅（48 千克）重的壶铃（在规定的标准误差范围内）都是同一个尺寸。无论轻重，壶铃的尺寸不会发生改变。这是通过使用一种中空的模具实现的。例如，8 千克重的壶铃会添加金属铝来制作，且是中空的。随着壶铃重量增加，会添加更重的金属来制作，同时会填充空心部分以达到理想的壶铃重量。所以 8 千克重的壶铃与 48 千克重的壶铃之间的区别，就在于前者是完全中空的，而后者是里面填了铅的实心钢球。针对高级的举重运动员，也可以专门制作重量超过 48 千克的壶铃。但是为了保证壶铃的标准尺寸，就必须添加一种非常重的金属，因此成本也会增加。由于不同重量的壶铃大小相同，所以采用了一种颜色代码以便运动员能够迅速识别各个壶铃的重量，而无须通过查看重量标志来识别了。

由于要锻炼精确的技能就需要有一个标准的尺寸，因此统一的尺寸非常重要。在壶铃运动中，运动员可能需要连续摆举壶铃 100 次、150 次或更多。因此，重复的每一次动作都必须精确。统一了设备才能统一练习。出于对细节的关注，多花一点钱来购买竞赛壶铃通常也是笔值得的买卖。值得做的事情就要做好！

或许我们并不想花额外的费用来购买竞赛壶铃。如果我们的目标是用壶铃来提升体能，那么铸铁材质的壶铃仍然能够有效地完成这项任务。如果我们的条件允许，又倾向于高品质的东西，那就购买竞赛壶铃。我们拿汽车做个类比，竞赛壶铃就像壶铃中的奔驰或保时捷。但是，也有其他的好车，如果我们只需要开到转角的办公室，而不是参加

图 2.2 竞赛壶铃

国际汽车大赛，那么一辆福特或雪佛兰可能是更好的选择。竞赛壶铃的主要优点就是品质高和性能好。

壶铃的重要品质

在检查壶铃和确定购买哪种壶铃时，要牢记几个品质。一旦确定了自己的目标是健身类的或是比赛类的，在选择壶铃之前还要考虑其他几个区别，然后再确定要购买的类型。

重量

壶铃的重量类型有两种：固定重量和可调重量。固定重量的壶铃（见图 2.3）的重量始终保持不变，因此在一个完整的壶铃训练计划中，需要具备较轻、中等和较重等各种重量的壶铃。固定重量的壶铃更为常见和便利，原因是每次调整重量时，无须耗费大量时间来改变这种壶铃的重量。固定重量的壶铃是一个连续的整体；把手和铃体或球身之间没有空隙或断缝。这种类型的壶铃是专业比赛运动员们的首选类型，原因是无须浪费时间来改变重量，只要更换壶铃即可。但是由于使用固定重量的壶铃来制订完整的训练计划时，需要准备多个壶铃，因此与可调重量的壶铃相比，固定重量的壶铃成本更高。

与固定重量的壶铃相对应的是可调重量的壶铃。在这种情况下，只需要一个壶铃（如果要进行双壶铃练习，就需要两个）。可调重量的壶铃有几个版本，包括负重式的可调壶铃和填充式的可调壶铃。

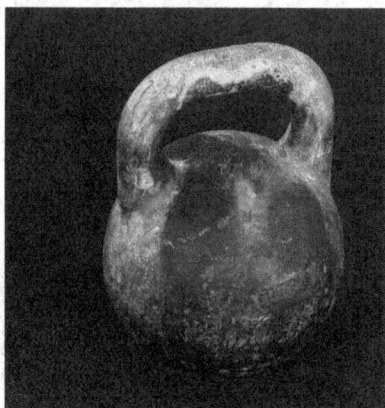

图 2.3 固定重量的壶铃

负重式的可调壶铃

负重式的可调壶铃有三种类型（见图 2.4）。一种根本算不上是壶铃，但仍然归为此类。这种壶铃实际上是一种通过螺钉和螺栓与负重板相连的把手。介绍这种壶铃的一个品牌：凯特斯泰克（Kettlestack）。另一种负重式的可调壶铃由硬塑料制成，并带有一个可以拧开的外壳。这种可调壶铃打开后，里面有几片或几块塑料板。这些塑料板一些是空心的，一些是实心的。使用者可以根据放入的空心板或实心板的数量来调节壶铃的重量，重量通常在35磅（16千克）到71磅（32千克）之间。这种类型的壶铃也有更小一些的、重量更轻一些的。确定好达到所需重量的塑料板组合之后，就用一个螺栓和一个垫圈将把手和球体拧在一起。这个垫圈从壶铃的底座一直铺满整个球身。还有一种负重式的可调壶铃将负重板与实心外壳相结合。这种类型的可调壶铃由钢制成，把手可以从球身上拧下来，内部是一个可以堆放负重板的圆杆。放的负重板越多，壶铃就越重；负重板越少，壶铃就越轻。

可调壶铃的主要优点是，买的壶铃少，成本低。另一个优点是，与训练时每个重量的壶铃都要准备一个的情况相比，一两个可调壶铃在训练场地占用的空间更少。可调壶铃的缺点是它们的尺寸不是壶铃体育运动采用的标准尺寸，因而不能用于竞赛训练。

填充式的可调壶铃

填充式的壶铃并不常见。但在20世纪初，这种壶铃却更受欢迎。这种壶铃通常由金属制成，侧面或底部有孔洞和塞子（见图2.5），里面填满了沙子、水、铅，甚至汞！汞是一种重金属，被用来增加壶铃的密度（重量）。这些是马戏团的大力士们使用的壶铃，如著名的阿瑟·萨克森（Arthur Saxon）和尤金·山道（Eugen Sandow）。填充式的可调壶铃有一个优点，就是由于壶铃的重量可以调节，因此使用者虽然只使用了一两个壶铃却仍然能够找到一种真钢在手的感觉。缺点就是不得不改变重量所带来的不便，以及为壶铃添减材料所带来的麻烦与辛劳。此外，重金属不容易找，汞又是一种剧毒性的物质。

填充式的可调壶铃还有另外一个独特之处，就是如果壶铃没有填满，那么在运动过程中，内部的填充物就会发生移动。因此，

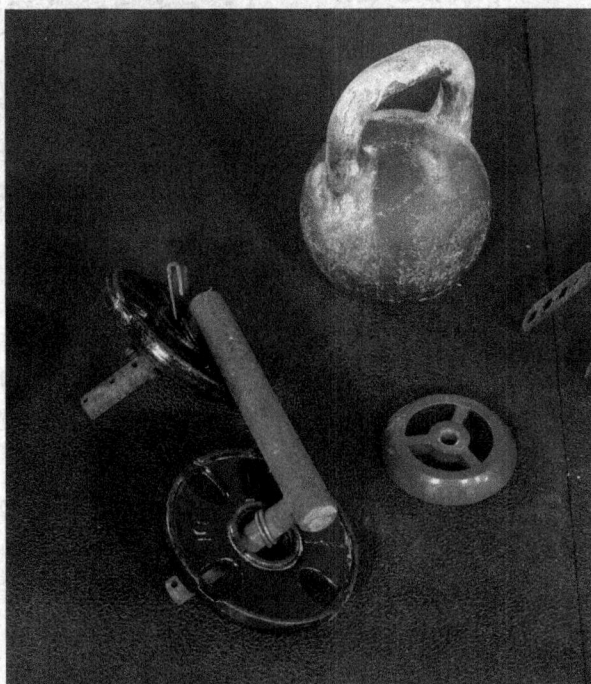

图2.4　负重式的可调壶铃

身体就要不断自我调节来适应移动的重量，从而会产生一种额外的训练效果。介绍一种便宜的钢制填充物，就是BB弹。这种东西可以在许多经营狩猎用品的体育用品商店中找到。这个特点虽然有趣，但是还不足以媲美现代固定重量的壶铃的优点。

把手的风格

把手是我们接触壶铃时最先接触到的部分，也是壶铃最主要的部分。因此，我们需要一个称手的把手：大小、粗细、球柄间距，以及纹理都要合适，不能太光滑（手易打滑），也不能太粗糙（手易撕裂）。我们需要正好合适的把手，如此才能在使用时得心应手。把手在外形和直径上可能有所区别，可能是一整块，也可能由多块组合而成，如图2.6所示。

把手的粗细

购买壶铃的地点和所买壶铃的类型不同，把手的粗细可能存在很大的差异。有的壶铃把手特别细，有的壶铃把手粗到握不住。大多数壶铃的把手，其粗细程度与竞赛壶铃的国际标准十分接近，大约为1.4英寸（36毫米）。对于大多数女生来说，1.3英寸（33毫米）粗的把手（见图2.7）最合适，原因是这种粗细程度足以满足女生强化手掌、手腕、前臂和手指的要求，又允许女生的手指刚好完全握住把手。36毫米粗的把手（见图2.7）对于男生锻炼抓握力很有挑战性，但是又没有粗到无法进行练习。建议在进行一般性的壶铃训练时不要使用把手超过36毫米粗的壶铃。把手超过36毫米粗的壶铃对于手掌和抓握的训练很有帮助，但是却不利于出于健身目的的重复次数较多的壶铃训练发挥全部作用。尽管在可用的各种类型的壶铃之间，把手的直径存在差异，但大多数重量不低于45磅（20千克）的壶铃，其把手的粗细都在33到35毫米。重量低于这个数字的壶铃，通常其把手更细。在所有类型的壶铃中，只有竞赛壶铃的把手直径、球身直径和高度是统一的。

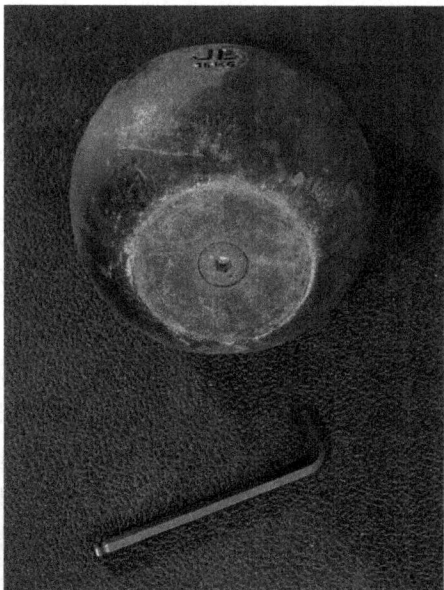

图2.5 填充式的可调壶铃

图2.6 壶铃的把手：整块的把手与多块组合而成的把手

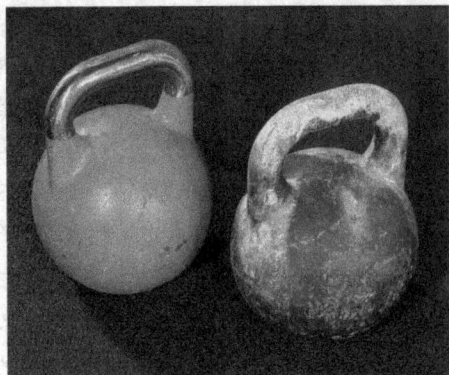

图2.7　壶铃把手的粗细：33毫米和36毫米

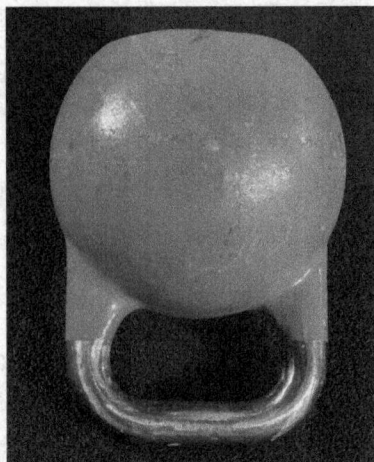

图2.8　标准的壶铃具有足够的空间供
手掌完全插入把手

把手的间距、高度和长度

我们还须注意一下把手与球体之间的距离。如果空间太窄，那么手会很难或无法完全插入把手，而足够的空间对于许多核心的壶铃训练来说是非常重要的，例如高翻、实力推、抓举等。如果把手与球体之间的空间太大，就会因为要依靠前臂来稳定壶铃而无法进行紧密的配合，这就意味着，手的控制力会不够，而且动作的稳定性也会下降。因此我们要确保间距合适，保证手能恰到好处地插入把手，插入后，把手的两侧挨着手腕的两侧。一个好壶铃的标准间距是，从把手的底部到球体的顶部（把手的高度）为2.2英寸（56毫米），从把手的一侧到另一侧（把手的长度）为7.3英寸（185毫米）。参见图2.8来了解标准的壶铃把手。

把手的表面

把手表面的光滑度可以多种多样。许多壶铃品牌推出了喷漆把手或喷粉把手。在重复次数较少的训练中，如每组不到20次，那么这些光滑的涂层会使壶铃能够在手中平滑地移动，并且可以防止出现过多的水泡和手掌撕裂的情况。但是在每次训练的后期及在重复次数较多的训练期间，当训练者开始出汗时，这种把手会增加抓握壶铃的难度。

因此，建议专业的壶铃举重运动员使用经过抛光的光滑钢制把手。这种把手没有喷漆，且经过抛光，具有光滑的裸金属感，在重复次数较少的训练中，摩擦较大，但是一旦训练者开始出汗，它们却更有利于抓握。光滑的钢制把手能更好地吸附防滑粉，而随着训练的重复次数越来越多，这一点就变得越来越重要。手掌出汗会降低训练者抓握壶铃的能力。如果抓不住壶铃，就无法甩摆、高翻或推举壶铃，也就无法消耗应该燃烧的热量！因此，握力及把手的手感是训练者进行摆举的重要的组成部分。

因此，大多数人希望把手光滑但又不要太光滑。太光滑与太粗糙一样糟糕，甚至比后者更糟糕。一些很严重的手掌撕裂就发生在使用了喷漆把手或太过光滑的把手时。当然，如果把手太粗糙，也会割手和不舒服。虽然由于壶铃的人气大涨，壶铃的质量和销量一年比一年好，但是仍然存在很多劣质的壶铃。如果买的壶铃太粗糙，训练者可能需要用锉刀把不平整的地方磨平。一些人会使用手持式的电铣来磨平把手上的斑块。但是用电铣时，务必小心不要磨过头了。

训练者还需要使用砂纸来处理把手，使其完全达到训练者的手感要求。如果把手太粗糙，可以对其进行打磨。如果太光滑，那么为了自己可以更好地抓握，可以对其进行轻微的磨毛。如果把手不吸附防滑粉，那么用砂纸进行手工打磨可以提升把手的吸附能力。简而言之，对于一名壶铃举重运动员而言，个人使用的壶铃就像棒球运动员的球棒或手套，需要对其进行磨合，才能使身体和手掌的感觉达到最佳的状态。归根结底，要提升体能表现，要以最佳的水平进行练习，就要达到最佳的感觉状态，使用的工具就必须得心应手。这种节奏是壶铃训练的一个重要组成部分，我们将在关于技巧的章节中进行进一步讨论。图2.9给出了一些壶铃表面的照片。

直径与外形

壶铃采用了一种独特的设计。一些关键的练习无法使用其他的举重训练工具来进行，或者至少不能用相同的方式来进行。例如，在标准的杠铃或哑铃高翻与壶铃高翻（我们将在后面学习）之间存在着很多重要的区别。这是由壶铃的外形及壶铃把手与球体之间的距离决定的。壶铃的质心在把手以外，而哑铃的质心却在手心的位置。壶铃的重心与把手之间的空间设计，使训练者能够完成甩摆动作与抛抓壶铃的动作。此外，在几乎所有的练习中，这种设计还允许壶铃靠在手臂或身体上。因此，随着更多的身体部位接触到了壶铃，壶铃的重量得到了更好的利用。把手的位置使得训练者对手掌、手腕、手臂、肩部、腿部和核心的强化能够在一条直线上进行。由于训练者可以将手完全插入把手，因此控制壶铃时，不会卡到或弯曲手腕。手掌与前臂可以居中对齐。控制哑铃时，手掌和手腕要向后扭曲，对前臂的肌肉产生了巨大的拉力。因此，与控制哑铃相比，控制壶铃时手臂的耐力要持久得多。如果前臂和手掌早早地没了力气，那么我们就控制不住所使用的工具。如果控制不住所使用的工具，就无法进行甩摆！

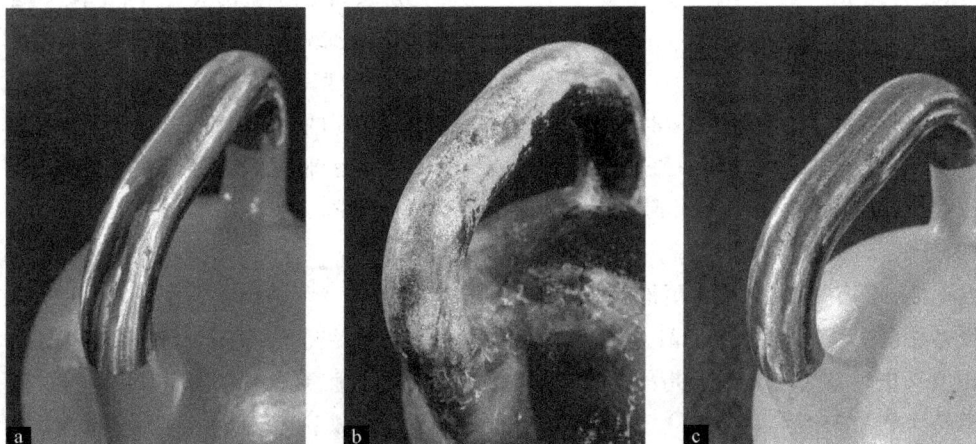

图2.9 壶铃表面：a. 过于光滑的把手；b. 过于粗糙的把手；c. 经过良好处理、有一定粗糙度的光滑把手

耐用性

壶铃可以使用一生。钢制的壶铃最坚固，使用的时间最长。这种壶铃几乎是坚不可摧的。在户外和潮湿的环境中使用这种壶铃，把手会生锈，因此需要随身携带一些砂纸来除锈。一些钢制的壶铃，表面涂有防锈层；但是，专业的壶铃运动员会使用脱漆剂或其他清洗剂去除这层防锈层。要进行良好的训练，没有什么比手摸纯钢的感觉更好了！铸铁材质的壶铃通常也很坚固。虽然没有钢制的壶铃坚固，但是如果不是故意将其摔在坚硬的地面上，这种壶铃几乎可以一直使用。塑料和PVC材质的壶铃，会因为不断地填充和清空及在户外使用或存放而受到磨损。传统的可调壶铃最终都会需要更换连接把手与负重板的螺丝。当前市面上的塑料壶铃可以用上几年，但是这种壶铃无疑没有钢制或铸铁材质的整块材料制成的壶铃有弹性。如果训练者经常扔抛壶铃，例如在花式壶铃中就会如此，或者使用时粗心大意，那么壶铃的表层就会更快地脱落，壶铃身上就会出现划痕和印痕。这倒不影响壶铃的性能，只是外观会不好看。

重量

壶铃的重量范围通常在18磅（8千克）到106磅（48千克），但它们的实际重量范围可以达到4磅（2千克）到将近200磅（91千克）。各种重量的壶铃，外形和尺寸各不相同。有些人为了做出更重的壶铃，甚至会将两个壶铃焊接在一起！"普特"是俄罗斯的传统计量单位，指的是重量。1普特大约为35磅（16千克）。在壶铃术语中，一个35磅（16千克）重的壶铃就是一个1普特重的壶铃，一个71磅（32千克）重的壶铃就是一个2普特重的壶铃，以此类推。

虽然没有任何一本指南能够简单无误地确定最适合我们的壶铃重量，但是训练者可以参照以下这些基本的注意事项来自我确定。我是壶铃专家还是初学者？我是已经锻炼得很有型了还是刚刚踏上追寻健康与力量的道路？我是肥胖或大骨架的人，还是清瘦苗条的人？这些及更多的因素都会影响对重量的选择。从时间上考虑，专业的壶铃举重运动员会集齐各种重量的壶铃，这对他们进行适应性训练和渐进的超负荷训练来说是非常重要的。

大多数男性可以从35磅（16千克）重的壶铃开始练习。为了充分发挥双壶铃训练的优势，建议准备一对16千克重的壶铃。如果训练者的体重不超过130磅（59千克）或者没有任何力量训练的背景，那么26磅（12千克）重的壶铃可能更适合作为起步重量。如果自己不确定，那么往往可以从较轻的壶铃开始练习，然后随着自己不断进步逐渐增加所用壶铃的重量。要取得长期的胜利，这可是个应该牢记的好方法。女性通常从18磅（8千克）重的壶铃开始练习。运动能力非常强或体格非常健壮的女性可以从26磅（12千克）重的壶铃开始练习。但是同样，不确定的时候最好从较轻的壶铃开始练习，然后逐渐增加所用壶铃的重量，不要反其道而行之。

表面处理

在某些情况下，铸铁材质的壶铃表面覆盖了一层橡胶涂层或在底部有一个橡胶底座。这样，放下壶铃时就不会划伤地板。然而，这种壶铃往往比较笨重，而且掉下后会弹起。这一点不仅让人反感，而且如果壶铃反弹到了训练者的身上，也很危险。这些带有橡胶涂层的壶铃，只有在往硬木地板上放的时候才能显现出它们的优势。

舒适度

选择一个与自身身材和健康水平相匹配的壶铃非常重要。壶铃的重量务必要适合自己当前的体能水平。随着身体变得更强壮、更健康，训练者可以增加所用壶铃的重量，向强调力量的方向进阶，也可以使用更轻的壶铃进行心肺调节。另一个需要注意的事项是壶铃的把手。例如，对于一个中等身材的男性来说，较细的把手可能无法提供足够的抓握负荷，而对于手小的女性来说，较粗的把手却难以控制，因而女性更适合使用较细的把手。

价格

钢制的壶铃，质量最好，价格最高。PVC 和塑料材质的壶铃，价格最低，质量最差，不需要考虑了。可调壶铃的单价稍贵一点，但是由于其重量可根据需要调节，因而需要的数量不多。铸铁材质的壶铃性价比较高——它们比钢制的壶铃便宜，但耐用性只是稍差一点。我的建议是要么买钢制的壶铃，要么买铸铁材质的壶铃。例如，根据厂家和质量不同，一个好的 35 磅（16 千克）重的铸铁壶铃，价格应该在 60 美元到 100 美元。一个同等质量的钢制壶铃通常会贵出 5 美元到 10 美元。

壶铃的区别

经验丰富的举重教练，虽然是举重训练方面的行家，却未必熟悉壶铃，因而往往会说可以使用哑铃或其他重量工具来代

注意 PVC 和塑料材质的壶铃

PVC 和塑料材质的壶铃在许多体育用品商店中都可以找到。它们通常是最便宜的壶铃，但事实上它们只是名字叫壶铃而已，就性能而言，与壶铃相差甚远，而且它们的外形与设计并不适合训练正确的壶铃训练技巧。在大多数情况下，这种壶铃的把手与球体之间空间过窄，训练者的手根本无法完全插入。这种壶铃在球体的顶部或侧面塞有一个可以移除的塞子，塞子拔除后可向壶铃内注入水或沙子来增加重量。这种壶铃的唯一优点就是非常便宜，而且如果掉在地上，不会损坏地板或伤到自己。这种类型的壶铃在孩子们学习安全练习的基础知识时作为介绍壶铃的道具可能很不错。但是除此之外，这种壶铃不建议在训练时使用。

替壶铃进行常见的壶铃练习，如甩摆、推举或抓举。但这是一种错误的做法——壶铃与具有壶铃设计特性的任何其他形式的重量工具之间是存在着一些显著的区别的。

壶铃与哑铃的区别

本书中的一些关键的壶铃练习无法用其他的举重训练工具来进行。例如，如前所述，就许多重要的方面而言，杠铃或哑铃高翻与壶铃高翻是不同的，这是由壶铃的外形及把手与球体之间的距离造成的。如前所述，壶铃球体的质心远在把手之外，而哑铃的质心却在手心的位置，不在把手的前面。质心与壶铃把手之间的这种空间设计使训练者能够完成甩摆动作和抛抓壶铃的动作。

此外，在几乎所有的练习中，这种设计还允许壶铃靠在手臂或身体上。因此，随着更多的身体部位接触壶铃，壶铃的重量得到了更好的利用。把手的位置使得对手掌、手

腕、手臂、肩部、腿部和核心的强化能够在一条直线上进行。由于训练者可以将手完全插入把手,因此在控制壶铃时,不会卡到或弯曲手腕。手掌与前臂可以居中对齐。控制哑铃时,手掌和手腕要向后扭曲,对前臂的肌肉产生了巨大的拉力。因此,与控制壶铃相比,控制壶铃时手臂的耐力要持久得多。切记,如果前臂和手掌早早地没了力气,那么我们就控制不住所使用的工具。如果控制不住所使用的工具,就无法进行甩摆!

当逐渐增加重复次数时,尤其在爆发式或快速的摆举中,能够保持手腕、手掌、前臂和手指处于居中放松的状态,就有可能使训练者达到全身精疲力竭的效果。这是用哑铃与用壶铃进行任何摆举练习之间的一个关键区别。如果我们观察一下甩摆、抓举、挺举、实力推、借力推或深蹲等动作,就可以看出控制哑铃与控制壶铃时,二者在手掌与抓握的对齐方式上存在着很大的区别。对于这些练习中的任何一种,具有相同技术训练水平的人,在使用壶铃进行训练时能够重复的次数,远远多于使用相同重量的哑铃进行相同训练时能够重复的次数。

哑铃会束缚手腕。不管训练者的身体多么强壮、多么健康,前臂、手腕和手掌都会达到一个无法继续控制哑铃的疲劳点。使用相同重量壶铃进行同一练习时,训练者可以将手掌完全插入把手,壶铃的质心位于前臂的下方(不像哑铃,是在手心位置),这就意味着壶铃的质心更靠近训练者的质心。训练者的质心与壶铃的质心之间距离更近,训练者对壶铃的控制力就越大。通过充分的练习,训练者可以使手掌达到自然放松的状态,这就意味着手臂不会迅速地疲劳,使训练者可以充分地锻炼心肺功能和肌肉耐力。换句话说,抓握的肌肉不会在训练结束前先

没了力气,因此训练者可以训练更长的时间。这个概念看似简单,但就训练者在单一训练中能够燃烧的热量而言,却存在着天壤之别。因此,壶铃的外形与设计是壶铃独特之处的一个重要组成部分。

壶铃与杠铃的区别

要描述壶铃与杠铃之间的区别,最好的举例莫过于无法在双腿之间甩摆杠铃了。想象一下,只是想象一下,千万不要尝试!如果你真的想试一下在双腿之间甩摆杠铃,那么估计你就要跟你的小腿说再见了。显而易见,训练者无法在双腿之间甩摆杠铃,却可以在双腿之间甩摆壶铃!

这是壶铃最重要的品质之一,这种品质使其在设计和功能上与众不同。由于可以在双腿之间甩摆壶铃,训练者可以充分激活与锻炼"后链肌群"。其中包括身体背面(身后)所有重要的肌肉、关节和筋膜(肌肉链)。简单来说,后链的主要区域指的是下腰背的肌肉、臀部的肌肉、腘绳肌和小腿。当前许多运动训练计划非常注重对后链肌群的锻炼,这种趋势也影响到了现代的健身训练计划。

壶铃练习,尤其是包含类似钟摆摇摆动作的练习,如甩摆、高翻、抓举,以及这些动作的变形动作,都会作用于后链肌群。从两腿之间将壶铃甩摆到身后时,会对这些强健的肌肉施加一种高速的(爆发式的)、沉重的重量。这种甩摆的动作就像钟摆一样,依赖于惯性和动量。每次对后链肌群施加重量时(甩摆向后运动的部分),都会拉伸身体背面的肌肉。在重力作用下,肌肉、关节和组织会像弹簧一样做出反应。当我们给弹簧机制施加重量时,弹簧自然而然地要摆脱这种重量。而就是在这种摆脱重量的过程

（壶铃在身体前面甩摆时）中，速度和爆发力得到了表达。因此，甩摆这种简单的动作，也是最基本的壶铃摆举动作，作用的肌肉范围可能是一个我们从未察觉到的全新的肌肉范围。第一次甩摆壶铃时，大多数人会说自己的臀部和大腿感觉如何如何。可能没有哪一种单一的练习像壶铃甩摆（和抓举）那样能够拉伸和强化身体的背侧。

到目前为止，我们只谈到了壶铃与杠铃和哑铃相比时所具有的独特优势。壶铃在锻炼力量耐力方面的效果最好，而不是单纯的力量、极限力量或最大力量。这是因为壶铃是一种固定重量的工具。只要我们能够一次举起一个给定重量的壶铃，那么为了进步，我们要么找到重量更重的壶铃，要么增加摆举相同重量的壶铃的次数。如果重量是固定的，那么不断进步的唯一方法就是通过增加重复次数来增加运动量。因此，随着我们的身体越来越适应，即使使用的壶铃是重量级的，训练的终点也几乎永远是重复更多的次数。

如果训练者的目标是提升力量或质量，那么在达到一定程度之后，杠铃更适合完成训练者的任务。如果训练者是个强壮的运动员，那么在某种情况下，会希望使用杠铃来进行核心运动。杠铃的一个优点是，训练者可以把重量增加到一个非常重的水平。在适应了给定的重量后，可以增加杠铃的重量，不断变强。杠铃和哑铃的确是很不错的工具，只是不同于壶铃罢了。一个精心设计的训练计划可以同时包含杠铃、哑铃、壶铃，以及其他工具。

壶铃训练的环境

一旦决定了要用壶铃开始训练并购买了一个或多个训练用的壶铃之后，下一件要决定的事就是在哪儿训练。壶铃的一个非常受欢迎的优点就是它们的便携性。壶铃训练就是户外群体健身、健身课程和个人训练中的狂欢活动。每个人都可以抓起一个壶铃或一手一个壶铃（真正疯狂的训练者甚至可以一手抓起两个壶铃！），冲到院子里、停车场、当地的公园或野外。有把手，可带走——训练者可以走到哪儿带到哪儿。简而言之，一个壶铃就是一个掌上健身房，与笨重的器材相比，有了壶铃，想要在一个舒适的环境中进行锻炼就变得容易得多。

当然，训练者可能更喜欢在传统的健身房中训练。健美用的健身房、CrossFit 的健身房、举重用的健身房、硬核功能训练用的健身房、大力士用的健身房、运动员用的健身房和商业健身房都是进行壶铃训练的好地方。训练者需要的全部就是正确的器材、专业的知识和强烈的愿望。有了这些，训练者可以在任何地方进行训练。

在家训练

许多忙碌的专业人士或家长喜欢在家享受进行壶铃训练的便利性。训练者可以在一间专门的健身室、车库或者在地毯、木地板或水泥地面上进行训练。训练者只需要一个大约 10 英尺 × 10 英尺（3 米 × 3 米）的空间，就可以在自己舒适的家中进行全身性的壶铃训练。这种空间应通风良好、光线充足，可以看清周围的事物，并且训练场地中不应有障碍物，以防发生绊倒或造成安全隐患。选择合适的壶铃训练场地时，应始终充分发挥常识的作用。训练者可能需要将宠物、孩子或贵重物品搬离训练场地。

在办公室训练

一些专注于工作的人会把壶铃带到办公

室，放在办公桌下面或放在衣柜或休息室中。如果训练者是个过着快节奏生活的忙碌的专业人士，那么训练者可能没有时间频繁地跑健身房。如果训练者工作的时间很长，那么训练者可能会很喜欢利用短暂的休息时间享受壶铃训练所带来的好处，如给自己充充电、练练肌肉、消耗一些热量。训练者可以保持中等强度的运动，以免出汗弄湿工作服。或者如果设备允许，可以在午休期间进行一次20分钟到30分钟的剧烈运动，这样回去工作之前仍然有时间洗个澡、吃口饭。有志者事竟成。壶铃的便携性让想要训练的人找不到借口、冲破了限制。

跟随教练训练

有人非常喜欢自学，也有人喜欢接受认证壶铃教练的指导、监督和讲解。如果训练者选择跟随健身专业人士一起训练，那么要找一个具有壶铃专业学位或证书的人。有几家国家级及国际级的壶铃组织提供专业的认证服务。训练者可以找一位 IKFF 认证的壶铃教练（CKT）。IKFF 的认证标准很高，教练的实际操作水平有保障。但是，训练者很可能没有机会接触 IKFF 认证的教练，因此可能需要去其他地方看看。以下是一些帮助训练者挑选优秀壶铃教练的实用指导。

技术经验

由于壶铃在技巧上具有特异性，因此只有花时间练习过基本摆举动作的教练才能理解好坏形式之间的区别。良好形式的演示是壶铃教学的第一步。

沟通能力

每个人在学习的方式上都存在个体差异。一些人通过视觉指导来学习，一些人通过触觉（触摸）指导来学习，还有一些人通过语言指导来学习。就使训练者或学生理解

和掌握所学课程内容而言，教练的经验像他的能力一样有用。

个性特征

有些人可能喜欢温和的训练氛围，而其他人则可能对严格的训练氛围反应更好。教练在课程中表现出来的个性是个人喜好的问题。不管训练者的教练是个大嗓门的霸道教练，还是个轻声细语、彬彬有礼的教练，重要的是他不仅真正关注训练者的进步，而且由衷地关注训练者的健康与福祉。

训练氛围

无论训练者是喜欢斯巴达式的健身房，还是豪华的乡村俱乐部，无论室内还是室外，训练的环境应该有利于学习，不利于分心。每个人都不一样，有些人喜欢地牢般的氛围，有些人更注重设备和训练场地的干净整洁。一些人喜欢在训练时听音乐，而另一些人则更喜欢安静的环境。一些训练者在训练时会表露情绪的变化，如运动期间不时嘟哝和尖叫，而其他人则没有任何情绪变化——平静、沉着、专注。重要的是创造一个最能使自己集中精神、专注于当前训练的环境。

成本

根据城市或地区、教练的经验及涉及的管理费用（例如，花哨的健身房、车库、户外等场所）的不同，壶铃教练的收费标准可能存在很大的差别。不管在哪儿，支付的价格可能从一名普通教练25美元一小时到一名来自纽约或洛杉矶的资深或知名教练不低于100美元一小时不等。如果训练者的经费不够请私人教练，那就找个提供团体授课或半私人授课的普通教练，几个训练者分摊一下费用。

搭伴训练

如果训练者有个好朋友或者有个喜欢与

之一起锻炼的人，那么壶铃训练是个适合挑战彼此、督促彼此付出努力的好方法。没有搭伴训练的训练者，不妨考虑一下。这很可能就是点燃自己专注与坚持烈火所需要的火种。如果训练者常常放弃训练，那么一旦与另一个人一起制订了计划表，总有人在等着自己，那么训练者放弃训练的可能性就会减小。不管选择了谁作为自己的训练伙伴，确保他对训练的支持和专注。壶铃训练虽然有趣，但也是件严肃的事情，如果对形式、负荷与环境不留意，训练者可能会受伤。

独自训练

训练者可能更喜欢独自训练时内心的专注与宁静。许多有造诣的壶铃举重运动员，其大部分训练都是在家中、健身房或户外独自进行的。我们要牢记的重点是要有一个干净的训练场地，要尽可能清空易分散注意力的物品。尽量关闭手机和平板电脑，集中精力在壶铃训练上。我们会因此获得更有效的训练。

壶铃训练的着装

应该提一下进行壶铃训练时的着装。训练时穿的衣服应该保证训练者能够自由、不受限制地活动，对训练应不产生任何干扰。

没有必须穿戴的特定服饰。我们既会看到着宽松服饰的训练者，也会看到着紧身服饰的训练者。但是，要优化我们的壶铃训练，就要牢记以下几点。

手套

戴手套在经验较少的举重运动员中更为常见。由于手套会削弱壶铃把手的手感，因此即使大家见过资深或高级的举重运动员戴手套，这种情况也是十分少见的。在旋转把手的过程中，手套会堆在一起，夹在把手中。某些手套还会增加手掌要抓握的厚度，使手掌更加难以充分地插入把手中。这会严重影响摆举的训练，尤其是在重复次数较多的训练中。

然而，至少在训练的早期，当训练者还在尝试掌握动作的时候，训练者可能会抱怨抓握的肌肉和手掌很不舒服。最好的解决办法就是学会好的技巧！如果训练者掌握了良好的技巧，就能够在不夹到或不撕裂皮肤的情况下，在把手与球体之间来回移动手掌。训练者要学会用手指到手掌的根部来抛抓运动中的壶铃，完全避免把手在手掌中旋转以及因此产生的水泡和撕裂。但是在训练者熟练掌握技术之前，会花上一些时间，因此在开始阶段，训练者可能会想使用手套。我的建议是，开始时不要戴上手套，手掌力量减弱时，再赶紧戴上手套完成后面的训练，以此防止肌肉撕裂。随着训练的增加，训练者需要使用手套的频率会越来越低。

参与竞赛的高级壶铃举重运动员会进行戴着手套的抓举等练习，但是在这种情况下所用的手套是工人手套，其目的是增加抓握的难度，使壶铃更加难以控制。

鞋

训练时可以穿的鞋多种多样。专业的举重运动员和参与竞赛的运动员通常穿奥运会专用的举重鞋。这是一种皮制的鞋，带有坚硬的木质高跟，高跟的下面常有一条薄薄的橡胶条。这种鞋跟能够将举重运动员的髋部抬高几厘米，使高翻和过顶锁定（如挺举）等姿势更稳定。这种鞋跟还能保证脚踝和脚跟的稳定性，使力量更容易从地面向上传递。

许多壶铃举重运动员在训练时会穿巍跋然的五指鞋（Vibram FiveFinger）。这种鞋给人一种赤脚的感觉,是传统鞋的一个不错的替代品。有些人还喜欢直接光着脚,这样也可以。只是如果训练者以前扔掉过壶铃,来回挪脚的时候务必要小心。跑得快才是硬道理! 另一种选择是平底鞋。

我要提醒大家的是,不要穿缓冲作用过大的鞋,例如跑鞋。跑鞋的鞋底往往过厚,而且非常柔软,很难借助地面产生推力。坚硬的平底鞋更适合壶铃训练。如果训练者在健身房训练,或者在壶铃训练中结合了跑步,那么可能需要单独携带一双进行壶铃训练时穿的鞋。

腕带

腕带不是必需的,但是至少在壶铃训练的早期阶段,训练者可能会需要戴腕带。腕带不能太厚,太厚就会影响手掌完全插入把手的能力。在每个手腕上缠一条弹性绷带就可以。还可以使用较薄的、带有魔术贴的帆布条,魔术贴可以将帆布条粘在一起。

在训练者学习如何在手中翻转壶铃时,或者更确切地说,在把手间滑动手掌时,腕带会起到一些缓冲的作用。学习的过程要遵循一条曲线,在练习的初期,训练者可能会时不时地打到手腕和前臂。随着练习次数的增加,训练者会学会如何在把手间轻松地滑动手掌,达到可以几乎完全避免打到手腕和前臂的程度。虽然如此,仍然可以使用腕带或绷带来缓冲足够的冲击以避免不适。如果训练者的前臂经常出汗,那么腕带或绷带也会有助于确保壶铃与手臂和手掌正确地对齐,减少流到手掌、进而流到壶铃上的汗水。同样地,如果训练者确实需要使用腕带或绷带,不要使用太厚的腕带或绷带。如果太厚,腕带会在手掌插入把手时夹在把手中,使手掌无法完全地插入把手。

重量带

专业的壶铃举重运动员要使用重量带。重量带与其他举重用的腰带相类似,只是没有那种腰带厚实。壶铃训练中使用的重量带比较薄,也不是紧紧系在肚子上;相反,这种重量带是系在腰部以下、髋部以上靠近髋部的位置,使肘部可以轻轻放在腰带内侧和身体之间。如此,肘部可以靠在髂骨上,使训练者能够更加放松肩部(见图2.10)。这是挺举和高翻加挺举中特别使用的一种方法,在这两种练习中,运动员要在10分钟内尽可能多地过顶摆举两个壶铃。重量带有助于运动员在壶铃停在胸前时放松肩部和恢复力量,使训练者能够进行更多的运动。这是一种水平更高的技能和概念。在一般性健身训练中,不需要使用重量带。

图2.10 重量带松弛地系在腰部以下、髋部以上靠近髋部的位置,以便举重运动员可以将肘部放在身体和腰带内侧之间

上下装

关于具体的衣服,主要需要避免的是过于光滑的T恤衫,包括那些由合成纤维制成的或带有大标志的T恤衫。如果T恤衫是由光滑的材料制成的或带有光滑的标志,一旦训练者开始出汗,手臂就会因为衣服太滑而向两侧滑动,以至于很难将手臂紧紧靠

在身上。当训练者非常疲惫且手上拿着壶铃时，如果穿着光滑的T恤衫，手臂就更加难以靠在身上。在某些摆举动作中，如果训练者无法将手臂靠在身上，在技巧和体能表现上就会处于劣势。在甩摆和抓举中，由于壶铃和手臂不需要长时间靠在身体上，因此上述情况在这两种练习中不是十分重要。但是在高翻、深蹲、推举或挺举等摆举动作中，就必须能够将手臂靠在身上。所以穿一件简单的棉质小衫即可，这种衣服能够在训练者疲惫和出汗时，贴在身上和手臂上。

裤子只要舒适即可，长短没有限制。但是，不要过于宽松。短裤或裤子的裆部应当非常合身，因为从两腿之间向后甩摆壶铃时，例如在抓举动作的下放壶铃的过程中，手指或壶铃本身可能被卡在裆部宽松的地方，影响训练者的抓举技巧。贴身的短裤，甚至紧身裤或紧身单车运动短裤都非常适合在壶铃训练时穿。

其他装备与注意事项

选好了壶铃和训练环境后，训练者还需要一些其他的小物件来完善一下训练装备。这些东西会让训练者的计划更有条理和效率。开始训练之后才意识到缺少一些虽小却非常重要的工具，无法完成训练，没有比这更糟糕的事了。以下是一些让"演出大明星"壶铃更加闪耀的"助演"角色。

计时器

壶铃训练的计划和方法是以重复次数、时间或两者的结合为决定因素而制订的。动作的重复次数、时间、负荷和速度是改变训练的过程和效果时要经常控制的因素。

例如，训练者的计划可以将重复次数作为决定因素，例如使用35磅（16千克）重的壶铃进行单臂推举，每只手臂做3组，每组重复10次。或者，计划中也可以要求使用35磅（16千克）重的壶铃进行单臂推举，每只手臂推举2分钟。可以在计划中自行定义训练的节奏，也可以遵循特定的节奏，例如每分钟重复12次，每只手重复2分钟；或者每分钟重复15次，每只手重复3分钟。如果训练者采用的是以时间为决定因素的方法，那么训练者就需要准备一个可以观察到秒针的时钟或者某种带蜂鸣声的计时器。壶铃举重运动员中常用的一种计时器是吉姆博斯（Gymboss），这种计时器可以设置间隔时间，并且在每次预设的间隔时间结束时会发出蜂鸣声。这种工具对于以时间为决定因素制订的训练计划很有帮助。

拉伸垫

一个完整全面的训练计划一定包括在壶铃训练结束后进行拉伸。壶铃训练对身体施加了重量，因此身体的关节部位自然会发生一些压缩。训练之后拉伸几分钟，对于伸展身体非常重要，并且有助于在剧烈的力量训练之后消除关节部位发生的压缩。如果训练者找不到柔软的地方进行拉伸，可能需要准备一个便携的拉伸垫。

防滑粉

防滑粉是壶铃举重运动员的装备中一个重要的组成部分。如果训练者是个爱出汗的人，那么壶铃一定会让其汗水一滴不落地流出来。当训练者的手掌和把手上有汗水时，壶铃就会变得难以控制。如果控制不住壶铃，训练者就要扔掉或必须放下壶铃，如此就只能结束训练。要在壶铃训练中不断取得进步，训练者就需要能够训练越来越长的时间或者在单位时间内进行运动量越来越大的训练。因此,训练者需要防滑粉来减少汗水的影响。最常用的防滑粉是镁粉。在大多数专门服务于攀岩爱好者的户外或探险用品商店或经营体操设备的地方就可以找到镁粉。训练者可以购买用独立的盒子或袋子包装的或散装的防滑粉。防滑粉的价格并不贵。

防滑粉的缺点是比较脏,容易弄得到处都是。由于防滑粉是哪儿用哪儿有,所以没有几家商业健身房允许使用防滑粉。清洁和卫生是个问题,而且现实的情况是防滑粉确实很难控制。虽然训练者可以把防滑粉放在碗里和桶里,以此对防滑粉进行主要的控制,但是防滑粉仍然会扩散到空气中及训练者碰到的任何地方。要找一个允许使用防滑粉的健身房进行训练,或者如果可能的话,专门腾出车库的一间屋子或一块地方来训练,以防止防滑粉混入非训练区域。

由于防滑粉吸水,因此能够很快地弄干手掌。如果训练者想在练习壶铃的同时仍然保持手掌的健康与柔软,就需要花点时间对手掌进行打磨、补水,甚至刮掉突出的手茧来保养手掌。壶铃训练并不适合保养手,但是对于其他的身体部位无疑具有神效!

壶铃训练的安全小贴士

注意训练环境及自己使用的设备。以下是一些一般性的安全指南。

- 清空地面空间,不要放置障碍物,包括人、宠物、家具,以及其他物品。
- 确保天花板的高度满足要求,以训练者无法用手或壶铃打到为准。远离墙壁、镜子或其他任何壶铃在失去控制或因动作不当需要扔到一边时可能打坏的物品。
- 切勿尝试挽救操作不当的动作。如果在摆举的过程中开始失去对壶铃的控制,务必迅速移开,并在移开的同时将壶铃从身边推开。较好的做法是,在掉落的壶铃不会损坏周围环境的地方(例如,橡胶地板或户外)进行训练。切记,跑得快才是硬道理——扔掉壶铃时务必把脚移开。
- 防滑粉非常适合防滑。在进行甩摆、高翻或抓举等重复次数较多的动作练习时,防滑粉有助于训练者在保证壶铃不会掉落或从手中滑出去的情况下延长训练的时间。
- 排除干扰,不要看电视、读报纸、发短信或打电话。壶铃训练的时间只进行训练,并尝试将其他活动推迟到训练结束以后。壶铃训练要求注意力高度集中,任何干扰不仅会减弱训练的效果,还会增加受伤的风险。
- 备一条擦汗的毛巾。
- 在户外进行训练时,过顶摆举期间,不要直视太阳。
- 备一些饮用水,保持补水。
- 如果在训练初期用壶铃打到了手腕或造成了疼痛,可以戴上腕带缓冲壶铃的冲击。随着时间的推移,训练者的技能有所提升,就不会再弄伤前臂或手腕了。
- 务必穿硬底鞋,至少是平底鞋。光脚也可以。由于跑鞋过于松软,无法提供足够坚实的借力基础,因此不适合在进行壶铃训练时穿。
- 不要穿松垮的短裤。在甩摆、高翻或抓举中回摆壶铃时会使拇指夹在裤子中。要穿紧身短裤或紧身裤。
- 只有将壶铃放在地面后,一组训练才算结束。不要随意地扔掉壶铃,这么做可能会拉伤下腰背。

如果在训练者的训练环境中不允许使用防滑粉，那么退而求其次的办法是使用液体防滑粉，手掌和壶铃把手更容易吸附这种东西。液体防滑粉干得快，而且只吸附在壶铃把手和人手上。只要训练者不碰别的东西，就能够将防滑粉控制在手掌和把手的范围内。这肯定是个比没有防滑粉好的选择。训练者可以在网上找到液体防滑粉。

毛巾

随身携带一条小毛巾，用来擦拭身上和壶铃把手上的汗水。由于壶铃训练是高强度的运动，因此训练者会出很多汗。汗水会让手和壶铃打滑，对训练者的表现产生不利的影响，并可能形成安全隐患。只要抓举期间有一个壶铃从手中任性地飞出，训练者就能深刻体会到控制汗水的重要性。

水

备一些饮用水，尤其是在壶铃训练的时间较长或强度特别高时。这种时候，训练者会出很多汗，因此需要补充水分。脱水会使训练者的表现大打折扣，尤其是在长时间的艰苦训练快要结束时。脱水也是一种健康隐患，可能导致虚弱、恶心、眼花、痉挛和头晕。

砂纸

如前所述，训练者应随身携带一些细砂纸（适用于钢制的壶铃），以便定期地打磨把手上粗糙的斑块及去除用过的防滑粉形成的结块。除了砂纸，训练者还可以使用钢丝绒。

现在，我们已经清楚地列出了所有可以选择的设备和训练环境。有了设备和训练场地，我们就做好了开始训练的准备。在下一章中，我们将学习基本的练习原则，以便训练者可以更多地了解壶铃训练背后的科学原理。

第 3 章

练习原则

了解了壶铃是什么，以及壶铃为什么是帮助训练者实现健身目标的一种理想的工具之后，我们就几乎做好了开始进行壶铃基础练习的准备。但是在此之前，了解壶铃训练中涉及的一些基本的练习原则，会有助于训练者扎实地掌握各个训练阶段中可能发生或不可能发生的情况。这会有助于训练者设定清晰具体的目标以及增加实现目标的可能性。

壶铃采用了一种独特的设计，在健身方面有一些独特的应用。但是壶铃并不是无所不能的，不论训练者使用的是壶铃、杠铃、哑铃还是其他健身工具，训练者都要受到某些身体结构和生理规律的限制。本章讨论了这些重要的练习指南，以便训练者对壶铃的优点与局限性有一个详细的了解。文中首先概述了运动科学的生理原则，阐述了如何运用这些重要的基本原则来合理安排训练者的壶铃训练。然后介绍了壶铃训练中涉及的各种体育技能，并阐述了如何培养这些技能。

一些基本的指导原则与包括壶铃运动在内的所有类型的练习和体育活动都息息相关。了解这些基本的概念会有助于训练者充分了解自身壶铃训练计划的优势。训练者在设计自己的训练计划时，应牢记这些原则，以便通过设置和控制壶铃训练的各个组成部分，以最有效的方式实现健身目标。

FITT 原则

"FITT"是一个首字母缩略词，描述的是一些与壶铃训练和所有其他类型的运动都息息相关的关键练习原则。训练者在设计自己的训练计划时，要以这个简单的首字母缩略词所包含的元素为指导。FITT 分别代表着频率（Frequency）、强度（Intensity）、时间（Time）和类型（Type）。用这种方法来记住练习的变量十分方便。训练者可以通过控制这些练习变量来不断调整训练计划，如此不仅有助于避免一成不变的训练计划带来的枯燥感，还能够不断提高训练对身体的挑战性。

频率

"频率"表示训练者多长时间训练一次。它可以反映每周或每月进行壶铃训练的次数，每次训练的练习种数，每种练习的组数或每组的重复次数。例如，如果训练者每周训练 4 天，每天训练一次，那么训练者的训练频率就是每周 4 次。如果训练者每周训练

3天，每天训练2次，那么训练者的训练频率就是每周6次。

为了保持身体健康和增强身体素质，一般建议每周至少训练4天。切记，频率与强度之间存在着反比关系。总之，频率与强度合起来要等于总的运动量，即单位时间（例如，天、周、月）内进行的运动的总量。训练的频率越高，强度就可以越低。相反，训练的强度越高，训练的频率就越低。这与总运动量对身体恢复能力的影响有关，这是本章的补充内容的主题。

强度

"强度"指训练者进行壶铃练习时的剧烈程度，也可以描述进行特定练习或训练所需的能量多少或努力程度。表示训练强度的方法有以下几种。

壶铃运动结合了心肺训练与抗阻训练。因此，可以将壶铃训练的强度作为心肺强度或抗阻强度的一个功能来衡量。衡量日常训练内容的强度的一个简单的方法是佩戴心率监测器。这种方法是将训练强度作为心率的一个功能来衡量。这种确定强度的方法与壶铃训练的心肺组成有关。在这种情况下，训练的强度用实际心率与最大心率的百分比来表示，显示出来就是每分钟的心跳次数

（BPM）。强度较高的壶铃训练产生的心率较高；强度较低的壶铃训练产生的心率较低。不同的体质水平与不同的健身目标和训练目标，对应着不同的最佳心率训练区间，因此为了能够利用和理解心率监测器的数据，训练者需要了解几个关于心率和最佳心率训练区间的要点。

确定最大心率（MHR）的一个被普遍认可的公式是：男性用220减去自己的年龄，女性用226减去自己的年龄。得到的数字非常接近实际的最大心率。例如，一名40岁的男性的最大心率为180次/分（220-40=180），而一名40岁的女性的最大心率为186次/分（226-40=186）。不同百分比的最大心率对应着不同的训练区间。

训练者需要知道如何快速、简单地测量自己的心率。训练一完成，立即将食指和中指放在颈部侧面喉结偏上的部位（见图3.1a），找到脉搏。此外，在手掌以上、手腕上恰好挨着手掌的部位也可以找到脉搏（见图3.1b）。在这两个部位，都会感觉到心跳。数一下15秒内的心跳次数，然后用数出的数字乘以4，就得出了每分钟的心跳次数（BPM）。例如，如果训练者在15秒内数到了40次心跳，那么训练者的心率就为160次/分。

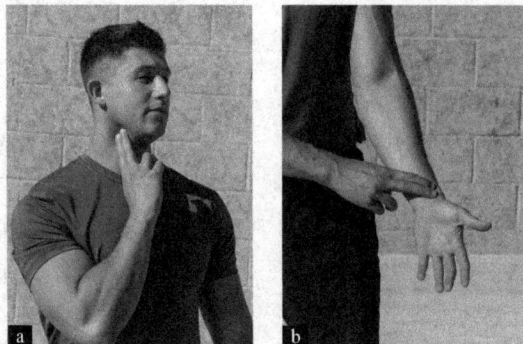

图3.1　寻找脉搏：a. 颈部；b. 手腕

热身训练区间或健康心脏训练区间
（50% ~ 60%的最大心率）

该区间最适合刚刚开始实施健身训练计划的训练者，也是在高强度的训练之前进行热身的最佳区间。该区间与减脂、降低血压和胆固醇，以及减少退行性心脏病的发病率有关。由于强度较低，相对比较安全。在健康心脏训练区间消耗的热量中，高达85%是脂肪，10%是碳水化合物，5%是蛋白质。

健身训练区间或燃脂训练区间
（60% ~ 70%的最大心率）

该区间所具有的健康优势与健康心脏训练区间相同，只是强度更高，消耗的总热量更多，适合经验更丰富但仍然注重燃脂特性的训练者。在该训练区间消耗的热量中，高达85%是脂肪，10%是碳水化合物，5%是蛋白质。

耐力训练区间或有氧训练区间
（70% ~ 80%的最大心率）

该训练区间旨在改善心肺功能，是耐力训练的最佳区间，适合拥有良好的壶铃技术基础及体能状态的资深举重运动员。该区间消耗的总热量比前面几个区间更多。在该区间消耗的总热量中，约50%是脂肪，50%是碳水化合物，还有不到1%是蛋白质。

体能表现训练区间或无氧训练区间
（80% ~ 90%的最大心率）

该区间是提高最大摄氧量的区间，即提高身体在训练期间能够消耗的最大氧气量的区间。无氧训练区间改善了心肺系统的功能和身体忍受更高水平的乳酸的能力，即训练者在剧烈运动期间更好地忍受疲劳的能力。该训练区间的强度高，消耗的热量比之前的区间更多。在该区间消耗的总热量中，约15%是脂肪，85%是碳水化合物，不到1%是蛋白质。

最大力量训练区间
（90% ~ 100%的最大心率）

该区间是竭尽全力的区间，有时被称为"红线区间"。该区间消耗的热量最多，但是由于强度非常高，大多数人在这个区间进行训练时都坚持不了几分钟。该区间适合身体素质相当好的运动员使用，而且通常是在间歇训练期间使用。在间歇训练中，时间短、强度高的动作与时间长、强度适中的动作交替进行。在该区间消耗的总热量中，约10%是脂肪，90%是碳水化合物，不到1%是蛋白质。

对于壶铃健身训练的初学者来说，训练者的大部分训练都会处于健康心脏训练区间，以使训练者能够以可控的强度逐渐锻炼有氧适能。经过几周的训练后，当训练者的体质得到改善之后，训练者就可以开始加入更多健身训练区间的练习了。有经验的壶铃使用者会使大部分训练保持在健身训练区间和耐力训练区间。高级的训练者及身体素质特别好的训练者会将更多体能表现训练区间的训练与最大力量训练区间的周期性训练结合在一起。所有水平的训练者都应该在训练中进行一个健康心脏训练区间的热身活动。

强度也可以指练习或训练对身体施加的压力的量。一种如此衡量强度的方法是比较训练者采用的负荷的轻重程度。进行同一种练习时，举起一个71磅（32千克）重的壶铃与举起一个26磅（12千克）重的壶铃相比，前者的强度要高得多。这里的强度指一个训练者的最大重复次数（RM）的百分比，即训练者在特定的练习期间或重复特定次数的练习期间，能够举起的最大重量。例如，1RM指训练者在重复1次动作的情况下能够举起的壶铃的最大重量，而10RM指训练者在重复10次动作的情况下能够举起的壶铃的最大重量。无论是这两种中的哪一种，举起较重的壶铃与举起较轻的壶铃相比，前者的强度永远更高。

大多数出于健康与健身目的的壶铃训练应该采用中等的强度。安全起见，建议初学者使用较轻的壶铃进行重复次数较多的训练。换句话说，就是采用较低的强度，训练较长的时间。身体素质更好的运动员会采用高于初学者水平的强度来训练，并会通过逐渐提高所用壶铃的重量来提高训练的强度。在结构化的训练计划中，所有水平的壶铃使用者，都会使用某种训练形式的不同强度。这就意味着，有些训练强度适中，有些训练非常剧烈，有些训练非常温和。该话题将在第9章"创建个性化的健身训练计划"中进行详细讨论。

使用 RPE 监测强度

训练者可以使用一种名为"自感劳累分级（Rating of Perceived Exertion，RPE）"的有效的主观方法来监测强度。RPE 通常是一个从 1 到 10 的主观量表，1 代表非常容易，5 代表强度适中，10 代表强度最高。如果训练者在计划一个强度适中的壶铃训练，那么应该将训练期间的 RPE 范围维持在 4 ~ 6。如果训练者在计划一个简单的训练，那么训练者的 RPE 的范围应该设在 2 ~ 3。

壶铃训练的强度可以是剧烈的、适中的或温和的。一个人觉得温和的训练，对另一个人来说，可能相当剧烈。特定的练习或训练的强度及其相关的 RPE，取决于训练者的年龄、压力水平、休息的量、所在地的海拔，以及当前的体质水平等变量。例如，一名专业运动员或高水平的业余运动员，可能能够在不到 6 分钟的时间内轻松跑完 1 英里（1.6 千米）。而一名办公室的职员，可能要花上大约 10 分钟的时间，才能艰难地跑完相同的距离。在这种情况下，强度的等级对每个人来说是不同的。

训练者吃了什么东西或没吃什么东西都会影响训练者的 RPE。例如，如果训练者在即将训练时喝了大量的咖啡或吃了一顿大餐，那么训练者的 RPE 可能会高于他在空腹或微微饱腹的情况下进行训练时的值。值得再次强调的是，练习或训练的强度越高，训练的频率和运动量就越低。

时间（持续时间）

"时间"或"持续时间"指训练者进行任何一次壶铃训练的时长。术语"时间"与"持续时间"在使用时可以互换。时间通常用分钟表示。但是，在壶铃训练中，时间还有另外一个重要的方面，即被用来指"节奏""速度""步调"，这对一组给定练习中的总运动量有影响。

总时长是训练的一个组成部分——可以用时间或持续时间来表示一次抗阻训练的长度。例如，训练者的壶铃训练从开始到结束的持续时间可能在 30 ~ 45 分钟。一组练习的时间是另一种衡量方法。例如，进行 1 组重复 30 次的练习可能需要花费训练者 1 分钟的时间。

此外，进行某些摆举练习期间，要同时计算时间与节奏。例如，我们假设训练者要进行 2 分钟的单臂推举，相当于每只手进行 1 分钟。假设训练者要用一个 35 磅（16 千克）重的壶铃进行推举。如果训练者每 4 秒推举一次（重复 1 次），那么训练者每分钟重复的次数就为 15 次，2 分钟重复的总次数就为 30 次。如此，训练者可以计算出在这组 2 分钟长的训练中，推举的阻力将为 1 050 磅（476 千克）。但是，如果训练者的推举节奏为 5 秒 1 次，那么每分钟重复的总次数为 12 次，2 分钟重复的总次数就为 24 次。如此，训练者可以计算出在这组时长同为 2 分钟的训练中，推举的阻力将为 840 磅（381 千克）。如果训练者的动作更快，假设 3 秒 1 次，那么训练者可以计算出每分钟的重复次数为 20 次，2 分钟的重复次数为 40 次，在这组时长同为 2 分钟的训练中，推举的阻力将为 1 400 磅（635 千克）。训练者在实际进行壶铃训练期间，会对节奏这个概念十分熟悉。

我们看一下表 3.1。表中有四名不同的壶铃举重运动员，每名运动员都选择了不同的训练负荷。这些数字表示的是一组练习的运动量。我们可以注意到，改变了负荷、节奏、重复次数和持续时间这些变量后，得到的运动量都在一个相同的总运动量的范围内。

此外，我们还注意到，对于一般的健康和健身目标，建议壶铃训练的时间为每天 30 分钟到 1 小时，每周至少 4 天。虽然这看起来很多，但是我们要考虑到初期训练者会以较低到中等的强度进行训练。对于初学者来说，逐渐提高壶铃训练的频率、强度和延长持续时间是至关重要的。如此，训练者才能避免受伤、保证训练之间的充分恢复，以及通过设定和实现可控的健身目标来树立信心。

类型

"类型" 指训练者进行的练习的类型（例如，跑步、散步和壶铃训练）。这里我们的重点是壶铃训练。这是一种结合了心肺调节、抗阻训练，以及灵活性或运动范围训练的运动形式。由于壶铃训练结合了运动的多个方面，因此是一种具有时效性的、全面锻炼身体素质的方法。虽然壶铃是一种强调多种训练目标相结合的工具，但是也可以被当作一种强调锻炼众多素质中的某一种素质的工具来使用。例如，如果训练者的目标是提高最大力量，那么训练者可以将训练计划设计为使用较重的壶铃进行重复次数较少的训练；如果训练者希望加强心肺功能，则可以将训练计划设计为使用较轻的壶铃进行重复次数较多的训练，从而增强有氧适能；如果训练者的目标是塑造或增大肌肉，如在健美中的情况，那么使用中等重量的壶铃进行重复次数适中的训练就是一个实现这一目标的有效方法。然而，要全面增强身体素质，就要在训练计划中综合使用较轻的、中等重量的和较重的壶铃进行重复次数由多到中再到少的训练。

我们一直强调壶铃作为一种单一的健身工具的功效，因此，如果训练者选择在训练计划中只使用壶铃，能够很好地实现自己的健身目标。同时，壶铃也可以与其他的训练方式有效地结合，例如杠铃、哑铃、瑜伽、跑步，以及训练者喜爱的其他活动。

FITT 原则的应用

当训练者以足够的频率、强度和时间进

表 3.1 壶铃训练运动量比较

	负荷	节奏	重复次数	持续时间	总运动量
运动员 A	12 千克	每分钟 24 次	96	4 分钟	1 152 千克
运动员 B	16 千克	每分钟 18 次	72	4 分钟	1 152 千克
运动员 C	20 千克	每分钟 20 次	60	3 分钟	1 200 千克
运动员 D	8 千克	每分钟 25 次	150	6 分钟	1 200 千克

行训练且所选的练习类型能够保持自己的兴趣和积极性，使自己坚持执行训练计划时，训练者的身体素质将会得到改善，训练者的外形、体重、体脂率、心肺耐力、肌肉力量与耐力，以及灵活性都会开始出现变化。这些因坚持训练计划而产生的生理变化被称为训练效果。

训练者的肌肉会遵循超负荷原则、具体原则、可逆原则和个体差异性原则进行自我调整来适应自身当前的体质水平。如果训练者以适当的方式通过一个渐进的壶铃训练计划对自身的系统施加压力，训练者的身体就会进行自我调整来适应并改善自身功能。

如果压力的强度或频率不足，就无法对身体施加适当的超负荷，身体就不会发生任何适应现象。如果压力的强度过高或量过大，就会导致训练者受伤或训练过度。只有在壶铃训练计划中采用了合适的压力时，训练者的体能表现才会有更大的提升。

当身体做出积极的适应时，应该变化一下一个或多个 FITT 变量，以便训练者能够继续升级，进入下一个训练阶段。例如，如果训练者一直在进行每周 3 天、每天 30 分钟的壶铃训练，但是现在已经开始没有任何进步了，那么训练者就可以通过调整以下变量中的一个或多个来改变自己的训练计划。

- 频率——壶铃训练的天数增加一天。
- 强度——壶铃的重量增加 5 ~ 10 磅（2 ~ 5 千克）。
- 时间——训练的时间延长 10 ~ 15 分钟。
- 类型——训练的重点从低强度的有氧训练向无氧训练调整，缩短多组高强度训练之间的休息时间。

对于关注进步的训练者来说，一个首要的目标是要避免训练出现平台期以及在出现平台期后成功走出平台期。当训练者的身体恢复到体内平衡（这是身体维持稳定内部环境的生理过程）的状态时，就会出现平台期。初学者可能要经历长达 6 个月的训练才会出现平台期。在训练的最初几个月里，训练者的力量显著增加。但是，不久后，这些变化就会开始趋于稳定或停滞不前。在这个阶段，训练者就需要调整自己的训练技巧，只有这样才能继续进步。训练者可以使用以下技巧来突破自己的平台期。

提高强度

一种走出平台期的方法是增加肌肉运动的难度。此时在训练中，训练者可以将训练计划从负荷较低、重复次数较多的训练转变成负荷较高、重复次数较少的训练。例如，原来的训练为 3 组，每组重复 20 次，调整后改用更重的壶铃进行 3 组训练，每组重复 5 次。

变换练习

如果训练者一直在进行以垂直方向为主的摆举练习，如抓举和推举，那么可以切换成更多水平方向的动作，如逆向划船和倒立俯卧撑。改变练习和运动模式会以新的方式锻炼肌肉，让过度劳累的部分得到休息和恢复。

改变练习的顺序

有时，训练者也可以通过改变进行摆举练习的顺序走出平台期。当身体因为练习的顺序发生了意想不到的改变而出现疲劳时，肌肉就会以不同的方式进行自我调整来适应。

增减练习

随着时间的推移和经验的增加，训练者会删掉训练计划中的一些练习，然后添加其他的练习。注意要用更少的动作进行更多的训练，可以通过选择复合练习来实现。例如，高翻加推举就将竖向的拉和竖向的推结合成了一个单个的练习。

充分休息

通过充足的睡眠来休息和恢复，对于训练者的健康及其在健身房内外的体能表现都是至关重要的。如果训练者长期处于疲劳状态，会出现训练平台期。如果训练者因睡眠不足而过度疲劳，也可能会因此受伤。在一年中的某些阶段，训练者应该停止训练，休息一到两个星期，让身体得到充分的休息。

营养分析

训练者是否摄入了足够的蛋白质及适量的碳水化合物和脂肪？消化功能良好吗？经常腹胀、排气、消化不良或胃灼热吗？吃的是优质的食物吗？补充的水分足够吗？是否因饮食本身不足以提供重要的营养成分而需要补充营养？由于营养与健康和体能表现息息相关，因此评估自身的营养状况是非常重要的，而且这是一个持续的因人而异的过程。

简单介绍一个流行的训练理论，叫作"肌肉记忆混淆训练理论（Muscle Confusion）"。

根据这个概念，要避免或突破训练的平台期，训练者必须不断变换练习、组数、重复次数和重量。先前描述的策略是调整固定训练计划的方法，这些方法在训练者处于训练的平台期时很适用，但是却并非较好的一般训练策略。变化太多或不断改变周围环境，会使训练者远离打好坚实基础的大目标，坚实的基础是要从最基础的训练开始，循序渐进地提高超负荷的水平，从而构建起来的。

最终，增加的运动量（总负荷量）会转变成身体素质的提升。要始终记录好自己的负荷、重复次数和组数来确定自己的总运动量。当训练者发现自己的运动量已经超出了极限或正在下降时，就说明自身已经进入了一个平台期，那么先前描述的肌肉记忆混淆训练理论的某个技巧，就派上了用场，可以帮助训练者突破这个平台期，并且可能还会打破严苛的训练计划的单调性，为训练者增添一些新的动力。在讨论的所有因素中，休息和营养是重中之重。此外，每4周到6周调整一下一个或多个FITT变量，会使训练者能够在长期的训练中不断取得进步。

了解了什么是FITT原则以及如何控制频率、强度、类型和时间变量之后，训练者将能够在训练计划中设计出连续的进阶目标。下一步是将这些理论知识与当前自身体质水平的实际评估结果相匹配，然后设定目标，并创建一个积极实用的壶铃训练计划。

第 4 章

设定目标、评估体质与安全训练

我们将在第5章学习如何热身，在第6章开始学习壶铃训练的基础练习。我坚信只要是值得做的事情，就值得将它做好。但是在做好这件事情之前，我们需要清楚地知道我们想要取得什么样的成果。换句话说，我们需要制订一个计划，而在制订计划之前，必须设定一个目标。我们投入了时间与精力所付出的任何努力，要想成功，都离不开目标设定。壶铃训练也不例外。

本章讨论了如何设定目标以及计划实现目标的过程，最大限度地帮助训练者提高实现这些目标的概率。此外，为了帮助自己确定切合实际的目标，训练者有必要了解自身的体质水平及适合自己的实际目标。为此，很有必要对训练者当前的水平进行一个一般的评估。因而，本章提供了一些安全的评估练习，训练者可以使用这些练习来确定自己的体能状况是否适合进行壶铃训练，同时帮助自己安全地过渡到即将学习的基础练习。最后，本章在结尾处围绕质量第一、数量第二，以及创建安全训练环境的中心思想，对壶铃训练的最佳实践进行了讨论。在训练者开始实施自己的壶铃训练计划之前，最好到医院做个检查，以确保自己没有需要解决的健康问题。

设定目标

设定目标是壶铃训练取得成功的关键组成部分。它是激励训练者采取行动并坚持到底的强有力的方法。一艘没有明确目的地的船是永远无法起航的；即使起航，也只会在海上漫无目的地徘徊。目标就像船舶的罗盘——指明了我们所有辛苦和努力的终点，帮助我们规划了取得成功的正确航线和计划。没有目标，我们的努力就没有了计划和目的，我们就只会在壶铃训练的大海上漂泊，没有一丝抵达终点的机会。我们只需花一点点时间来明确和计划一些实实在在的目标，就可以更迅速、更实际地实现我们的目标。为什么要把决定权交给运气？我们想做什么、要什么或成为什么，每个人都有自己的想法。"我想减肥""我想穿比基尼时更好看"都是关于某些事物的想法，而不是目标。这些话没有承诺、没有计划，只是阐述了吸引了你的一些想法。目标不只是个想法。目标从想法开始，然后经过一些步骤的处理，最终从思想的世界中跳出来，进入现实的世界。瞄准目标也会为实际实现目标提供动力。

那么，如何设定自己的目标呢？设定目标时可以考虑的一个有用的首字母缩略词叫作"SMART"，分别代表具体性（Specific）、可衡量性（Measurable）、可实现性（Attainable）、相关性（Relevant）和限时性（Timely）。这五个词描述了目标的本质，以及在壶铃训练计划中设定和实现目标的方法。SMART 的各个字母所代表的词汇可能因人而异。关于这五个关键字母的具体含义和在任何给定的情况中所代表的含义，没有一个一致的说法。例如，SMART 中的"A"也可以被描述成"可成就性"（Achievable），"R"也可以被描述成"现实性"（Realistic）。

具体性

缩略词中的第一个字母强调的是目标需要具体。目标必须清晰明确，表述不应模棱两可、模糊不清。目标的具体性让训练者的想象具有了实质和准确的内容，因此，具体的目标越清晰，实现的可能性越大。清晰的目标也是可以衡量的目标（见"可衡量性"）。有了清晰具体的目标和实现目标的确切时间限制，训练者就会知道训练中会出现什么样的预期结果，进而可以将具体的结果作为坚持的动力。如果目标模糊不清或表述笼统，例如"减肥"，这样的目标几乎没有什么激励性的价值。要增加成功的机会，就要设定清晰的目标，目标中要包含具体的、可以衡量的指导内容。"我要使用壶铃进行训练，每周训练3天，每天训练30分钟，到6月1日时减掉20磅（9千克）"，这就是一个明确具体的目标。在设定具体目标的过程中，训练者必须能够回答以下问题。

- 和谁一起？独自训练还是搭伴训练？我的目标是否以任何方式牵涉到了其他人？

- 我的目标是什么？我想获得什么？减肥或缩小衣服的尺码属于审美类的目标；提高跑步的速度或增加举起的重量属于运动表现类目标。有什么要求和限制？要优先实现我的目标，我需要放弃什么？目标必须切实可行，训练者也必须做出选择。熬夜聚会和早起锻炼，两者不可兼得。如果我们的目标对我们非常重要，那么我们必须愿意、也必须能够放弃某些享受或不利于实现目标的习惯。

- 在哪儿实现目标？在家训练还是在健身房？在熟悉或舒适的环境中训练会增强训练者的自信心。

- 什么时候实现目标？不要顺其自然——心里要有个实现当前目标的目标日期。

- 为什么这么做？是什么原因或好处让我要实现我的目标？潜在的动机可能是内部的，也可能是外部的，重要的是设定目标的过程要有明确的目的。

可衡量性

SMART 中的第二个字母代表的是"可衡量性"，指出了建立明确的衡量标准的必要性，只有这样才能衡量训练者在朝着每个设定的目标努力的过程中所取得的进步。如果目标无法衡量，那么训练者就无法知道自己是否在朝着目标的方向迈进。衡量自己的进步情况有助于训练者按部就班地训练、坚持到目标日期，以及体验取得进步的兴奋感。这种兴奋感会鼓励训练者不断地努力直至实现最终的目标。一个可衡量的目标要可以回答"多长时间？""多少量？""目标何时达成——我期待什么样的结果？"等问题。

例如，前面提到的目标，"我要使用壶铃进行训练，每周训练3天，每天训练30分钟，到6月1日时减掉20磅（9千克）"，就回答了多长时间（每周3天），多少量（20磅），以及目标何时达成（到6月1日时）的问题。训练者可以每周称一次体重，在5个月内每月平均减掉4磅（2千克）。这些目标都可以清楚地衡量。

可实现性

缩略词中的第三个字母强调的是目标需要具有"可实现性"。目标必须有可能实现。可实现的目标可以具有挑战性，为了实现目标，这种挑战性会督促训练者不断前进；但是这个目标并不极端，也不会超出训练者当前的体能水平。那些曾经看起来遥不可及的目标会离我们越来越近。只要专注不懈地付出努力，训练者就可以实现这些目标。目标不应过于勉强，也不应过于容易实现。过难的目标，训练者可能无法实现；同时，过于容易或不需要太多努力就可以实现的目标，对训练者来说又没有意义。目标的难度与完成情况之间存在着一种关系。与模糊或容易的目标相比，具体的、有挑战性的目标对于提升训练者的体能表现效果更好。太容易的目标会无法调动训练者的积极性。当一个人需要付出艰辛的努力才能获得某些东西时，他成功后的成就感会更大，因此，与容易的目标相比，困难的目标更能调动训练者的积极性。

通过列出目标，训练者可以树立起实现目标所需要的自尊心与自信心。一旦训练者确定了哪些目标对自己更重要，就会开始寻找实现这些目标的方法。训练者会开始认为自己值得实现这些目标，同时会因此具备使自己实现这些目标的成功特质。可实现的目标通常会让训练者发现以前忽略的可能性，缩短了训练者与目标之间的距离。如果训练者的计划得当，并且设置的时间期限能够使自己完成计划中的每一个步骤，那么训练者将能够实现几乎所有的设定的目标。可实现的目标应该能够回答"目标如何实现？"的问题。

相关性

缩略词中的第四个字母强调的是目标需要具有"相关性"。相关的目标是训练者愿意并能够为之努力的目标。只要训练者坚信自己能够实现目标，那么这个目标可以成为非常崇高的目标。如果训练者相信一个目标能够实现，那么这个目标对训练者来说就是相关的。训练者或许曾经实现过与当前目标非常相似的某个目标，如果是这样，那么训练者可以确定自己当前的目标也是相关的。问问自己要实现目标需要具备哪些条件。目标的一个重要方面是它的挑战性，成就会激发人的斗志。训练者会根据自己期望取得的成就的重要性来决定自己的目标的价值。如果训练者知道自己的努力会获得很好的回报，那么训练者执行训练计划直至目标实现的动力会非常大。

相关的目标也必须是现实的目标。如果训练者确信自己能够实现一个目标，那么这个目标对训练者而言就是现实的。例如，如果当前训练者需要12分钟才能跑完1英里（1.6千米），那么直接将5分钟跑完1英里（1.6千米）设为目标就是不现实的。但是，如果训练者在接下来的几个月里努努力，10分钟跑完1英里（1.6千米）对训练者来说是个能力范围以内的目标。一旦这个目标实现了，训练者就可以设定一个新的现实的目标，例如8分钟跑完1英里（1.6千米），然后是7分钟、6分钟。如果训练者能在6分钟内跑完1英里（1.6千米），那么设定一个5分钟跑完1英里（1.6千米）的目标可能就是现实的。尽量让自己的目标始终处在一个大背景下，即训练者当前所处的水平。

相关的目标回答的是一个重要的问题："这看起来值得吗？"如果一个目标看起来不值得，那么训练者可能不会坚持下去，也不会付出实现这个目标所需要的努力。但是，如果这个目标对训练者来说是值得的，训练者就会按照一定的步骤坚持实现这个目标，并会到达终点。设定目标时，让目标有点挑战性。如果目标太容易且训练者认为目标实现与否无关紧要，那么训练者的努力可能不会有任何意义。切记，设定目标时，训练者必须把握好度，设定的目标既要有挑战性，又要切合实际。如果设定的目标难以实现，训练者就会失败，失败甚至可能比设定一个过于容易的目标更让人沮丧。人类天生有着对成功和成就的渴望，具有挑战性又切合实际的目标能够激发人们的动力。训练者要确保自己设定的有挑战性的目标对自己来说是切实可行的。

限时性

缩略词中的第五个字母代表的是"限时性"，强调的是通过给定一个日期来限制目标在特定期限内实现的必要性。规定截止日期有助于训练者在截止日期之前集中精力实现目标。SMART目标的这一方面旨在防止训练者因生活中可能出现的、偶然的戏剧性变化而放弃目标。有时间限制的目标给人一种优先感和紧迫感。没有规定时间期限的目标不会给人一种紧迫感。

如果训练者想减掉20磅（9千克），那么训练者想在多长时间内减掉呢？"有一天"可远远不够具体，这种模糊的目标是不会带领训练者抵达终点的。但是，如果训练者承诺了要在一个给定的期限内实现目标，例如"到6月1日时"，那么训练者就会在自己的潜意识里设想如何努力实现这个目标。承诺是成功的关键组成部分。目标越艰难，需要做出的承诺就越多。

有时间限制的目标也必须是有形的目标，也就是说，训练者可以通过味觉、视觉、触觉、听觉或嗅觉等感觉感受到这些目标。此外，一个有形的目标更应是具体的、可衡量的，进而是可以实现的。有时间限制的目标回答的是"什么时候？""今天我能做什么？""6个星期、6个月或1年后我能做什么？"这些问题。

设定具体的、可衡量的、可实现的、相关的和有时间限制的目标，是训练者锻炼出更强壮、更健康、更有活力的体魄的第一步，也是重要的一步。这些目标也是训练者升级壶铃训练的指导。设定目标的目的是希望训练者成功地实现目标，因此，训练者需要设定能成功实现的目标。训练者要制订明确、富有挑战性的目标并努力完成目标。

评估体质

壶铃训练是动态的活动，需要有一定的体能基础。进行壶铃训练，不需要训练者多么健壮。但是，训练者必须能够在一定程度上控制自己的身体，以确保自己能够在安全、不受伤的情况下开始壶铃训练。因此，在训练者拿起壶铃进行第一次训练之前，建议先做一些简单的测试来检查一下自己是否做好了训练的准备。以下运动测试的是训练者的核心稳定性（腰腹）、肩关节稳定性，以及髋部和躯干的灵活性。如果训练者通过了这些测试，那么训练者可以就此确定自己已经做好了自信地开始实施壶铃训练计划的准备了。

评估练习1：壶铃硬拉

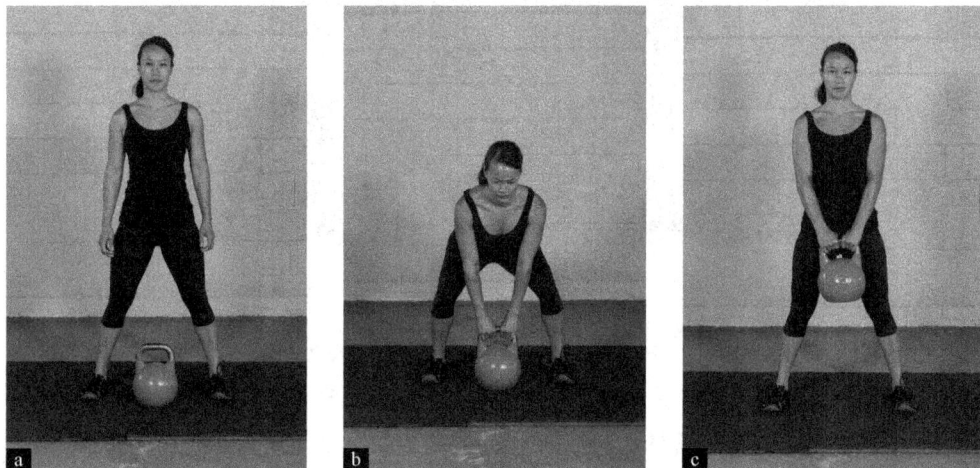

图4.1 壶铃硬拉

　　将壶铃放在正前方地面上，身体站直，双脚分开，与肩同宽或略宽于肩（见图4.1a）。髋部向后做坐下的姿势，直到双手够到壶铃把手为止，其间保持挺胸（见图4.1b）。用双手抓住把手，双脚用力蹬住地面使自己站起，直到身体站直为止（见图4.1c）。重复髋部后坐直到壶铃底部轻轻碰到地面为止，动作完成。先用一个较轻的壶铃以可控的方式重复10次，然后再用一个重量更具挑战性的壶铃进行重复。例如，女性可以先用18磅（8千克）重的壶铃重复10次，然后再用26磅（12千克）重的壶铃重复10次；而男性可以先用35磅（16千克）重的壶铃重复10次，然后再用53磅（24千克）重的壶铃重复10次。该基础练习旨在教会训练者如何保持质心与身体的支撑面上下垂直排列。由于壶铃训练中就包含这样的动态动作，因此控制好自己的质心十分重要。下盘稳定有力才能保证训练者在甩摆壶铃时的安全。注意，如果需要，可以调整这一评估练习来降低难度、提高正确率，例如将壶铃放置在矮箱子或台阶上来缩小活动范围。

评估练习 2：徒手深蹲

图 4.2   徒手深蹲

身体站直，双脚分开，与肩同宽或稍宽于肩宽（见图 4.2a）。每个训练者需要找到适合自己身体的站姿。对于有训练经验的人来说，与肩同宽可能较为合适，但是对于其他人来说，双脚之间的距离为 1.5 倍的肩宽可能更好。双脚之间的距离会根据个人的柔韧性、身高、肢体长度和腿部力量的不同而有所变化。如果训练者身体不是很柔软，那么双腿太近很可能会让训练者感觉不稳定，反而稍宽于肩部的距离会使其感觉更舒服。髋部向下后方做坐下的姿势，就像要坐在椅子上一样，尽可能保持挺胸和躯干正常弯曲（见图 4.2b）。双脚的脚跟牢牢蹬住地面；不要抬起脚跟或将重心移到脚尖。在理想的徒手深蹲中，训练者应尽量下坐，直至达到弯曲（最低点的）姿势的最大活动范围为止。虽然锻炼这种柔韧性需要花费一些时间，但是没有关系，就从自己当前的水平开始训练，随着时间的推移逐渐提高即可。从最低点的姿势开始，双脚牢牢蹬住地面使自己站起。将上述动作重复 10 次。

徒手深蹲是锻炼腿部力量与耐力的一个基本的方法和基础练习。强健有力的大腿是壶铃训练的一个副产品。由于腿和脚是连接训练者与地面的媒介以及使用壶铃锻炼力量、爆发力和耐力的基础，因此训练者需要密切关注自己的腿和脚。如果需要，可以调整这一评估练习来降低难度、提高正确率，例如深蹲到椅子或箱子上来缩小活动范围。

评估练习3：单臂推举

图 4.3 单臂推举

　　单臂推举测试的是训练者的核心稳定性及肩部与上背部的稳定性和灵活性。身体站直，双脚分开，与肩同宽（见图 4.3a）。用双手拿起壶铃，放在一侧手中（图 4.3b）。双腿伸直，腰腹绷紧（收紧但不紧张）。深吸气，然后一边将壶铃直接举过肩部，一边呼气。一直向上推，直到手臂伸直、肘部没有弯曲为止，壶铃应位于双脚或支撑基础的正上方（见图 4.3c）。过顶锁定壶铃时，再次吸气。然后一边呼气，一边将壶铃再次放回胸前（见图 4.3d）。每只手臂重复 3 次。如果需要，可以调整这一评估练习来降低难度、提高正确率，例如选择较轻的壶铃或使用轻型的哑铃或负重板进行练习。

评估练习4：平板支撑

图4.4　平板支撑

　　平板支撑是一个测试训练者髋部、肩部和腰腹稳定性的动作。起始姿势为面朝下支撑在地板上，双手握拳，弯曲肘部，使两个前臂和上臂之间形成直角。收紧腹部肌肉，髋部向前用力（沿着脊柱方向），用双脚脚趾与脚掌之间的部位保持平衡（见图4.4）。用前臂和脚趾保持平衡，不要让其他部位碰到地面。保持这个姿势30秒，并逐渐锻炼到可以坚持1分钟。如果需要，可以调整这一评估练习来降低难度、提高正确率，例如抬高上半身来降低难度。

　　这四个评估练习为训练者衡量自己是否适合进行壶铃训练提供了一个参考的基准。虽然并不要求训练者一定要通过这些评估，但是这些评估可以帮助训练者了解自己是否具备足够的力量和控制力来继续后面更加剧烈的壶铃训练，从而树立训练者的自信心。如果训练者能够通过这4个评估，说明训练者的基本身体素质足以保证自己安全地开始壶铃训练，切记要有个保守的开始和渐进的过程。另外，如果训练者在进行这些评估测试中的任何一个时都很费力，那么训练者应该花2周时间来练习这4个评估练习，以具备更多的力量和树立自信心。

安全训练

　　正如我们在本章前面所学到的那样，要获得良好的成果，就需要设定符合SMART标准的目标并实现这些目标。我们还需要采用恰当的训练方法，如此产生的效果才会比忽略这些指导原则进行训练所产生的效果更好。以下是壶铃训练的优秀实践经验，是我们在为追求更高的身体素质而进行的整个壶铃训练的过程中要牢记的重要标准。

质量第一，数量第二

　　做每一个动作时，训练者都要全神贯注。训练计划中可能要求一定数量的重复次数；但是，动作的质量比数量更加重要。如果一组练习中要求重复10次，而训练者在重复到第6次时动作就开始不规范了，此时训练者就应该停下来，稍事休息，然后再准确地重复完后面的4次动作。练习时采用的方式就是训练者比赛时的方式。训练者对自己的要求越高，自己就会变得越优秀！

关注自身的疲劳情况

训练中既有好日子，也有不太好的日子。训练者有时会感觉充满活力，有时又会疲惫不堪。同一个训练，在不同的日子进行，感受可能大不相同，产生的训练效果也会迥然不同。影响训练效果和训练者感受的因素有很多。还记得第3章讨论过的RPE（自感劳累分级）吗？RPE是一个衡量自身训练强度的主观方法。如果训练者想在两组练习之间进行恢复，那么RPE就是一个既方便又有效的方法，能够在监测训练强度与进行恢复的同时关注动作的质量。

倾听身体发出的声音，留意身体发出的信号以及与自己对话。不要忽略自己的感受！有些日子就是比其他日子要好。训练者应该挑战自己，而不是让自己疲劳过度。此外，可以把RPE当作一种监测自身训练强度和督促自己进步的方法来使用，但不要督促得太狠、太急。如果训练者的身体告诉训练者，它需要额外的休息，那么不要害怕偶尔给自己放一天假。另外，两次壶铃训练之间要保证充足的睡眠，只有这样训练者才可以从前一个训练中完全恢复过来，并为下一次训练做好准备。

坚持热身与放松

剧烈运动之前，要花些时间，通过充分热身来做好准备。好的热身需要5～10分钟的时间。剧烈运动之后也需要时间来拉伸和放松。壶铃训练之后拿出5～10分钟的时间来进行减压、拉伸和降低神经系统的兴奋性。要取得长期的进步，放松与训练本身一样重要。下一章我们将详细介绍热身与放松。

循序渐进

使用壶铃进行训练时，要循序渐进，不要着急！要避免动作太快、做得太多或负荷增加得过快。使用壶铃锻炼技能与身体素质

损伤预防

有句与运动、举重和健身相关的俗语，暗示了勇猛而不惜一切代价的心态，叫作"No pain, no gain"。许多年轻的运动员就是听着教练、朋友和队友们念叨着这句话长大的。但这真的是条好的建议吗？真的需要达到痛苦的状态才能有所收获或成就吗？事实上，"No pain, no gain"并非一条好的建议，而且要当心，它才是会导致受伤、疲劳和训练效果不佳的有害处方。尽管在训练中给自己施加压力，对于突破自身当前的力量和体质水平十分重要，但是训练者要清楚地了解应该施加多大的压力以及多久施加一次。不要忽视身体发出的警告信号。如果训练者感觉到了灼热、虚弱或极度疲劳（RPE超过了8），那么明智的做法是停下来，歇一歇，或者就此结束当天的训练。就壶铃训练计划的长期胜利而言，"养精蓄锐、伺机再战"可能是更适合奉行的真言。

需要时间与练习，但绝不能着急；壶铃训练需要训练者做好，也需要训练者避免损伤。你要相信下一次可以做得更多，但如果一次做得太多、太快，很可能会付出很大的代价，并且可能需要很长时间恢复。如果训练者不确定，那就保守一点。导致受伤的主要原因是选择了过重的壶铃或者进行了过量的不规范训练（重视数量而忽略了质量）。

注意不要拉伤自己。随着经验的积累，训练者将能够在训练中使自己的身体发生更大的变化，但是训练者需要有耐心，切勿拉伤自己。每次前进一点，但不需要前进得太快。打个比方来说就是在油箱里留点油。

此外，目光要长远。训练者应该随着时间的推移不断进步，所以不要试图在一天、一周或一个月内完成所有健身目标。切记罗马不是一天建成的，要乐于投资自己的长期

进步，坚持逐周逐月地循序渐进。然后回头看看，训练者会看到自己所有的进步。

评估了自己当前的体质水平并确保自己拥有安全的训练环境之后，训练者就可以设定SMART目标了。这些目标会让训练者集中精力，为通过一个精心策划的壶铃训练计划来增强力量和体质做好准备。

第 5 章

热身与放松

开启一个新的训练计划既刺激又兴奋。决定开始壶铃训练后，设定的目标会激励训练者投入其中。在此之前，要考虑到训练计划中不应该只包含训练，还应该包含训练前的热身和训练后的放松，前者旨在为后续剧烈的训练活动做好身体上的准备，后者意在让身体恢复平静和放松下来，以便继续一天中的其他活动。

精心设计的壶铃训练应由以下三个阶段组成。

1. 准备阶段或热身阶段。
2. 主体阶段或训练阶段。
3. 结束阶段或放松阶段。

主体阶段是人们表达自己正在锻炼或训练时经常所指的内容（我们将在第 6 章、第 7 章和第 8 章中介绍主体阶段的壶铃练习技巧）。主体阶段包含了技能的学习、壶铃训练动作的掌握、对这些训练的实际演练及在训练中的进步。主体阶段的训练内容会让训练者气喘吁吁和实实在在地辛苦一番。但是，训练者常犯的一个错误是只重视主体阶段，而忽略了其他阶段。一个全面的、精心设计的训练计划还应包含一个做准备的热身阶段和一个结束的放松阶段。热身让肌肉和心脏逐渐做好了适应身体从静止到进行适中或剧烈的活动的变化的准备，并让大脑做好了应对后续艰苦训练的准备。放松正好相反，其目的是逐渐降低训练者的心率，让肌肉为下一次训练做好准备。主体阶段的艰苦训练本身并不能构成一次完整或全面的壶铃训练。每次进行壶铃训练前后花些时间进行热身与放松，会有助于训练者避免不必要的损伤和减少肌肉酸痛的发生。

准备阶段：热身

投入壶铃训练的主体阶段之前，使身心做好进行后续艰苦训练的准备是十分重要的。准备性的热身指进行一些练习，为主体阶段中要训练的壶铃摆举动作做好准备。在进入主体阶段之前是否做好了身心准备可能决定着训练的成功与否。只有进行了热身，训练者才能够以良好的状态进行训练，适当的热身会给身心带来很多好处（见表 5.1）。

一个合理的壶铃训练计划中还会包含一个安全性的组成部分。适当的热身可以在多年的壶铃体能训练或任何其他剧烈活动的过程中，减少对身体造成的许多不必要的磨损。如果训练者在没有花时间热身的情况下直接

表 5.1　热身带给身心的好处

带给身体的好处	• 增加了流向运动肌肉的血流量 • 提高了心率，加速了血液循环 • 提高了肌肉的温度与核心体温，从而提升了肌肉的柔韧性 • 增加了氧气和营养物质向肌肉的输送量，增强了心肺功能，从而防止了过早或轻易地出现气喘 • 使神经到肌肉的通路做好了训练的准备 • 降低了肌肉的僵硬程度，使肌肉做好了拉长的准备，这可以帮助训练者避免受伤，如肌肉撕裂和拉伤 • 促进了滑液的产生，减少了关节之间的摩擦 • 激活了肌肉和关节的全面自由活动 • 增加了肾上腺素 • 激活体内的散热机制从而有效散热（出汗），并有助于防止在主体阶段出现过热的情况 • 提高了协调性和反应速度
带给心理的好处	• 提高了身体的兴奋性 • 提高了训练者对任务的关注程度 • 提供了令头脑清醒的时间 • 提供了回顾目标和技能的时间 • 为成功完成一次训练创建了正确的思维方式 • 使身心融合在一起，为学习做好了准备

开始壶铃训练，那么向心脏和运动肌肉输送血液的血管就没有足够的时间进行适当的扩张。这种情况可能导致血管中的压力突然升高。如此不仅对健康的人不利，对于已经患有高血压的人更是十分危险的。此外，由于血流受到限制，包括心脏在内的需要氧气的肌肉就会出现供氧不足，这可能导致胸痛、心肌损伤或肌肉疼痛。再者，在没有进行准备性的热身的情况下直接进行剧烈的运动可能导致心律失常（异常心律）、提前疲劳、肌肉拉伤（温度较低的肌肉比经过预热的肌肉更容易受伤）和关节损伤（体温略微升高时，润滑关节的滑液循环得更顺畅）。

对于许多人，甚至是那些很有经验的人来说，忽略或者完全跳过准备阶段，以及在训练计划中不含任何热身活动或最多用较轻的壶铃简单做几组动作都是不稀奇的，原因是他们都急于进入训练的精华部分。他们认为热身和放松并不重要，或者觉得这些浪费了他们宝贵的时间。如果训练者认为热身和放松浪费时间，请务必重新考虑一下。壶铃训练前后的热身和放松比训练者想象的更为重要。事实上，它们对于确保壶铃训练的安全有效具有不可或缺的重要性。

热身和放松的程度与持续时间由几个因素来决定，包括年龄、体质水平与训练经验、损伤史、天气，以及后续主体阶段的练习类型与强度。根据训练的不同，热身和放松的程度与持续时间也很可能会不同。一般来说，彻底的准备阶段由 5 ~ 30 分钟的低强度运动组成。训练者的年龄越大，身体素质越差，热身的时间就越长。此外，训练的强度越高，热身的时间就应该越长。时长为20分钟或30分钟的快速主体阶段可能只需要5分钟的热身时间，但时间长达2小时的专业体育训练可能需要长达30分钟的时间来进行一个大范围的热身。在任何情况下，热身的强度应该满足训练者提高体温的要求但又不至于使训练者感到疲劳。除了良好的判断力和技巧外，训练者还要充分运用良好的感觉意识。

每个人都会有自己的热身方法。例如，在较冷的天气或较为凉爽的气候下，热身需要的时间更长。训练者要确保热身符合自己的年龄、经验、能力及在训练的主体阶段中将要进行的壶铃训练的强度与持续时间。随着经验的积累，训练者会培养出一种能为给定训练搭配出恰当热身的良好直觉，因此可以直接凭感觉完成整个过程。恰当热身的过程是一个与实践和经验息息相关的因人而异的过程。通过尝试各种运动、组合和持续时间来找出适合自己的方式，从而确定出使身心做好迎接后续主体阶段的适量准备活动。

确保热身不要进行得太早。热身的效果会在大约30分钟后消失，因此从准备阶段到主体阶段的空当时间不要太长。

结构良好的热身最多可以包含四个独立的阶段，每一个阶段都在为下一个阶段做着准备。训练者可以在自己的热身中包含所有的阶段，也可以只挑选一两个适合后续训练的阶段。了解各个阶段后，训练者将能够更加灵活多变地搭配热身计划。热身的四个阶段如下。

1. 一般的热身。
2. 动态灵活性热身。
3. 运动专项热身。
4. 静态拉伸热身。

注意，如果训练者的时间有限，例如，如果训练者只有30分钟的训练时间，拿不出10分钟或15分钟的时间来热身，那么在开始任何壶铃训练之前，训练者至少应该做一个运动专项热身。

一般的热身

进行一般的热身的整体方法是重点提高身体大肌群的温度，例如股四头肌、小腿肌肉、腘绳肌、屈髋肌群、肩部肌肉等。一般的热身分为两个部分：有氧活动（加快心跳）和关节灵活性练习（旋转）。

有氧活动

加快心跳的有氧活动可以由数量不定的有氧运动组成，这些有氧运动应该是为以循环血液和氧气为主的肌肉提供更多能量的运动。最常见的有氧活动是5～10分钟的轻松慢跑。除了慢跑，训练者还可以选择以下任何一种轻松的有氧活动。

- 健走。
- 原地踏步。
- 前后跳跃。
- 横向滑步。
- 低强度灵敏性练习，如在各个方向上进行双腿跳跃、速度软梯或绕锥筒跑。
- 徒手深蹲或其他简单的健美操。
- 太极拳，一种兼有拳击中的跳跃和滑步的松散简单的拳法。
- 跳绳。
- 其他低强度的、重复性的有氧运动。

在大多数情况下，选择的运动应该只用到训练者的身体。例如，优先选择在地面上慢跑而不是在跑步机上慢跑，原因是在跑步机上，训练者只需要抬脚让皮带通过即可，而在地面上奔跑时，训练者则不得不驱动全身向前。再举一个例子，户外骑行需要的一定程度的平衡性和核心稳定性，这是动感单车提供不了的。在基本的运动中控制住自己的整个身体，这是你的身体进行的最基本的运动形式，也是进行包括壶铃运动在内的所有体育运动及其他活动的基础。在某些情况下，例如为了方便或在恶劣的天气状况下，训练者可能会用到有氧运动的器械，如跑步机、动感单车或椭圆机。但是，自然的运动方式比基于器械的替代方式更可取。加快心跳的重点只是提高训练者的核心温度，逐渐提高心率，增加心脏血液的输出量（加速血液循环）。肌肉中血流量的增加能够提升训练者的体能表现和柔韧性，减少受伤的可能性。

关节灵活性练习

在完成了较为温和的加快心跳环节后，训练者将直接进入关节灵活性旋转的环节，这一环节可以帮助训练者打开和润滑关节，从而使关节的活动更加灵活和相对轻松。进行关节旋转时会产生滑液，滑液能润滑整个关节，如此，当摆举壶铃需要驱动各关节时，经过润滑的关节能够更加轻松地发挥功能。

进行关节旋转时，轻轻移动关节，分别按照顺时针和逆时针的方向进行圆周运动。从上到下或者从下到上，也可以从中间（腰部、髋部和下腰背）开始，然后再到四肢。大多数关节灵活性练习的重复次数为10 ~ 20次，或根据拉伸和预热关节的需要来确定。务必确保活动了身体的所有主要关节结构，包括：

手指和指关节	髋关节
腕关节	脊柱
肘关节	肋骨
肩关节和肩胛带	膝关节
躯干	踝关节
颈部	脚趾

以下是我个人使用和推荐的一些关节灵活性练习，其中涉及的关节代表了身体的主要关节。所列练习旨在呈现一些相对简单的运动，绝非详尽无遗，仅仅是介绍对关节灵活性的相关研究。生命不息，对灵活性的研究不止。作为一项研究，运动训练在艺术形式上有着丰富的文化，如同舞蹈、瑜伽、武术和许多其他基于运动的系统。

手指的屈曲与伸展

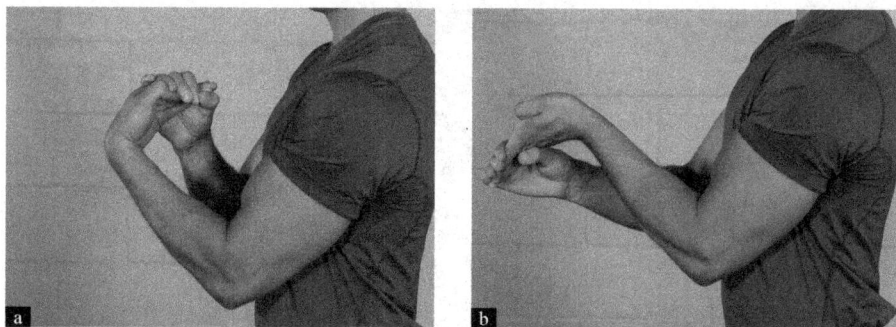

图 5.1 手指：a. 屈曲；b. 伸展

　　一只手手心朝上，用另一只手拉住前一只手的手指，交替地拉向（见图5.1a）和推离（见图 5.1b）自身的方向。每个动作结束后，保持结束时的姿势 1 秒。换手重复动作。

手腕的十指紧扣绕转

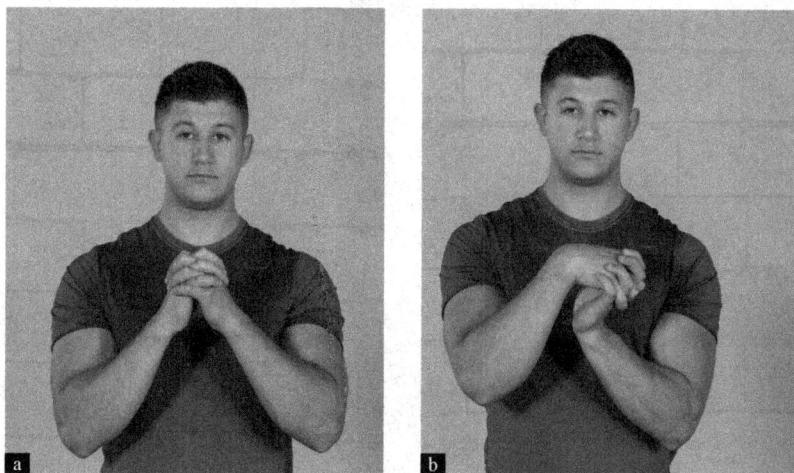

图 5.2 手腕的十指紧扣绕转

　　双手手心相对，十指交叉（见图5.2a）。按顺时针方向旋转手腕10 ~ 20秒（见图5.2b），然后按逆时针方向重复动作。

肘部的绕转

图5.3　肘部的绕转

　　双臂屈曲，双手轻轻握拳放于胸前（见图5.3a）。绕着肘关节处旋转手臂，右臂与左臂分别按照顺时针与逆时针方向同时旋转20～30秒（见图5.3b）。然后双臂反向重复动作。

前臂的伸展与屈曲

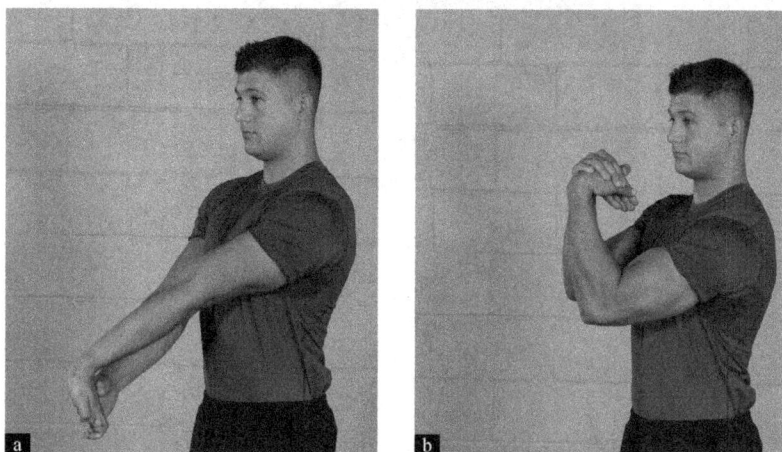

图 5.4　前臂：a. 伸展；b. 屈曲

　　一只手手心朝上，肘部伸直，然后使手指指向地面，让手心朝前。用另一只手拉住前一只手的手指，拉向自身的方向，与此同时被拉住的一只手的手掌朝远离自身的方向用力，保持相应姿势 2 秒（见图 5.4a）。训练者会感觉到前臂内侧的拉伸。然后，放开被拉伸的手的手指，改为抓住这只手的手背，并向后推向自身的方向，保持相应姿势 2 秒（见图 5.4b）。训练者会感觉到前臂背侧的拉伸。然后换手重复动作。

肩部的绕转

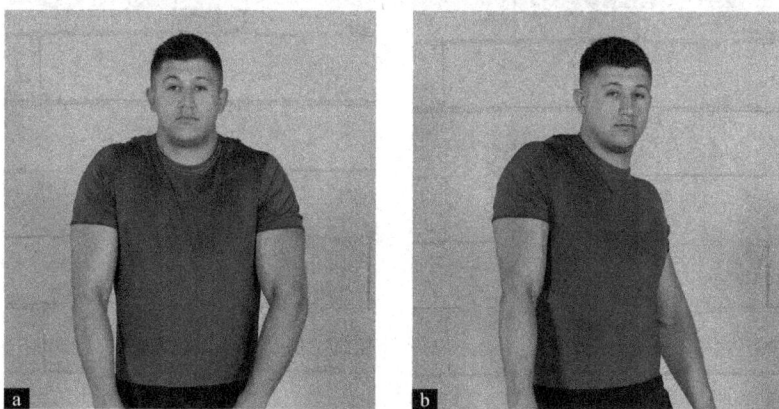

图 5.5　肩部的绕转：a. 双肩向前；b. 单肩向前

　　双肩耸肩的同时画大圆圈，就像要用肩部碰到耳垂一样。肩部两侧同时向前移动（见图 5.5a），再向后移动。然后一次移动肩部一侧，前后移动，两侧交替进行（见图 5.5b）。

颈部上下倾

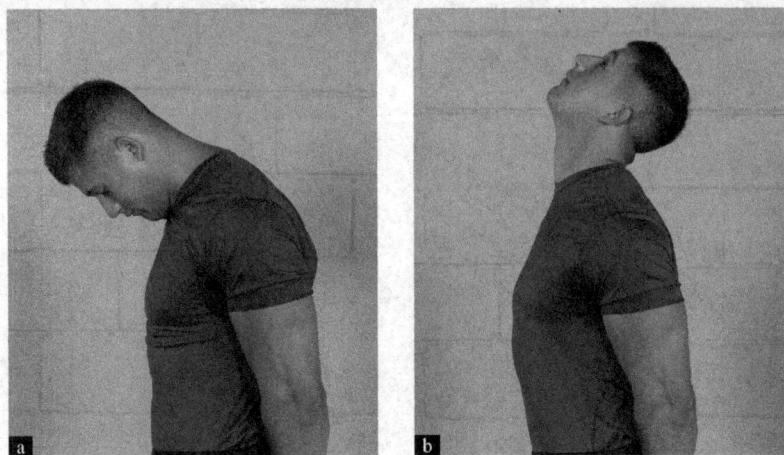

图5.6　颈部上下倾: a. 向下; b. 向上

目视前方，然后让下巴靠近胸前，保持2秒（见图5.6a）。然后，抬起下巴并仰头，朝着天花板的方向抬起下巴，保持2秒（见图5.6b）。重复这一动作，随着颈部放松下来，逐渐扩大颈部的活动范围。

颈部的旋转

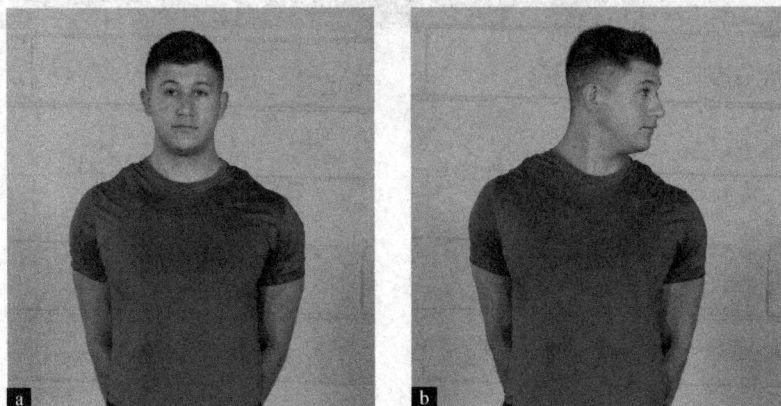

图5.7　颈部的旋转

目视前方（见图5.7a）。头部随眼睛转向左侧，同时肩膀保持不动，只转动头部（见图5.7b）。然后，将头转向右侧。重复这个从一侧到另一侧的动作，逐渐扩大活动范围。每一侧的动作结束后，保持结束时的姿势2秒。

颈部的绕转

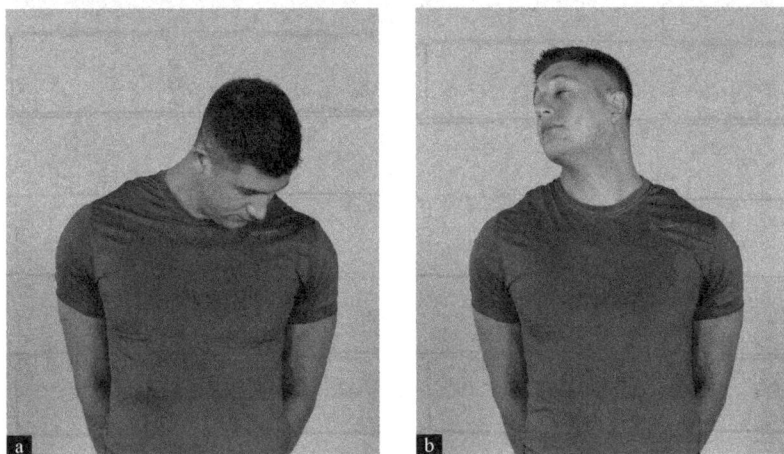

图 5.8 颈部的绕转

头部放松自然垂下（见图 5.8a），按顺时针方向绕大圆圈移动整个头部（见图 5.8b）。然后，按逆时针方向重复动作。为了控制动作，每圈用时 2 ～ 3 秒。

髋部的绕转

图 5.9 髋部的绕转

身体站直，将双手放在髋部（见图 5.9a），使髋部按顺时针方向绕大圆圈移动，就像转呼啦圈一样（见图 5.9b）。重复绕转 10 ～ 15 圈，然后按逆时针方向重复动作。节奏稳定在每圈用时约 2 秒。

躯干的旋转

图 5.10   躯干的旋转

　　身体站直，双臂伸向两侧并放松（见图 5.10a）。身体向一侧旋转，一边旋转一边将重心转移到旋转的一侧，与此同时，在身体围绕轴心转动的同时抬起另一侧的脚（见图 5.10b）。重复这一从一侧到另一侧来回旋转的动作。随着体温的升高，逐渐扩大运动范围。

侧向弯曲

图 5.11   侧向弯曲

　　身体站直，双手放松，自然地垂在身体的两侧（见图 5.11a）。身体向一侧倾斜，位于该侧的手沿身体的侧面自然下滑（见图 5.11b）。为了保持身体各部位对齐，横向弯曲时抬起另一侧手臂的肘部。不要向前弯曲；身体尽可能保持在一个垂直的平面上，以便拉伸沿着身体的侧面进行。然后，向另一侧倾斜，来回重复动作。节奏为每侧用时 2 秒。

腰部的屈伸

图 5.12　腰部的屈伸

　　身体站直，双手放在髋部（见图 5.12a）。身体从腰部位置向前垂直弯曲，同时双目向下看向地板（见图 5.12b）。当训练者轻轻向后弯曲时，用髋部抬起身体，同时仰头向上看（见图 5.12c）。连续重复动作，每个方向用时 2 秒。

腰部的 8 字绕转

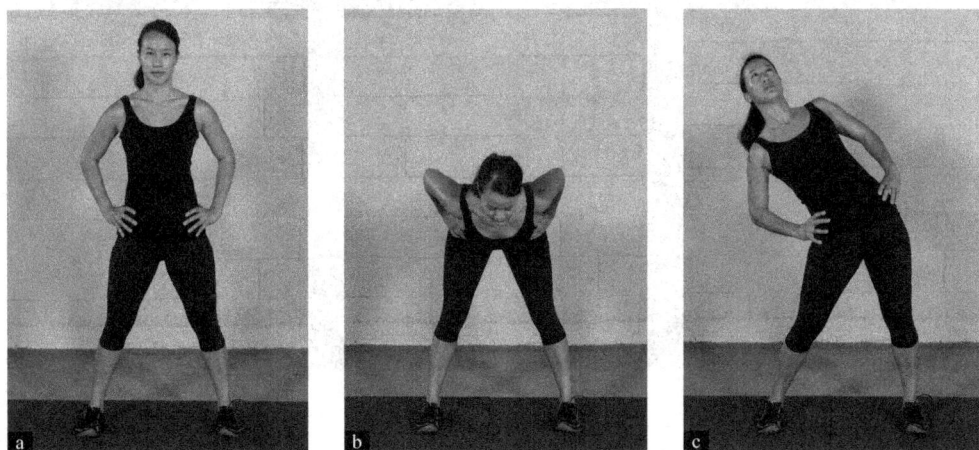

图 5.13　腰部的 8 字绕转

　　身体站直，双手放在髋部（见图 5.13a）。一边呼气一边使身体从腰部位置向前垂直弯曲（见图 5.13b），然后一边吸气一边使躯干向上再向后绕圈（见图 5.13c），使背部成微微的弯曲状。再次呼气并向前垂直弯曲，然后吸气并按相反的方向向上再向后绕圈。在各个方向上连续重复动作，每个方向用时 2 秒。

脊柱逐节活动

图5.14 脊柱逐节活动

　　身体站直,完全放松(见图5.14a)。一边使身体从腰部位置向前垂直弯曲一边呼气,使上半身自然地垂向地面(见图5.14b)。吸气并慢慢地回到站直的姿势。每弯曲一次,弯曲的位置向上移动一节脊骨的位置,由下到上,活动完所有脊骨为止(见图5.14c和d)。

肋骨的侧向伸展

图 5.15 肋骨的侧向伸展

身体站直，十指交叉，然后使手心朝上，将双臂举过头顶（见图 5.15a）。在形成这个姿势时吸气，然后向上再向侧面伸展，一边伸展一边呼气，以此来拉伸一侧的肋骨（见图 5.15b）。吸气，回到初始姿势，然后一边拉伸另一侧的肋骨一边呼气。连续重复动作，从向侧面拉伸到返回到初始姿势的时间为 3 秒。

膝盖的绕转

图 5.16 膝盖的绕转

双脚并拢，双手放在膝盖上（见图 5.16a）。脚跟平放在地板上，微微弯曲膝盖，成微蹲姿势，然后使双膝按顺时针方向绕圈，直到再次伸直为止（见图 5.16b、c 和 d）。按逆时针方向重复动作。

脚踝的弹跳

图 5.17　脚踝的弹跳

　　踮起脚尖，越高越好（见图 5.17a），然后一边用脚跟撑地使身体后仰，一边抬起脚尖（见图 5.17b）。来回重复这一"脚尖—脚跟"运动。用双手作为下半身运动的平衡物，以便保持平衡。

动态灵活性热身

　　由于我们要为一个将会包含大量动态活动的训练进行热身，因此，进行一些动态的练习来提高自身的动态灵活性就具有重要的意义。在热身的过程中，训练者可以进行动态拉伸及少量的静态拉伸。这将有助于训练者为主体阶段的动态的和爆发式的壶铃摆举做好身体上的准备。动态灵活性可以通过在所有平面上进行运动并同时以温和的方式扩大运动范围和提高速度来获得。练习的组数以在任何给定的方向上达到了自己的最大运动范围为准，但是不要让肌肉达到疲劳的程度。切记，这只是个热身，真正的训练在后面。如果练习过度或操作不当，这种类型的动态拉伸可能会造成损伤，因此训练者在练习时务必谨慎。进行这些练习时，每组的重复次数应该在 10 ～ 15 次的范围内，并且每个动作练习 1 ～ 3 组就够了。

手臂的扭转

图 5.18 手臂的扭转

昂首挺胸，肘部伸直（见图5.18a）。向上旋转手臂，使手指指向天空（见图5.18b）。每次旋转时，肱二头肌应该与耳朵擦肩而过。虽然训练者的柔韧性可能尚不足以使肱二头肌碰到耳朵，但是可以随着时间的推移逐渐锻炼到相应的程度。继续向下旋转手臂（见图5.18c），让手掌擦过大腿。继续这一扭转动作，逐渐加快速度，然后反方向旋转手臂。更换手臂，按正反两个方向重复动作。训练者也可以同时旋转双臂进行练习，并按正反两个方向重复动作。

胸部的收缩与扩展

图 5.19   胸部的收缩与扩展

　　昂首挺胸，然后一边收缩胸部一边呼气，收缩胸部的同时，手心朝下，将双臂叠放在一起（见图 5.19a）。吸气并向前扩展胸部，扩展胸部的同时，手心朝上，分开双臂（见图 5.19b）。进行这项练习时，也可以使双臂一高一低，成斜对角分开，然后反方向重复动作。

垂直扩胸

图 5.20   垂直扩胸

　　昂首挺胸，将双臂甩过头顶，并打开胸部，一边甩一边吸气（见图 5.20a）。呼气并向下后方甩动双臂（见图 5.20b）。

动态拍手

图 5.21　动态拍手

　　伸直双臂并摆到身前拍手（见图5.21a）。保持双臂伸直并摆到身后拍手（见图5.21b）。向后摆动时，不要使双臂下垂得太多，尽量抬高双臂。胸部、肩部和上背部的肌肉可以感觉到这一动态的拉伸。

腿部的拉伸

图 5.22　腿部的拉伸

　　下肢折叠，使手指或手掌着地，并用脚趾与脚掌支撑身体，期间双手不要离开地板（见图5.22a），然后向后收回膝盖，直到双腿伸直为止（见图5.22b）。重复这一弯曲然后伸展膝盖的动作，并随着体温的升高逐渐加快速度。训练者应该可以感觉到双腿的后侧在拉伸。

腿部的甩摆

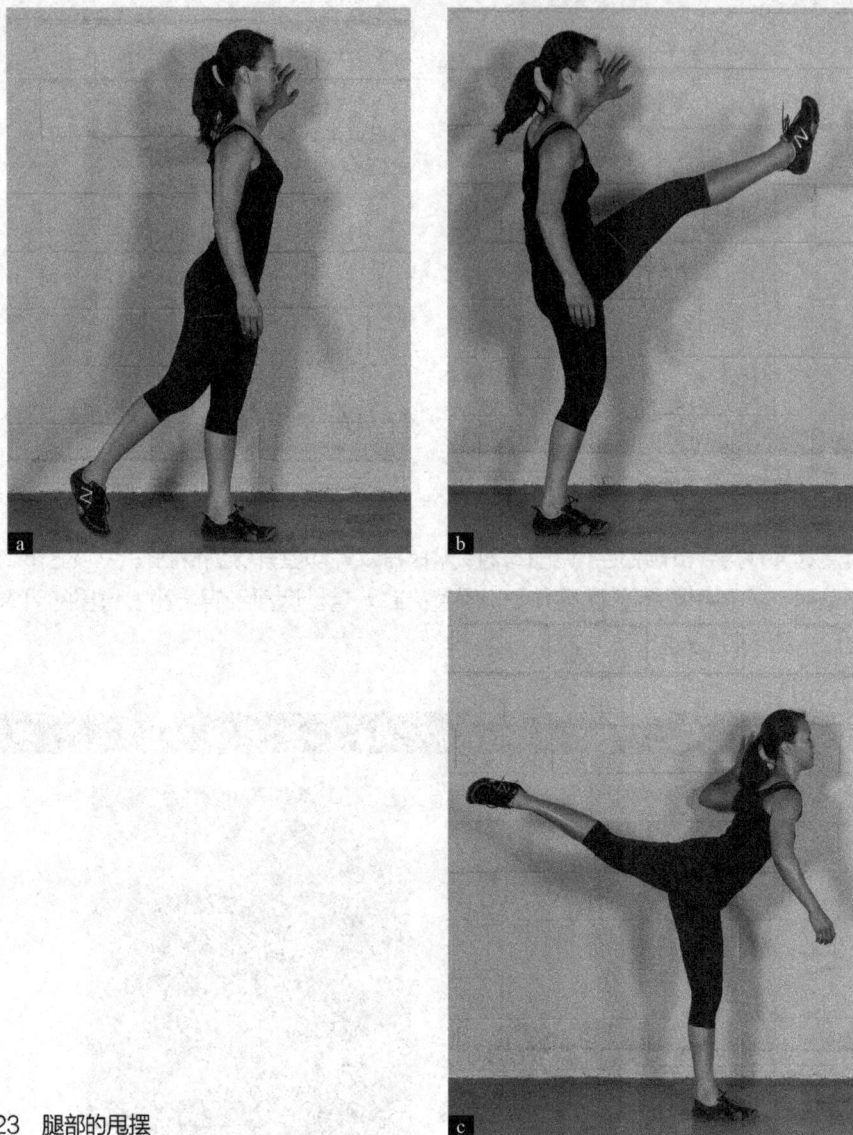

图 5.23　腿部的甩摆

　　用一只手轻轻扶住墙壁、固定的椅子或拉伸用的栏杆，以此保持身体平衡，重心集中在靠近墙壁或椅子的腿上（见图 5.23a）。使另一条腿的脚趾向自身方向用力弯曲（向脚背方向弯曲脚掌），同时尽可能挺直躯干，然后前后甩摆这条腿（见图 5.23b 和 c），每重复一次甩摆略微抬高一点，直到双腿达到前后两个方向上的最大高度为止。

运动专项热身

运动专项热身的内容模拟了后续主要活动的练习和反复练习，只是进行练习时所采用的强度较低。运动专项热身可以从使用较低的强度进行主体阶段中计划进行的壶铃摆举开始，这种热身可以被视为热身阶段与主体阶段之间的过渡。例如，如果训练的主体阶段要求使用 35 磅（16 千克）重的壶铃进行推举，那么热身时可以使用 18 磅（8 千克）、22 磅（10 千克）和 26 磅（12 千克）重的壶铃进行几组重复次数较少的推举，将其作为运动专项热身的一部分。

训练者可能更喜欢通过绕身传递和绕顶旋转等一般的壶铃练习来开始自己的运动专项热身，然后再进阶到负荷较轻、重复次数较少的核心摆举练习，如甩摆、高翻或推举。训练者在热身中进行的壶铃摆举与在主体阶段中要进行的壶铃摆举相同，只是所用的壶铃更轻、运动量更小。进行这些练习时，要从较轻的壶铃开始，循序渐进地增加所用壶铃的重量。

静态拉伸热身

拉伸本身不会提高体温，但是却是热身的一部分。作为准备阶段的最后一部分，训练者在进行了有氧活动、关节旋转、动态灵活性热身和运动专项热身之后，应该进行一些缓慢、放松、温和的静态拉伸。这是训练者的训练中最体现个人特色的部分，原因是训练者要选择满足自身准备需求的拉伸活动。静态拉伸可以用来拉伸特定的问题肌肉。这种情况因人而异，而且可能由过往或当前的受伤情况及训练的主要部分中要进行的特定技巧来决定。例如，如果训练者在训练中有很多推举的动作，那么训练者可能需要额外花一些时间针对肩胛带、胸部和背部的肌肉做一些静态拉伸。或者，如果某一天训练者的颈部不太灵活，那么训练者可能需要额外花几分钟来进行一些轻微的颈部拉伸，然后再进入训练的主要部分。

静态拉伸能够扩大壶铃训练的主体阶段中将要使用的关节的活动范围。训练者应该在热身阶段的最后进行这些热身类的静态拉伸，原因是这时训练者的肌肉已经经过了充分的预热，因而更有弹性，可以减少受伤的可能性。对于热身期间的任何静态拉伸，每次拉伸的时间都应该保持在 5 ~ 10 秒。切记，肌肉温度较低时进行拉伸，可能导致肌肉撕裂。不应强行进行拉伸或者超过关节、肌肉和肌腱的正常长度能够承受的范围进行拉伸。热身期间的静态拉伸，时间不宜过长，强度不宜过高。大多数静态拉伸应该作为放松的一部分在训练的最后进行。要通过拉伸取得显著的功效，每周至少要进行 3 次拉伸，每次至少 10 分钟，并且最好在壶铃训练或其他剧烈运动结束后进行拉伸。以下是训练者可以使用的一些常用的静态拉伸。

肩部的向后拉伸

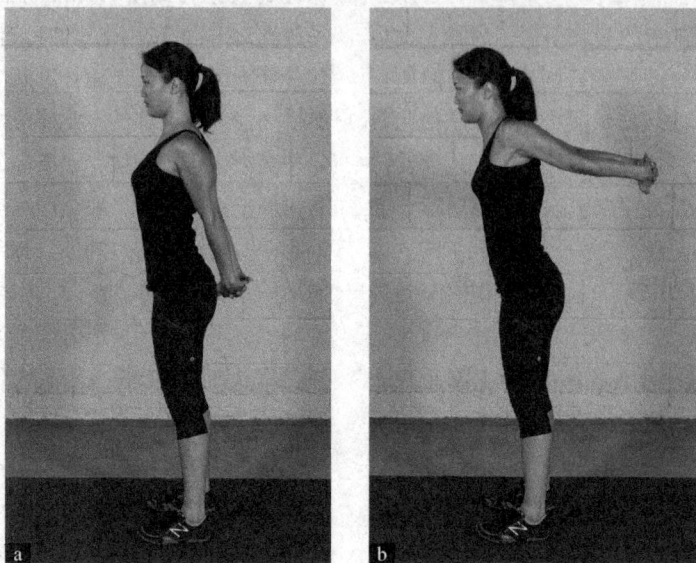

图 5.24 肩部的向后拉伸

身体站直，十指在背后紧扣（见图 5.24a）。向上拉动双臂，直到达到最大的运动范围为止，并保持相应姿势几秒（见图 5.24b）。再次放松手臂，然后重复 3 ~ 5 次。

肩部的拉伸

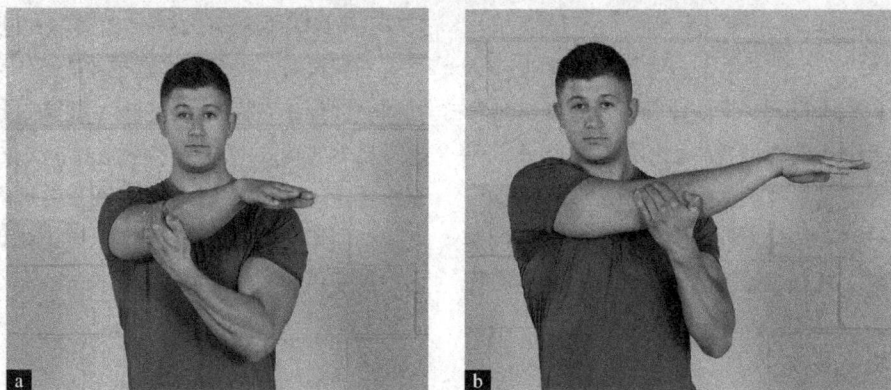

图 5.25 肩部的拉伸

伸直一只手臂的肘部，手心朝下，伸到身体的另一侧（见图 5.25a）。躯干保持不动，伸出另一只手抓住前一只手臂的肱三头肌或肘部用力拉，直到肩部的后方感觉到了拉伸为止（见图 5.25b）。保持相应姿势 10 ~ 20 秒，然后换另一只手臂重复动作。

肱三头肌的拉伸

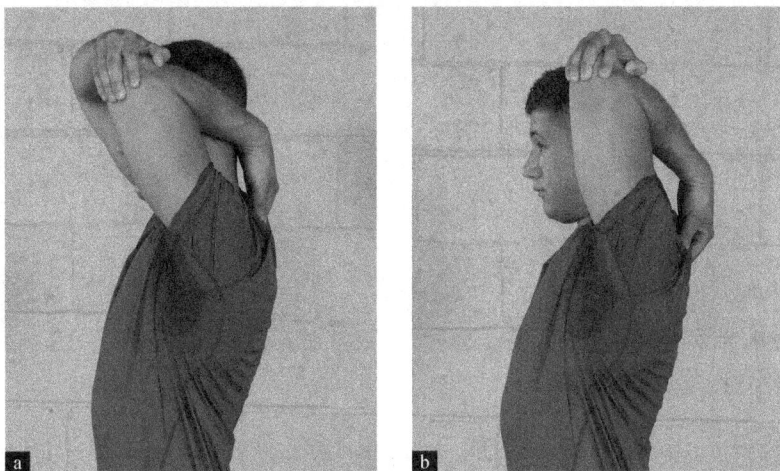

图 5.26 肱三头肌的拉伸

一只手臂伸过头顶，然后弯曲这只手臂的肘部，使手掌和手腕垂在背后，肘部指向天花板，手指指向地面。另一只手从脑后伸到前一只手臂的肘部，然后向下按压肘部（见图 5.26a 和 b）。保持挺胸，头部向后靠在手臂上。保持相应姿势 10 ~ 20 秒，然后换另一只手臂重复动作。

颈部的前屈拉伸

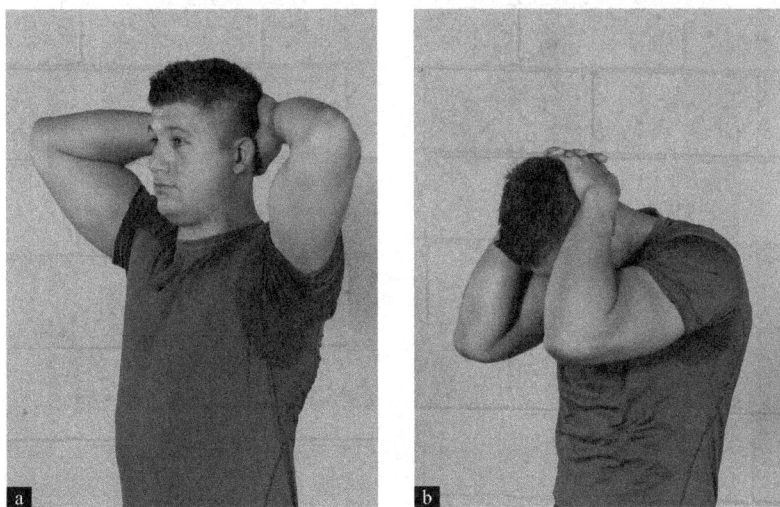

图 5.27 颈部的前屈拉伸

双手十指交叉，放置脑后（见图 5.27a）。躯干保持不动，向下拉动头部，使下巴靠近胸部（见图 5.27b）。感觉颈后的拉伸，并保持相应姿势呼吸 5 ~ 10 个周期（1 个周期是 1 次吸气加 1 次呼气）。

颈部的侧向拉伸

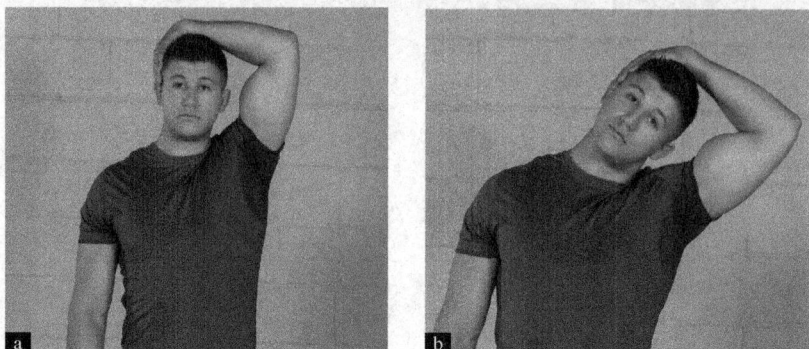

图 5.28   颈部的侧向拉伸

目视前方，一只手向上伸过头顶，伸到头部的另一侧（见图 5.28a），轻轻地向侧面拉动头部，使这一侧的耳朵尽量靠近肩部的上方（见图 5.28b）。注意是通过拉力来拉长脖子的一侧，而不是通过按压脖子的一侧使头部靠近肩部。保持相应姿势 10 秒，然后换另一侧重复动作。

膝盖向胸部的站立式拉伸

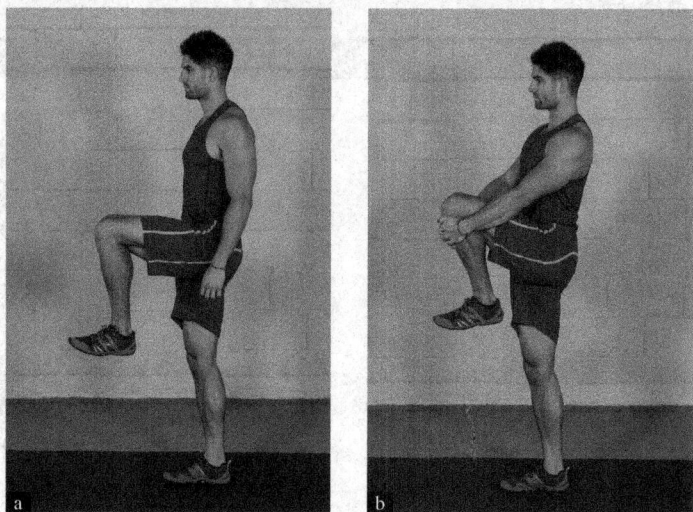

图 5.29   膝盖向胸部的站立式拉伸

身体站直，在保证身体不发生后仰的情况下，尽可能高地抬起一条腿的膝盖（见图 5.29a）。另一条支撑身体的腿保持伸直。双手十指交叉，放在抬起的那条腿的小腿略低于膝盖的位置，将膝盖拉向自身的方向（见图 5.29b）。腹部肌肉保持紧绷，以确保身体始终挺直不后仰。通过施加稳定的压力，保持相应姿势呼吸 5 个周期，然后换腿重复动作。

股四头肌的站立式拉伸

图 5.30 股四头肌的站立式拉伸

身体站直，向后弯曲右腿（见图 5.30a）。然后向后伸出右手，用右手抓住右脚或右脚的脚踝，同时将左手伸过头顶。紧紧拉住右脚的同时使身体从腰部位置微微向前垂直弯曲，以此来拉伸股四头肌（见图 5.30b）。被拉伸腿的膝盖指向地板，靠近支撑腿。支撑腿的膝盖保持伸直。保持相应姿势 10 ~ 15 秒，然后换腿重复动作。

腘绳肌的站立式拉伸

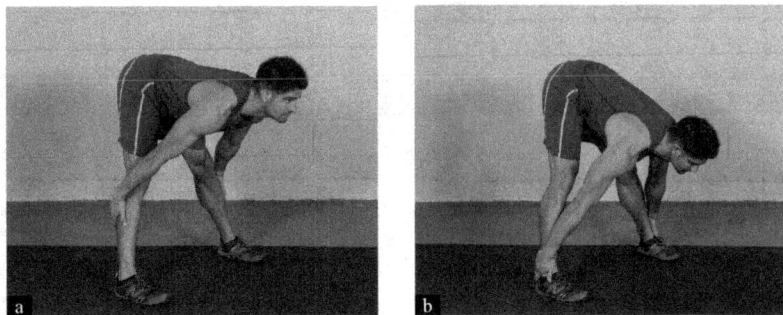

图 5.31 腘绳肌的站立式拉伸：a. 身体不够柔软的情况下抓住小腿后部；
b. 身体较为柔软的情况下抓住脚踝背部

双腿分开，比髋部略宽，然后使身体从腰部位置向前垂直弯曲，弯曲的同时使脊柱保持伸长状态，不要拱背。为了使脊柱保持伸直，训练者可以在向后翘臀的同时向前伸出下巴。下巴和臀部之间的距离越远越好。双膝保持伸直，身体尽可能地向前方和下方垂直弯曲。如果身体不够柔软，就抓住小腿后部（见图 5.31a）；如果身体较为柔软，则抓住脚踝背部（见图 5.31b）。保持相应姿势呼吸 5 ~ 10 个周期。双臂用力拉紧时，双腿的背面可以感觉到拉伸。

小腿的拉伸

图5.32　小腿的拉伸

　　双手扶在墙上，一只脚在前，另一只脚在后，双脚的脚趾指向前方（见图5.32a）。弯曲前腿的膝盖，直到后腿的膝盖伸直为止，将体重转移到前腿上（见图5.32b）。感觉一下后腿背侧的拉伸。使后脚的脚跟用力踩向地板，将更多的体重转移到前腿上，以此进行更深入的拉伸。训练者需要自行调整双脚之间的距离，以便找到合适的拉伸距离。保持相应姿势15～20秒，然后换腿重复动作。

脊柱的前屈

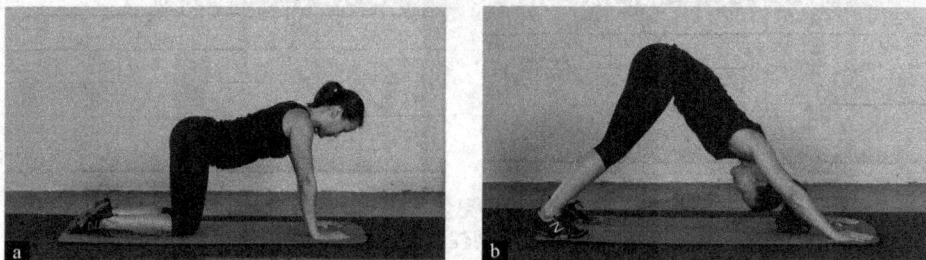

图5.33　脊柱的前屈

　　双手双膝着地，同时朝着上方和后方用力翘臀（见图5.33a）。双手用力，使臀部继续后翘，越远越好，同时使头部垂下，双目看着下方双脚之间的位置（见图5.33b）。如果膝盖无法伸直，那么先用脚趾与脚掌来支撑身体，然后收回膝盖，直到双腿伸直为止。随着时间的推移，训练者会在这个姿势下变得越来越柔软，届时就可以做到在脚跟着地的情况下伸直双腿。保持相应姿势呼吸5～10个周期。

脊柱的伸展

图5.34 脊柱的伸展

　　面朝下趴在地板上，使双手手心朝下平放在地板上，双手之间留有略宽于肩宽的距离，双脚并拢（见图5.34a）。双脚朝着远离自身的方向用力伸出，尽可能地拉长脊柱的下部。一边抬头吸气，一边用双手推地，使上半身抬离地板，同时使髋部牢牢地抵在地板上（见图5.34b）。挺胸并下压双肩，不要耸肩。保持相应姿势呼吸5个周期。训练者会感觉到沿脊柱两侧的拉伸。训练者也可以通过扭转来进行这个拉伸练习：上半身抬高到最高点后，向身体的一侧扭转，保持相应姿势呼吸3个周期，然后向另一侧扭转，再重复动作2～3次。

膝盖向胸部的拉伸

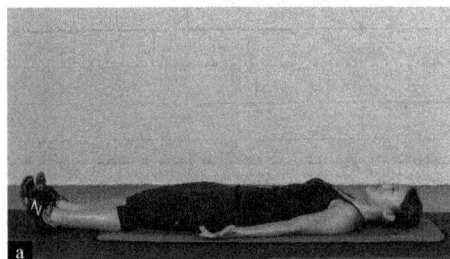

图5.35 膝盖向胸部的拉伸

　　双腿伸直，平躺在地板上（见图5.35a）。弯起一条腿，然后使双手十指交叉，放在这条腿的小腿略低于膝盖的位置，之后用力将膝盖拉向胸部（见图5.35b）。保持相应姿势5～10秒，然后将这条腿伸直并放回地板上，换腿重复动作。训练者的髋部应该多少可以感觉到拉伸，但主要还是下腰背感觉到拉伸。再重复动作3～4次。

婴儿式拉伸

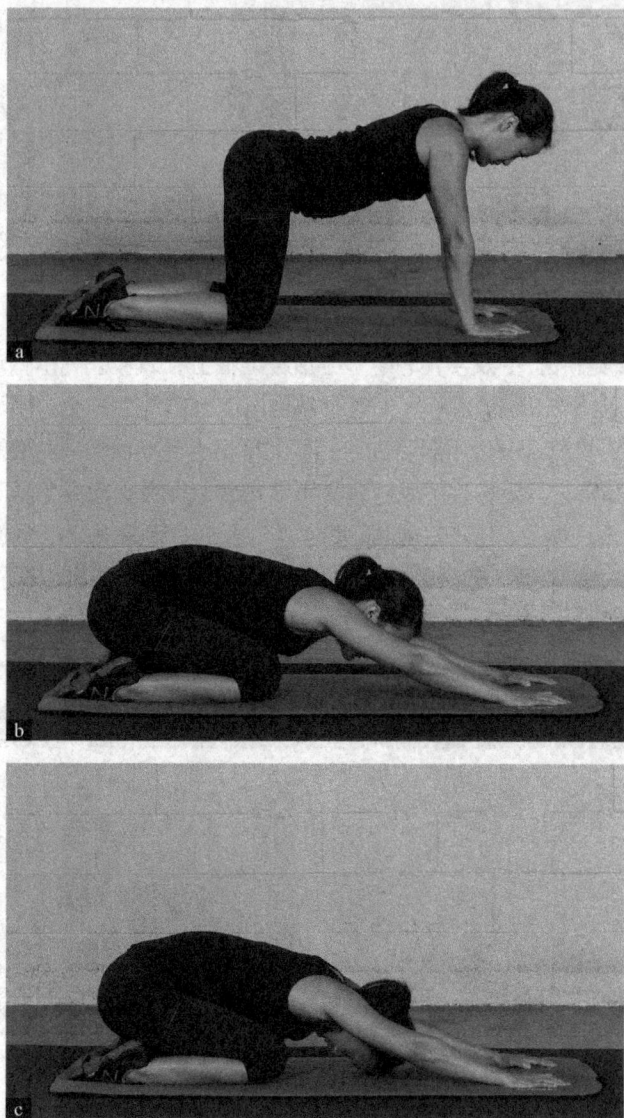

图 5.36　婴儿式拉伸

　　起始姿势为用双手和膝盖撑地（见图 5.36a）。双手十指牢牢按在地板上，然后用双手推地，使臀部尽可能地向后方移动，越远越好，移动的同时将臀部置于脚跟上（见图 5.36b）。将头部垂在地板上，并尽可能地拉伸脊柱（见图 5.36c）。保持相应姿势呼吸 10 个周期。

由于疲劳可能会减弱体能表现，因此切记，热身后应该微微出汗，但不应让自己感觉疲劳。热身结束后，训练者应该会轻微地出汗，心率与核心体温都会升高。如此就做好了进入主体阶段的准备了。训练的主体阶段将在第6章、第7章和第8章进行介绍。此外，第9章和第10章中将会给出示范的训练计划。

结束阶段：放松

正如壶铃训练需要热身一样，训练者还需要留出时间进行一个强度较为温和的放松阶段，也是一次完整的壶铃训练的最后一个阶段，以此来使身心恢复到正常的状态。放松阶段具有以下作用。

- 逐渐降低心率和体温，同时向肌肉输送更多的循环血液和氧气，帮助肌肉恢复到运动前的状态。
- 控制肌肉的收缩模式和心率，使血液流回心脏，降低血液滞积的风险。
- 降低肌肉酸痛的风险，减少肌肉中的代谢废物，例如剧烈活动时积累的乳酸。
- 使呼吸逐渐恢复到平静时的状态。
- 突然终止剧烈活动时，腿部大肌群可能出现血液滞积，放松有助于避免因此导致的昏厥或头晕。
- 壶铃举重训练会压迫关节，因此在训练结束后进行放松有助于放松关节。
- 对肌肉进行拉伸，使肌肉做好（在第二天或几天之后）进行下一次训练的准备。
- 在相对凉爽的条件下将过多的热量从肌肉中转移到环境中去，使身体恢复到正常的功能状态。

- 训练会引起肾上腺素增加，放松降低了因此导致的神经系统的兴奋性。

尽管放松在有效的训练计划中发挥着至关重要的作用，但却往往被人们忽视。在壶铃训练等高强度的运动结束后进行放松尤为重要。主体阶段结束后，训练者的体温仍然偏高，因此作为恢复过程的一个组成部分，此时应立即进行放松。在运动的过程中，训练者的心脏和腿部像水泵一样相互配合，旨在保持血液在上半身与下半身之间有效地流动。腿部肌肉收缩时，腿部的静脉受到挤压，血液被向上推入心脏。停止运动时，心脏仍然在以远快于正常速度的速度继续跳动。如果此时突然停止运动，肌肉将无法以要求的速度送回血液，这就可能导致血液滞积在静脉中。大脑会得不到所需的氧气，训练者就可能因此昏厥。所以，为了防止血液发生滞积，运动结束后腿部应立即连续进行有节奏的运动。此外，如果没有进行放松，乳酸等代谢废物不会被排出，从而导致肌肉后期发生僵硬和酸痛。腿部进行低强度的运动，使训练者能够以安全的方式逐渐降低心率和血压，直到它们恢复到平静时的正常水平为止。

合理的放松由5～15分钟的低强度运动组成。年龄较大或体质较差的训练者可能需要更长时间的放松。要一直等到心率降至120次/分或以下时才可以坐下或躺下。还要注意，由于体温在运动后的一段时间内会继续升高，因此放松后是提高柔韧性的有效期，可以通过进行持续的静态拉伸来提高柔韧性。

完整的放松过程由三部分组成。放松的目的与热身正好相反，是要逐渐减少动态运动。以下是放松的三个部分。

1. 运动专项活动。
2. 动态拉伸。
3. 静态拉伸。

运动专项活动

放松的运动专项活动逐渐降低了训练者的心率并减少了血流量，同时消除了代谢废物。训练的主要部分完成后，至少要进行5分钟的运动专项活动。专业的壶铃运动员通常会在壶铃训练结束后进行20 ~ 30分钟或更长时间的中低强度的慢跑。这看起来可能很多，但随着经验的积累和体能的提升，壶铃训练的量也会增加。相对于高强度的壶铃训练而言，慢跑就是低强度的运动，因此很适合作为主体阶段结束后的放松活动。但是，如果训练者喜欢跑步，那么最好不要在进行壶铃训练的日子里慢跑，而是应该在身体适应了壶铃训练的强度和能量输出后，再将慢跑作为放松过程的一部分添加进来。不要试图训练得太多、太急！除了跑步，训练者还可以进行任何低强度的运动，甚至可以用较轻的壶铃做几组主体阶段中练习的摆举动作。

动态拉伸与静态拉伸

柔韧性是壶铃训练中一个经常被误解的组成部分。对于壶铃举重运动员来说，能不能劈叉并不重要，重要的是壶铃训练中用到的所有关节和主要肌群达到了最大的活动范围。因此，在壶铃训练结束后进行拉伸是放松的一个重要组成部分。拉伸在放松的结束阶段进行，此时训练者的肌肉仍然有较高温度，适合进行拉伸，且受伤的风险较低。拉伸有助于放松肌肉和提高柔韧性，即扩大关节的活动范围。拉伸还会缓解疲劳肌肉的紧张与酸痛，有助于训练者在高强度的壶铃训练后更好地恢复。

放松中的拉伸要比热身中的拉伸更彻底一些，每个姿势保持的时间更长一点，拉伸

拉伸时要避免的常见错误

坚持拉伸是一个全面的壶铃训练计划的重要组成部分，对于提高柔韧性和动作的灵活性有着很大的帮助。但是，如果技巧使用不当或训练的习惯不好，就可能会造成损伤。因此，拉伸时要留意一些需要避免的常见错误。

热身不足或不充分

体温较高时进行拉伸，效果最好。体温升高时会加快体液的循环与流动。在体温较低或身体僵硬时进行拉伸，效果较差，且更容易造成不适或受伤。

两次训练之间休息不足

通常，在身体疲倦或困乏的情况下进行拉伸可不是个好主意。此时训练者的大脑不够敏锐，更容易出现注意力不集中的情况，而注意力集中正是确保正确的姿势和技巧的前提条件。

过度拉伸

拉伸时，训练者会感觉到肌肉有些紧张，但如果感觉到剧痛，就可能意味着训练已经造成了组织损伤。适度的拉伸使训练者在训练后的第二天不会感觉到酸痛。如果训练者感觉到酸痛，就可能表明拉伸过了度，训练者需要降低进行拉伸的强度，以减轻肌肉的负担。最容易造成过度拉伸的方法莫过于在未经过热身的情况下对温度较低的肌肉进行拉伸了。

更深入一些。运动过程中用到的所有主要肌群都要拉伸，尤其是腘绳肌、股四头肌、躯干（脊柱）伸肌、小腿肌肉、肩部肌肉和前臂肌肉等在壶铃训练中负责完成大部分训练的肌群。

正确地进行拉伸，不仅可以提高柔韧性，还会带来以下好处。

- 增强身体素质。
- 确保达到最大的活动范围。

- 优化训练者对需要掌握技巧的动作的学习、练习和实践。
- 进一步放松身心，促进身体意识的发展。
- 降低关节、肌肉和肌腱受伤的风险，缓解肌肉的紧张与酸痛。
- 刺激产生润滑结缔组织的化学物质，从而提高柔韧性。

拉伸有两种主要的方式：动态拉伸和静态拉伸。本节将对这一内容进行详细讨论。拉伸要从一些轻微的动态拉伸开始，直到心率降低到正常的水平，然后再进行静态拉伸。

动态拉伸

动态柔韧性，指通过相应运动使关节获得较大活动范围的能力。动态拉伸由一些要求较大活动范围的简单运动组成。回顾一下本章前面的"动态灵活性热身"（见第 56 页）这一节，并选择 2 ~ 4 个可以作用于自己在主体训练结束后感觉紧张的部位的动态练习。热身中进行的动态灵活性练习与放松中进行的动态拉伸之间的区别就在于强度不同。热身中的练习更为温和，而放松中的拉伸则更剧烈，原因是进行放松时训练者的身体已经经过了彻底的预热。

静态拉伸

静态拉伸提高了整个身体的柔韧性，是一种促进身心放松、缩短恢复时间和增加血流量的好方法。包含了静态拉伸的放松过程会防止突然终止活动所带来的负面影响，同时缩短了恢复时间，促进了身心放松，释放了压力，并提高了柔韧性。静态拉伸是在不引起疼痛的情况下，将肌肉拉伸到肌肉能够承受的最远的范围，并保持相应姿势 10 秒到长达 3 分钟。对于特别僵硬或紧张的部位，拉伸的时间可以更长一些。短暂的休息之后（当肌肉放松下来时），再进行进一步的拉伸。拉伸期间不应有引起刺痛、反弹或抽搐的动作。虽然热身期间温和的静态拉伸有助于热身，但由于拉伸温度较低的肌肉，可能增加拉伤和撕裂的风险，而在放松阶段，肌肉温度更高，更适合拉伸，所以静态拉伸应该主要应用于放松中。在放松中可以进行热身中的一些或所有的静态拉伸，姿势保持不变，只是每种拉伸更深入一些，每个姿势保持的时间更长一些，以此尝试扩大运动范围。

以下是关于静态拉伸的一些建议。

- 双向拉伸（如果向左进行了拉伸，也要向右进行拉伸）。
- 缓慢平滑地拉伸，以避免过快、过急的动作以及反弹。
- 拉伸到肌肉感觉适中的程度为止，而不是肌肉感觉到疼痛的时候为止，除非继续拉伸不会使肌肉感觉疼痛，否则不要继续拉伸。
- 重复拉伸动作时，应该能够在不引起疼痛的情况下拉伸得更远一点；不要试图通过强行拉伸来过快地提高柔韧性。
- 每次拉伸的保持时间为 10 ~ 30 秒（或更久）。
- 缓慢地呼吸，不要屏住呼吸（了解更多关于呼吸的信息，参见补充内容"边拉伸边呼吸"）。
- 经常拉伸——可能的话，每天进行拉伸。

让身体意识到不需要继续将运动期间所需的全部血液注入肌肉需要花上大约 3 分钟的时间。因此，放松的持续时间应不少于 3 分钟，5 ~ 15 分钟更合适。如果训练者在壶铃训练后的第二天仍然感觉肌肉酸痛，那么进行轻度的热身或放松是个缓解残留的肌肉紧张和酸痛的好方法。即使在不进行壶铃训练的日子里,也可以单独进行热身或放松。其他有用的备选放松方案包括瑜伽、打坐、按摩、蒸汽浴或桑拿、健走。这些都是适合在艰苦训练结束后放松身体、促进恢复、使身体恢复到稳定状态的好方法。

训练的准备阶段和结束阶段分别由热身和放松组成,这两个阶段是一个结构良好的壶铃训练计划的基本组成部分。二者分别在使训练者做好迎接主体阶段的准备和促进壶铃训练结束后的恢复过程这两个方面发挥着重要的作用。没有这两个阶段的训练是不完整的训练。理想的热身和放松每一天都会有所不同;此外,随着对壶铃训练的不断熟悉,训练者将能够根据自身的经验、天气、肌肉的紧张程度,以及主体训练的强度等因素来设计自己的训练计划。只要了解了一般的方法,训练者就可以用类似的运动来替换任何其他的运动。

边拉伸边呼吸

在即时即地的基础上,呼吸是我们在意识的控制下可以进行的最有益于健康和生命的单一活动。正如训练可以使身体在时间较长或较短的运动中快速或缓慢地移动一样,也可以通过引导来改变呼吸的长度、深度和速度。事实上,对呼吸的研究有着相当完整的系统,例如各种瑜伽运动。所有这些形式的呼吸训练都将运动与呼吸结合在了一起。拉伸也不例外。正如在摆举壶铃时千万不要屏住呼吸一样,适当的呼吸与安全有效的拉伸同样重要。拉伸的过程中进行正确的呼吸所带来的明显的好处是,增加了提供给血液的氧气量,提高了一边呼气一边拉伸肌肉时的运动流畅性。

拉伸时要缓慢、放松地呼吸,一边拉伸肌肉一边呼气。要通过鼻子慢慢地吸气,让气体充入腹部(而不是胸部),屏住呼吸片刻后,通过鼻子或口腔缓慢地呼出。不要阻碍呼吸,要让呼吸平稳顺畅。

第 6 章

基础练习

我们已经了解了壶铃训练的优点，选择了满足训练需求的壶铃，了解了运动生理学的基本概念，为自己设定了一些SMART目标，并学习了如何热身和做好壶铃训练前的准备及如何进行训练后的放松。现在是时候拿起壶铃，开始训练了！本章介绍了使用单个壶铃的基础练习，指出了关键的训练原则，列出了常见的错误及避免这些错误的方法，并提供了纠正练习来帮助训练者正确地学习这些练习。在实际进入壶铃练习之前，我们需要介绍一些关于摆举技巧和呼吸技巧的重要信息。要实现有效训练，就要创造适当的条件，就必须了解这些技巧。

壶铃摆举技巧

将身体视为一个统一的单位来运动，是所有体育运动的一个最基本的目标，壶铃运动也是一种体育运动。良好的技巧是从训练者与壶铃的第一次接触开始的，即训练者的抓握。触摸到壶铃的瞬间，训练者就已经将自己置身于运动之中了，身体的其他部位也会随着训练者与壶铃的第一次接触开始运动起来。

壶铃的握法

壶铃的关键设计特点在于把手及把手与球身之间的关系。工具的设计决定了抓握的技巧。大多数壶铃练习都会涉及手指钩握或手掌插入这两种握法，因此在学习壶铃的初期，学习这两种握法的正确技巧是十分重要的。握法不当，会减少循环到前臂、手腕、手掌和手指的血流量，致使这些部位过早地疲劳。如果在尚未发挥出最大力量的情况下就不得不放下壶铃，训练者就无法达到有氧运动和无氧运动的阈值。

恰当的壶铃握法是，手心朝上，使中指正好插在壶铃的中间（见图6.1a）。这种握法可以使重量均匀地分布到所有的手指上。然后，将拇指放在食指上面，形成一种钩握（见图6.1b）。这种握法很好地将抓握的稳定性与灵活性结合了起来，是理想的握法。在某些情况下，例如在手指太短或把手太粗的情况下，由于手掌和手指无法形成一个闭合的环，训练者可能无法用这种方式握住壶铃。在这种情况下，就改用一种替代握法，即用四指抓住把手，并将拇指放在把手外侧来稳定把手（见图6.2）。

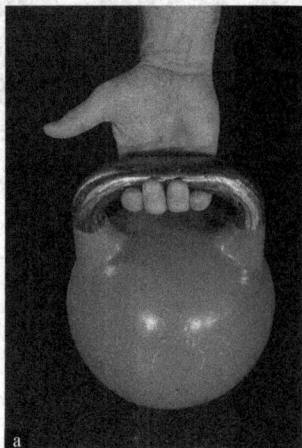

图6.1 恰当的壶铃握法

图6.2 拇指放在把手外侧的
替代握法

训练者应该了解一下常见的错误握法，以便能够避免这些错误。

- 挤压手掌，强行插入把手，如图 6.3a 所示。这种情况下，手掌没有完全插入把手，且过于紧张并产生了过多的压力。可以注意到，使用这种握法时，还未开始训练，前臂的肌肉就已经紧张起来了。
- 握得太松，并且未用拇指稳定把手，如图 6.3b 所示。使用这种握法时，壶铃会不受控制地来回移动，而且在训练的过程中，可能会从训练者的手中滑落。
- 只用指尖握持，如图 6.3c 所示。为了缓解抓握时手指上褶皱的皮肤因干燥产生的疼痛感，训练者可能会将壶铃滑到指尖。这种握法无法稳定住把手，因而应该避免。

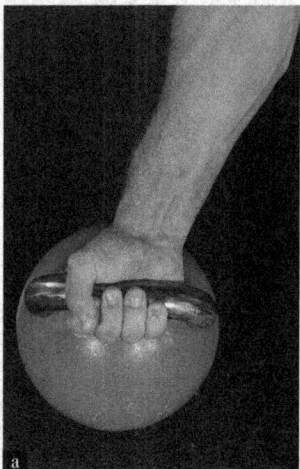

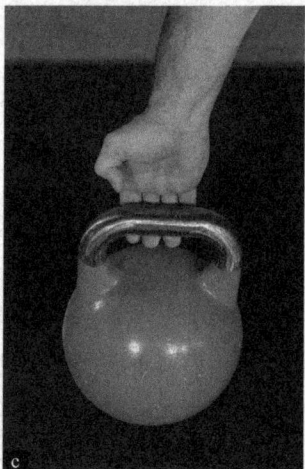

图6.3 错误的壶铃握法：a. 挤压手掌；b. 握得太松；c. 只用指尖握持

壶铃的防滑处理

在第 2 章中，我们了解过使用防滑粉来防止摆举壶铃时双手出汗的重要性。这里我们将学习如何在壶铃把手上正确地使用防滑粉。

理想的情况下，训练者都希望能够在训练期间尽可能长时间地握住壶铃。通常，防滑粉有助于防止壶铃滑落。训练者需要试用一下防滑粉，来判断一下这种东西是否提升了自己的表现。如果双手对防滑粉的反应不错，那么防滑粉就有助于提升训练者的抓握能力。但是对于某些人来说，防滑粉可能导致手掌过干，并引起水泡。训练者对防滑粉的反应也会因气候的不同而有所差别。

以下是在壶铃把手上正确涂抹防滑粉的步骤。

1. 用细砂纸打磨一下壶铃的把手（见图 6.4a）。这会使把手表面略微粗糙一些，有助于防滑粉吸附在把手上。
2. 用装有水的喷雾瓶在壶铃把手上轻轻地喷上一层水雾（见图 6.4b）。
3. 将防滑粉涂抹在把手上（见图 6.4c）。

如果操作正确，这些步骤会让防滑粉吸附在把手上。

注意，如果防滑粉变成糊状，就说明水喷多了。如果防滑粉完全无法吸附到把手上，都掉了下来，那么可能是把手太光滑或防滑粉的质地过于精细的缘故。

呼吸技巧

壶铃训练中会用到两种常见的呼吸技巧：反常呼吸法和自然呼吸法。采用哪种方法取决于训练者自身的训练强度。通常，使用较重的壶铃进行时间较短的高强度训练时

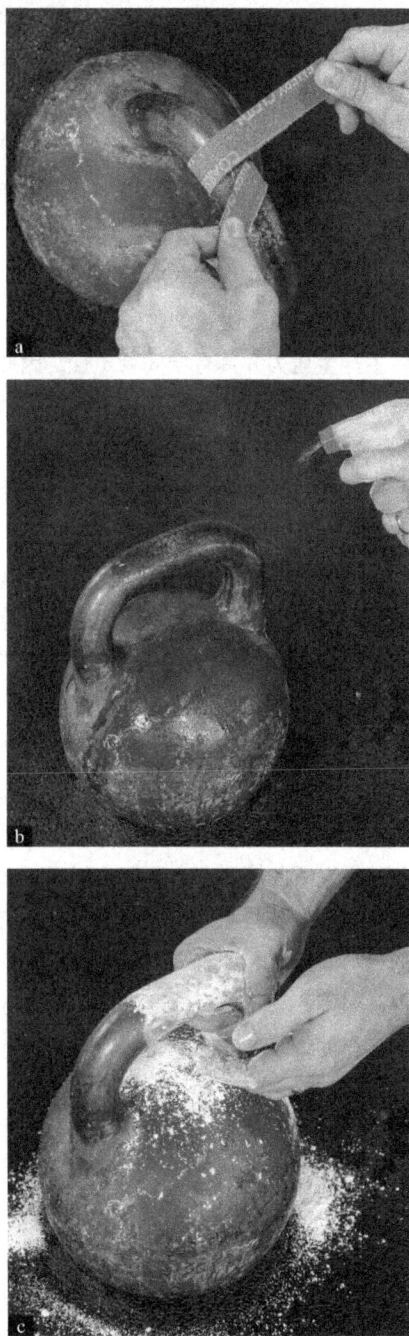

图6.4 在壶铃把手上正确涂抹防滑粉：
a. 打磨；b. 喷雾；c. 涂抹

会采用反常呼吸法。使用较轻的壶铃进行时间较长的训练时会采用自然呼吸法。

反常呼吸法

这种呼吸方法类似于我们在体操课中所学的方法。在这种类型的呼吸中，训练者在承受压力时吸气，伸展时呼气。例如在进行深蹲时，训练者会在下蹲的时候吸气，然后在起身的时候呼气。由于这种呼吸方式能够在胸腔中产生压力并具有椎间稳定性，因此是重负荷训练和体质较差的训练者的理想选择。

自然呼吸法

由于这种呼吸方法符合身体的自然运动模式，因此又被称为"匹配呼吸法"。在这种类型的呼吸中，训练者在承受压力时呼气，伸展时吸气。例如在深蹲中，训练者会在下蹲的时候呼气，起身的时候吸气。由于这种呼吸方式有助于训练者更好地控制心率，因此是训练耐力和运动能力的理想选择。这是旨在达到世界级的运动水平的壶铃举重运动员们所采用的呼吸方法。

在以下的练习中，我们将把重点放在自然呼吸法的技巧上面。这些运动都是有节奏的运动，因此，随着训练者逐渐延长训练的持续时间，采用与身体运动相匹配的呼吸方式，会使训练者能够维持稳定的呼吸速率，进而维持稳定的心率。

壶铃的基础练习

接下来我们将逐一介绍壶铃的基础练习。这些练习都是训练者在创建自己的训练计划时需要关注的关键技能与技巧，我们将在后面介绍相关内容。

学习壶铃摆举时及训练期间，要由轻到重循序渐进。切记，就重要性、安全性和效果而言，适当的技巧总是比负荷的轻重更重要。因此，要避免负荷过重与进阶过快等常见的错误。此外，进阶的过程要符合神经学上由简到繁的原理。因此，初学者应从"入门的壶铃动作"中的练习开始练习。然后再练习经典的摆举动作，之后是更高级的练习。不遵循这种合理的进阶过程，可能会导致学习不当和受伤。

此外，虽然摆举较重的壶铃（杠铃当然也可以）适合于锻炼肌肉的最大张力，但却不适合锻炼运动能力与耐力（壶铃训练的主要目标）。因此，在所有练习中，令训练者关注自身的身体排列方式、姿势和心态，从而使训练者的身体能最大限度地放松下来，这是很重要的。这样训练者的心率会保持在较低的水平，同时能够维持氧气和营养物质向肌肉的稳定输送。这种放松的、有节奏的、次于极限的抗阻训练使训练者能够进行运动量更大的训练，从而增强身体素质。注意要流畅地完成每个练习中重复的每一次动作，即从旁观者的角度看起来毫不费力才行，虽然对训练者来说肯定是费力的。

入门的壶铃动作

在开始甩摆、高翻或推举壶铃之前，训练者需要先学会以舒适的方式把握壶铃和在两手之间移动壶铃，从而培养自信心和控制能力。以下练习是对使用壶铃这种工具进行训练的一个安全简单的入门介绍，也是一种可以在剧烈的壶铃练习之前进行的有效的低强度热身。其目标是练习以舒适的方式抓握壶铃，包括拿起壶铃、放下壶铃、围绕身体和在两手之间传递壶铃等训练者在后续练习中会用到的所有技能。

绕身传递

图6.5　绕身传递

　　绕身传递是一种很好的热身，尤其适用于锻炼手臂、核心力量和抓握能力。进行这项练习时，训练者要围绕身体传递壶铃，传递的同时身体要保持良好的姿势和排列方式，此外，在整个过程中，髋部要始终朝向正前方（见图6.5）。在整个运动的过程中，保持正常呼吸。变换运动的节奏反向练习几次。

关键原则

- 保持目视前方，从而维持良好的姿势和培养运动知觉。
- 确保壶铃靠近身体，但又不足以造成碰撞和损伤。

常见错误	纠正方法
在两手之间传递壶铃时，壶铃运动的惯性带动髋部发生了扭转	保持绷紧腹肌。对着镜子查看自己的身形，观察自己的动作。确保髋部未发生扭转，始终朝着正前方
围绕身体传递壶铃时，将壶铃直接扔在精致的地板上	如果训练者不想损坏地板，可以在身下放一个厚厚的橡胶垫。此外，切记跑得快才是硬道理，我们的直觉最清楚该怎么做。在不得不扔掉壶铃的情况下，务必快速闪开，让壶铃落在垫子上

绕顶旋转

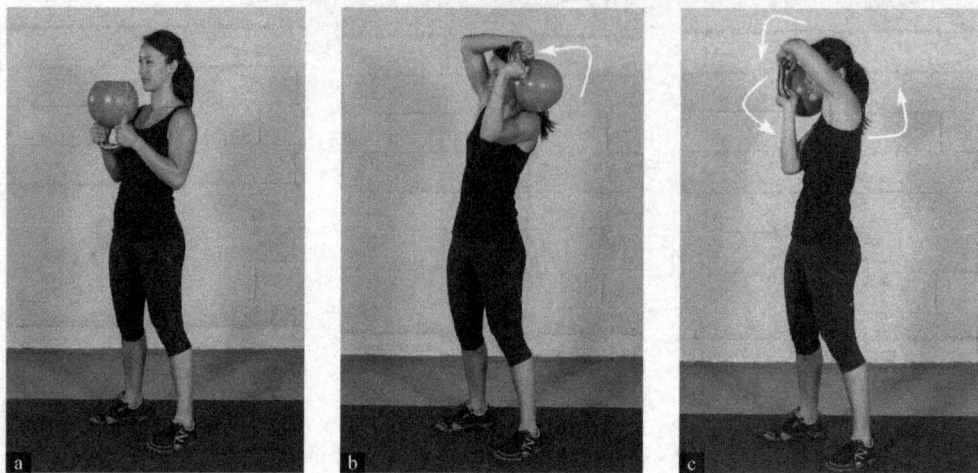

图6.6   绕顶旋转

　　绕顶旋转是一种有效锻炼肩颈灵活性的练习。很多人喜欢这种练习带给肩部的感觉，将其融入自己的热身之中，或用于促进恢复和预恢复。进行这项练习时，训练者用双手抓住一个轻型壶铃的把手的两角或两侧，将壶铃放在面部的前方（见图6.6a）。然后围绕头顶旋转壶铃，不停地转动，直到转完一圈为止（见图6.6b和c）。当壶铃被转到身后时，将壶铃放低，转回身前时再抬高。在整个运动的过程中，保持正常呼吸。双向进行练习。

关键原则
- 让壶铃的移动路线看起来像一个围绕在头顶的光环。
- 放松肘部，使肘部自由活动。
- 确保壶铃靠近头部，但要小心避免与上肢发生意外接触。

常见错误	纠正方法
向前弯曲颈部，低头向下看	在正前方的墙壁上选一个点，在整个运动的过程中，始终看着这个点
使用了过重的壶铃	要意识到这项练习的目的是提高灵活性，而不是增加力量。选择较轻的壶铃，增加重复次数。切记不要过度练习

双腿之间 8 字传递

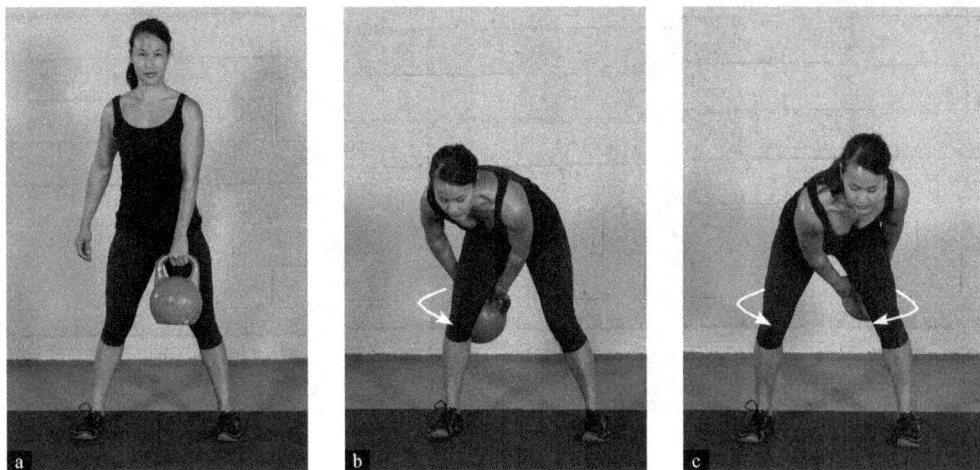

图 6.7 双腿之间 8 字传递

　　这是一种温和的热身，也是一种极其适合锻炼腿部与核心力量的调节运动。这种运动涉及了协调性和身体意识等元素，非常具有挑战性和吸引力。进行这项练习时，将双脚分开，比肩略宽，膝盖稍稍弯曲，然后用一只手拿起壶铃，放在身前（见图 6.7a）。由前向后，将壶铃从双腿之间由左手传递给右手（见图 6.7b）。利用壶铃的惯性，使壶铃从身后继续绕回身前，然后传给另一只手（见图 6.7c）。换手时呼气。如此，训练者会在其他的动作节点自动地吸气。不停地进行这种连续的 8 字模式练习。再变换方向，由后向前传递。

关键原则

- 在双腿之间传递壶铃时，保持脊柱居中排列，身体从髋部位置折叠。
- 使壶铃靠近身体，但要小心切勿被壶铃打到。

常见错误	纠正方法
使壶铃撞到了腿部	选择一个自己可以轻松控制的较轻的壶铃。此外，要确保双脚之间的距离略宽于肩，注意观察壶铃的移动路线，引导壶铃在两手之间平滑地移动
使壶铃从手中滑落	在手掌和把手上大量涂抹防滑粉，以防止壶铃滑落

箱式深蹲

图 6.8　箱式深蹲

　　箱式深蹲为训练者处于最低点的姿势时提供了一定程度的安全性和结构支撑，有助于训练者逐渐掌握正确的深蹲技巧。箱式深蹲旨在帮助训练者学会髋部主导的深蹲动作，在向后坐并增加髋部负荷的同时保持髋部的张力。进行这项练习时，身体站直，两臂在胸前平举，与肩同宽；双脚分开，与肩同宽或稍宽于肩宽，并在身后放一个稳定的箱子或椅子（见图 6.8a）。下蹲到臀部和双腿上部的腘绳肌碰到箱子的顶部为止，但不要真的坐在箱子上，重心落在脚跟，充分控制住身体（见图 6.8b）。下蹲时吸气，起身时呼气。如果操作正确，训练者的髋部将会得到合理的运用，而深蹲中膝盖的主导作用将会减弱。

关键原则

* 不要瘫坐在箱子上，箱子只是一个供训练者努力够到的目标位置。
* 使用反常呼吸法的技巧（下蹲时吸气，起身时呼气）。随着训练者逐渐适应了这一运动并感觉到脊柱的稳定性有所提高，就可以改用自然呼吸法（下蹲时呼气，起身时吸气）。
* 身体从髋部位置发生弯曲的同时保持脊柱居中排列（稍稍拱起下腰背），这是保证运动表现和防止受伤的关键。

常见错误	纠正方法
站得离箱子太远或太近	开始练习之前，先测试一下距离。训练者应该能够用臀部轻松地够到箱子，但腘窝却碰不到箱子
下蹲到最低点时，膝盖发生内倾，即膝外翻	这种情况经常发生，而且由于这种情况可能导致前交叉韧带撕裂，因此必须避免。这种情况通常不是膝盖的问题，而是缺少髋部的参与造成的。为了避免这种情况的发生，下蹲时，膝盖向外用力，或者在双膝之间套上弹力适中的弹力带。这种方式会有助于训练者避免出现膝外翻的情况

壶铃硬拉

图 6.9　壶铃硬拉

　　壶铃硬拉针对的主要是后链肌群（下腰背、髋部肌群和腘绳肌）。除了非常适合于配合壶铃箱式深蹲一起练习外，壶铃硬拉还有助于训练者学习正确的以髋部主导的屈伸动作，为学习经典的壶铃练习（例如，甩摆、高翻和抓举）奠定重要的基础。将壶铃摆放在正前方的地面上，训练者身体站直，双脚分开，与肩同宽（见图 6.9a）。挺胸并使髋部向后做坐下的姿势，直到双手够到壶铃的把手为止（见图 6.9b）。用双手握住把手，然后双脚用力蹬住地面，使自己站起，直至身体完全站直为止（见图 6.9c）。重复髋部后坐到壶铃底部轻轻碰到地面为止的这个动作。先用一个较轻的壶铃以可控的方式重复 10 次，然后再用一个重量更具挑战性的壶铃进行重复［例如，女性可以先用 18 磅（8 千克）重的壶铃重复 10 次，然后再用 26 磅（12 千克）重的壶铃重复 10 次；而男性可以先用 35 磅（16 千克）重的壶铃重复 10 次，然后再用 53 磅（24 千克）重的壶铃重复 10 次］。该基础练习旨在教会训练者如何保持重心与身体的支撑基础上下垂直排列。壶铃训练中包含这样的动态动作，因此控制好自己的重心十分重要。下盘稳定有力才能保证训练者在甩摆壶铃时的安全。

关键原则

- 身体从髋部的位置弯曲，而不是从腰部的位置弯曲。
- 保持脊柱居中排列，稍稍拱起下腰背。
- 根据想要达到的训练效果来决定弯曲或伸直双腿。伸直双腿会更多地锻炼到腘绳肌，而弯曲双腿会更多地锻炼到股四头肌。

常见错误	纠正方法
弯曲下腰背，用下腰背带动身体拉起壶铃	将壶铃放在正前方的地板上，然后在身后放一个矮箱子。用臀部轻轻碰触箱子，以确保用髋部带动身体拉起壶铃
内收肩部，弯曲上背部	目视前方，挺胸并收紧肩胛骨

经典的壶铃摆举动作

一旦训练者熟悉了正确的热身和入门的壶铃动作之后，就该学习经典的壶铃摆举动作了。经典的壶铃摆举动作是介绍所有其他壶铃练习中使用的技巧标准和原则的基础练习动作。进行这些练习时，应该特别注意动作的流畅性和准确性，原因是只有正确地练习了经典的壶铃摆举动作才能为安全有效地提升身体素质奠定基础。

将这些动作加入训练计划之前，学习这些动作的一个合理的方法就是用较轻的壶铃将每一个动作都练习几次。把这种情况当作一种练习，而不是训练或比赛。只是找一找感觉，提前适应。一旦训练者清楚地了解了如何进行练习之后，就可以开始增加挑战的难度了。当训练者充分地掌握了特定的练习之后，就可以把这个练习添加到训练计划中。

单壶铃甩摆

图 6.10   单壶铃甩摆

单壶铃甩摆是所有经典摆举动作中最基础的动作。在这个动作中，训练者会发现壶铃训练的许多通用原则和独特之处，如惯性、摆握耐力和自然呼吸法。只有掌握了甩摆之后才能继续学习其他经典的摆举练习（例如，高翻、抓举）。不要低估这个动作的重要性：所有其他的壶铃摆举动作都是建立在甩摆的基础上的。

进行单壶铃甩摆练习时，将一个壶铃摆放在正前方的地板上，训练者身体站直，双脚分开，与髋同宽（见图 6.10a）。使髋部向后做坐下的姿势（参考箱式深蹲），同时用一只手的手指抓住壶铃的把手（见图 6.10b）。拇指在甩摆过程中的姿势可以根据不同的训练者和训练目标而有所不同。有以下三种选择。

1. 拇指向前：在这种姿势下，运动范围最小，训练者的节奏更快（下摆更加轻松）。由于在这种姿势下不需要旋转肩部，因此对于肩部灵活性较差的人来说似乎更为舒适。

2. 拇指向后：在这种姿势下，一些应力从前臂分散到了肱三头肌上，提升了抓握的耐力；并且由于这种姿势具有螺旋的性质，因而动量在运动中发挥的作用更大（因此，增加或减少力量的运动范围更大）。

3. 拇指居中：在这种姿势下，沿着抓握肌肉、手臂和肩部的应力分布得更加均匀。

接下来，挺胸并向后收紧肩部，就像要做硬拉一样，然后在训练者站立时，从双腿之间甩摆壶铃（见图 6.10c）。甩摆到身后的终点时，回摆并起身至完全站直为止，伸展脚踝、膝盖、髋部和躯干（见图 6.10d）。在每组练习的持续时间内不停地做这种类似于钟摆的甩摆动作。

进行这项练习时，采用自然呼吸法，呼吸周期为 1 ~ 2 个。有两种呼吸方式可以使用：在下摆进入后一阶段时呼气，然后在上摆期间吸气（1 个呼吸周期）；或在下摆进入后一阶段时呼气，然后吸气，之后在壶铃到达前摆的最高点时，即壶铃从水平面过渡到垂直面时呼气，最后在壶铃再次下落但尚未进入下一次后摆的过程中吸气（甩摆一次呼吸 2 个周期）。

关键原则

- 由于壶铃甩摆依赖于机械能守恒定律来维持无限运动，因此用钟摆来类比良好的壶铃甩摆再合适不过了。用这种方式甩摆壶铃，动量在运动中发挥的作用更大，因此在下摆的过程中，有效地降低壶铃的速度，不仅减少了对下腰背和抓握部位产生的应力，还提升了运动能力。

- 上摆的过程中，最大限度地强化手臂与躯干之间的联系，确保能量以最佳的方式从下半身传递到壶铃。

- 完全放松手臂，将手臂想象成一根从颈部底部垂下、长度到指尖为止的绳索。

- 上摆到最高点的位置时，从髋部位置向后偏转躯干，以此来平衡身体前方的重量，并将这种偏转视为完成髋部伸展的刺激信号。在壶铃下落但尚未进入下摆的过程中，保持偏转，直到训练者感觉到肱三头肌碰到胸腔为止。届时，微微弯曲膝盖和脚踝来慢慢吸收向下的力，然后弯曲髋部，进入悬挂弹簧机制发挥作用的阶段。

常见错误	纠正方法
上摆的过程中，手臂与髋部和躯干之间没有联系	用两根手指按在上臂上。如果有教练指导或在指导别人，可以用"手臂靠着身体"的口头提示来辅助练习。此外，也可以在进行甩摆的手臂和躯干之间夹一条迷你弹力带或毛巾，保持迷你带或毛巾不掉落，使手臂靠在身体上

续表

常见错误	纠正方法
上摆的过程中或在壶铃下落但尚未进入下摆的过程中，未偏转躯干	如果有教练指导或在指导别人，可以用"往后偏"的口头提示来辅助练习。在距离墙面或镜子一臂远的地方面对墙面或镜子进行甩摆也有助于纠正练习；如果训练者不向后偏转身体，就会打到前面的墙面或镜子
下摆的过程中，壶铃与上方的骨盆距离过远	甩摆时，在双腿之间放一个瑜伽砖或类似的物体，或在双腿之间的地板上再放一个壶铃。如果训练者打到了中间的物体或第二个壶铃，就说明壶铃下放得太低了
未收紧肩部，且壶铃的移动轨迹离身体太远	在距离墙面或镜子一臂远的地方面对墙面或镜子进行甩摆；如果训练者不向后偏转身体，就会打到前面的墙面或镜子

单壶铃高翻

　　单壶铃高翻是对甩摆的自然进阶，也是甩摆与许多过顶动作之间的中间动作。高翻动作的部分，介绍了手掌插入壶铃的方法、架式姿势的排列要点，以及壶铃放在手中什么位置才能避免受伤和抓握疲劳。此外，这一部分还介绍了用双腿将力量从下半身垂直传递到上半身的方法。虽然要使动作达到流畅完美可能需要经过上百次的练习，但是通过练习，训练者的高翻动作会变得顺畅而有节奏，持续的时间也会延长。

　　能将壶铃依靠在前臂上是壶铃的一个显著特点，这一特点不仅使壶铃的运动方式不同于哑铃，还使壶铃在通过重复次数较多的抗阻训练来锻炼身体素质时的效果十分显著。将大部分重量集中在前臂上，手掌和抓握的肌肉能够得到放松。训练者需要经过练习，才能使壶铃在手中自如地移动和形成各种姿势。有时会发生操作不当的情况，这时壶铃可能会撞到前臂。为了使这一练习过程不那么暴力，训练者可以戴上护掌和腕带。随着时间的推移，训练者的技能会越来越纯熟，在高翻和抓举中，可以使用壶铃轻松地形成各种姿势。到那时，训练者可能就什么腕带都不想用了。但是，对于手臂较为柔软的人来说，戴腕带的确可以避免让自己受伤。

　　将壶铃放在地板上，使髋部向后做坐下的姿势，直到用一只手的手指握住把手为止（见图 6.11a 和 b）。从双腿之间向后甩摆壶铃，就像在单壶铃甩摆中所做的动作一样（见图 6.11c）。然后前摆，前摆的过程中，前臂要始终靠在躯干上（见图 6.11d）。在甩摆的过程中，由于惯性拉动着壶铃向前和向上移动，所以训练者的手臂可以离开身体。但是，在高翻的过程中，手臂不能离开身体，并且在甩摆到手臂即将与身体分离的位置时，手臂要转而沿着身体的前部垂直地移动。想象一下自己正站在烟囱里，烟囱的墙壁包围了自己，无法出去或向一侧移动，只能沿着烟囱壁上下移动壶铃。向前伸展髋部时，轻轻耸一下握壶铃一侧的斜方肌，同时用同侧的髋部拉动壶铃，将壶铃沿着想象中的烟囱壁向上拉起（见图 6.11e）。在壶铃被稳定在胸部之前，松开手指，展开手掌，使手指以一种弯曲的角度尽可能深入地插入把手，直到前臂的内侧（即尺骨）阻碍手掌的进一步插入为止（见图 6.11f）。将壶铃放在前胸与手臂之间，形成我们所说的"架式姿势"，完成垂直上拉的过程（见图 6.11g），并到达高翻动作的顶点位置。高翻的顶点架式姿势中，各部分的

图 6.11 单壶铃高翻

排列要点如下。

- 壶铃位于肩部一侧的内侧（朝着人体中线的方向）。如果壶铃朝着远离中线的方向偏移，壶铃的重量就会偏移到身体支撑基础以外的地方，控制壶铃时需要的力量就更多。

- 在胸部、肩部和上臂之间找到放置壶铃的理想位置。一种方法是将壶铃放在由肘部、前臂和胸部形成的三角形中。向后倾斜上半身的同时手掌向外旋转大约45°，使壶铃保持在前臂与胸部之间。

架式姿势适合用单个壶铃来练习，因为使用双壶铃对训练者的灵活性要求更高且使训练者的活动范围受限，所以用双壶铃练习要困难得多。架式姿势练习的目标是使训练者在这种姿势下感觉舒适稳定，从而能够控制住高翻的顶点动作。现在我们来完成这个动作——翻转手掌使手心朝上，通过向后移动肩部来偏转力量（见图6.11h）。切记自己正站在烟囱里面，所以壶铃只能向下移动，不能向前移动。训练者的肘部仍然要支撑在躯干上。随着壶铃下落，就在肘部即将完全展开之前，抽出手掌，用手指抓住把手，然后握住并完成后摆（见图6.11i）。与甩摆的情况相同，训练者在高翻的最低点的姿势，可以使用三种拇指姿势——拇指向前、拇指向后或拇指居中的任何一种。在整组练习过程中，不停地进行这种流畅的甩摆运动。

进行这项练习时，采用自然呼吸法，呼吸周期不少于3个。从架式姿势的位置开始，一边偏转躯干并下放壶铃以进入下摆阶段一边吸气，当壶铃进入下摆的后段时呼气，从身后向前回摆的过程中吸气，前摆结束时呼气，手掌插入壶铃时吸气，然后在壶铃到达架式姿势的位置时再呼气。这相当于3个呼吸周期。在单组练习时间较长或练习期间感觉非常疲惫时，训练者可以在壶铃停在架式姿势的位置时，多呼吸几个周期进行恢复。

关键原则

- 在壶铃到达髋部附近时手掌开始插入把手，同时确保手掌插入时的角度为45°。注意，在抓举和许多其他的动作中也会用到手掌插入。每一次动作的开始和结尾所使用的手掌姿势，与甩摆中所使用的相同。在进行运动的上升阶段和下降阶段，握住壶铃的手会来回地在壶铃的把手间插入和抽出。
- 尝试一下各种拇指姿势，找到最适合自己的姿势。

常见错误	纠正方法
壶铃打到了手腕或前臂	这很可能是训练者手掌插入得太早、太晚或角度不对造成的。反复练习手掌插入，练习时可以想象，在自己面前的垂直平面上有一个梯子，梯子有四个阶梯。采用爪形握法练习手掌插入，逐渐地攀爬这个梯子。第一个阶梯在胸部，第二个阶梯在脸部，第三个阶梯稍高于头顶，第四个阶梯接近于手臂向上完全伸直时所达到的最高点。在每一个高度进行练习，即向上高翻，然后松开手指，插入手掌，之后再下放壶铃进入后摆，插入一次后摆一次
在架式姿势中，采用了挤压式握法，或过于用力地握住把手	使手掌微微成爪形，以降低温度（减少摩擦）和抓握部位的疲劳程度
在身前或两侧距离身体特别远的位置进行高翻	面对墙壁或挨着墙壁进行高翻，如此，在操作不正确的情况下就会打到墙壁。想象一下自己站在一个烟囱里面，壶铃只能上下移动，不能向前或横向移动

有助于学习架式姿势的其他练习

将壶铃稳定在前臂和胸部的架式姿势，是壶铃训练中最重要的技能之一，也是最难掌握的技能之一。缺乏柔韧性通常是学习正确姿势的主要限制。以下简要介绍了一些有助于学习架式姿势的柔韧性练习。

架式持握

身体站直，胸前放置一个壶铃，一只手完全插入壶铃的把手，前臂靠在身体上，双腿完全伸直，壶铃与同侧的脚上下垂直排列（见图 6.12）。保持这一静态姿势 1 分钟，并逐渐锻炼到可以坚持 3 分钟，然后再换成更重的壶铃，针对肩部、脊柱和髋部的关键区域进行练习。

墙壁俯卧撑

面对墙壁站立，双手手掌平放在墙壁上（见图 6.13a），弯曲肘部使之与肋骨接触。双脚保持不动，双手手掌用力推墙。由于墙壁不会移动，所以在手脚不发生移动的情况下，训练者的身体必须向后倾。继续用力推，直到肘部完全伸直为止（见图 6.13b）。动作结束时，训练者的肩部应该位于髋部之后，训练者会感觉到下腰背得到了良好的拉伸。练习时可以缩短双脚与墙壁之间的距离来增加挑战性。

图 6.12 架式持握

图 6.13 墙壁俯卧撑

臀桥

关于臀桥的进阶，要从最基础的臀桥开始练习，循序渐进。不要强行扩大活动范围。始终注意呼吸，不要屏住呼吸。大脑和呼吸越放松，肌肉就越容易放松，训练者就越容易做出相应的姿势。

在基础的臀桥中，训练者需要平躺下来，然后弯曲膝盖使双脚脚掌平放在地面上（见图 6.14a）。用脚跟用力踩住地板，使骨盆尽可能高地抬离地面（见图 6.14b）。其间肩部和头部平放在地板上，保持不动。保持相应姿势 30 ~ 60 秒。

图 6.14　基础臀桥

　　在中级的臀桥中，训练者双手手掌平放在地板上，肘部指向天花板（见图 6.15a）。训练者的肩部柔韧性需要足够好，才能如此放置双手。手脚同时用力，撑起身体，并使头顶顶在地板上（见图 6.15b）。以头部、双手和双脚为支撑，所有支撑点共同用力推地，使骨盆尽可能高地抬起（见图 6.15c）。逐渐练习到能够坚持 30 ~ 60 秒。

图 6.15　中级臀桥

　　在高级的臀桥中，从中级臀桥的位置开始，将头部抬离地面，双臂完全伸展。挺胸并伸直肘部的同时，双腿用力向后撑起身体（见图 6.16）。训练者的脊柱、髋关节、肩部和胸部要非常柔软，才能形成正确的臀桥。这个动作将帮助训练者找到适合自身的架式姿势。

图 6.16　高级臀桥

单杠悬垂

训练者将双手分开，与肩同宽或稍窄于肩宽，悬挂于一根单杠之下，使身体完全放松（见图6.17）。保持相应姿势15秒或更长时间，感受胸部、肩部和上背部的拉伸。

瑜伽鹰式拉伸

训练者可以采用站姿或坐姿，向两侧伸出双臂（见图6.18a），然后在身前交叉（见图6.18b）。接着朝自身的方向同时弯曲双肘。如果交叉时，右臂在上，左臂在下，就伸出右手抓住左手的手腕或手掌（见图6.18c）。左手拇指直接指向额头。保持相应姿势30秒，然后换另一侧重复动作。进一步进行这一拉伸时，可以像刚刚描述的一样，先形成鹰式拉伸的姿势，然后保持双手手掌紧紧合在一起的同时，要么朝着髋部同时向下用力推动双肘，要么同时向上抬起双臂。

在瑜伽鹰式拉伸中，如果训练者的肩部目前不够柔软，双手手掌还无法合在一起或相互抓住彼此的手腕或拇指，就用一只手抓住一条毛巾、短绳或拉伸带的一头，交叉到另一条手臂上，另一只手抓住这条毛巾、短绳或拉伸带的另一头，然后拉着这条毛巾、短绳或拉伸带来进行拉伸。

图6.17 单杠悬垂

图6.18 瑜伽鹰式拉伸

单壶铃实力推举

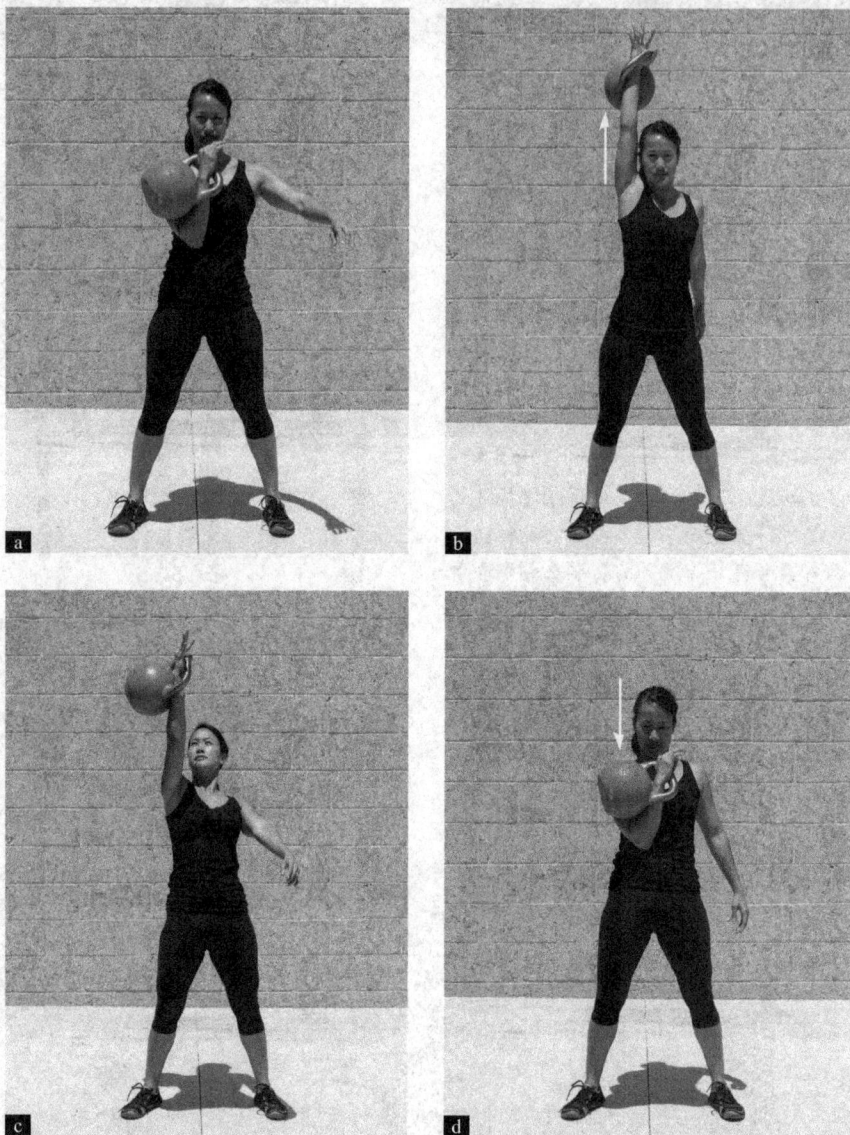

图 6.19   单壶铃实力推举

单壶铃实力推举完全是一种上半身运动，也是更为高级的过顶练习的起始阶段。这一练习的目的是在训练手臂、肩部和背部的同时，向训练者展示过顶姿势中的正确排列方式。单壶铃实力推举是垂直推举动作的基础动作。

进行这项练习时，先将一个壶铃高翻到胸前，形成架式姿势（见图 6.19a）。这是实力推举的起始姿势。向上推举之前，对进行推举的手臂所在的一侧的胸腔进行压缩。当身体因受到这一向下的压力作用而开始反弹时，直接向上推举壶铃，直到肘部完全伸展、形成锁定姿势为止（见图6.19b）。在这一过顶姿势中，手和肩的最佳姿势就是拇指直接指向后方。可以接受手掌发生轻微的旋转，但要避免过度旋转，以便训练者沿着一条最有效的路径运动，即沿着一条直线运动。任何多余的旋转或对这条直线的偏离都是浪费力气，也是非理想的排列方式。

下放壶铃时，向后微微倾斜躯干，以便壶铃可以沿着中心线直接下落（见图6.19c），一直下落到髋部的位置，然后再回到架式姿势的位置（见图6.19d），完成整个动作。从过顶锁定的位置下落并回到架式姿势的过程应流畅放松。想象一下，自己是一个提线木偶，被人控制着抬起自己的手臂和壶铃，当线被剪断时，壶铃直接自由下落，回到架式姿势的位置。通过练习，训练者将能够从壶铃下落的过程中吸收力量，从而使壶铃顺利地滑入正确的位置。

进行这项练习时，采用自然呼吸法，呼吸周期为4个。从架式姿势的位置开始，进行初始压缩之前先深吸气，然后一边下压胸腔或弯曲胸椎一边呼气。当胸腔被压缩到一定程度开始反弹时，一边回弹一边吸气，然后在训练者锁定动作时呼气。在锁定的位置，呼吸一个完整的周期，如果有需要，可以多呼吸几个周期进行恢复。在训练者开始下放壶铃时吸气，然后在壶铃回到架式姿势的位置时呼气。

关键原则

- 架式姿势既是一个休息的姿势，也是一个凝聚爆发力的姿势，它确保了手臂与躯干之间紧密相连，因此实现了力量的稳定传递。
- 用整个身体进行推举，而不是只用肩部。受健美的影响，许多人认为正确的推举方式是通过孤立三角肌来完成推举。壶铃训练的重点是运动效率，而不是孤立某个部位，所以训练者需要将运动任务分配给多个运动部位。因此，通过初始压缩和脊柱的回弹动作来提升动作的爆发力和运动能力是至关重要的。

常见错误	纠正方法
过顶推举壶铃时，只使用了手臂和肩部，而不是使用整个身体	在不使用壶铃的情况下，练习通过展开背阔肌来举起手掌，而不是使用肩部。训练者应该在背阔肌展开的瞬间开始举起手掌
壶铃的推举轨迹成三角形	挨着墙壁进行推举，以确保自己在沿着中心线向上推举。同样，想象自己在一个烟囱里面进行推举
过顶姿势不正确，或在架式姿势和过顶姿势中，采用了挤压式握法（过于用力地握住把手）	采用锁定持握或行走，即将手臂举过头顶，完全伸展，然后保持相应姿势一段时间。此外，使手掌微微成爪形，以降低温度（减少摩擦）和抓握部位的疲劳程度

借力推举

图 6.20　借力推举

借力推举与实力推举完全相同，只是多了一个腿部驱动的部分。该动作由腿部发起，通过手臂和手掌完成。这种做法，不仅明显提升了训练者以更高的运动量和强度运动的能力，还促进了训练的多样化。如果训练者在实力推举中可以承受的负荷达到了极限，那么增加了腿部的动作后，训练者能够承受的负荷就会超过其在严格的实力推举中能够承受的。增加了腿部的动作后，运动任务会被分配给更多的身体部位，耐力会因此得到极大的提升。

进行这项练习时，先将壶铃高翻至胸前（见图6.20a）。压缩胸腔的同时下沉膝盖，以此增加相应姿势的负荷（见图6.20b）。就在膝盖向下稍稍弯曲的瞬间，双脚立即猛地蹬住地面，使身体以爆发式的速度快速向上推举（见图6.20c）。到双腿伸展时，壶铃距离最高点就已经剩下不到一半的路程了。然后通过肱三头肌将壶铃推举到过顶锁定的位置，完成推举。借力推举的过顶锁定位置与实力推举的顶点位置完全相同（见图6.20d）。将壶铃放回胸前时，向后倾斜身体的同时稍稍抬起脚趾，以使壶铃可以沿着想象中烟囱壁的方向垂直下落（见图6.20e）。壶铃抵达胸部时，双脚再次放回地面，肘部滑到髋部的顶端（见图6.20f）。

进行这项练习时，采用自然呼吸法，呼吸周期为4个。从架式姿势的位置开始，进行初始压缩之前先深吸气，然后在训练者下蹲到半蹲姿势的过程中呼气。当胸腔压缩到一定程度开始反弹时，一边伸腿回弹一边吸气，然后在训练者锁定动作时呼气。在锁定的位置，呼吸一个完整的周期，如果有需要，可以多呼吸几个周期进行恢复。下放壶铃时，一边向后倾斜躯干一边吸气，然后在壶铃回到架式姿势的位置时呼气。

关键原则

- 下蹲到半蹲姿势的过程中，通过使双脚脚跟平放在地面上、肘部与前臂靠在躯干上来保持各部分紧密相连。这种连接性使身体各部分联系在一起，促进能量从地面向上传递。
- 用整个身体进行借力推举——迅速地完成半蹲动作后，立即进行初始压缩，然后快速伸展，进入脊柱的回弹阶段，最后通过手臂完成推举。

常见错误	纠正方法
下蹲到半蹲姿势的过程中，肘部与髋部之间及脚跟与地面之间失去联系	在不进行推举的情况下，练习半蹲，在上下运动的整个过程中，注意使前臂靠在躯干上
双腿未完全伸展，手臂推举得过早	练习胸腔回弹，使自己在不使用手臂的情况下，将注意力集中在双腿上

抓举

图6.21   抓举

壶铃抓举是一种十分强调整个后链肌群的全身运动。它同时锻炼了力量、爆发性、结构连贯性、心肺功能，以及几乎所有关于运动连续性的属性。抓举共有以下六个阶段。

1. 惯性甩摆。
2. 用髋部与斜方肌加速上拉。
3. 深入把手的手掌插入。
4. 过顶锁定。
5. 改变方向，下放壶铃。
6. 改变握法，后摆壶铃。

进行这项练习时，将壶铃放在正前方的地板上，使髋部向后做坐下的姿势来增加髋部的负荷，直到用手指抓住壶铃为止，就像在甩摆中所做的动作一样（见图6.21a）。开始起身时，从双腿之间向后甩摆壶铃，进一步增加髋部的负荷（见图6.21b）。与甩摆和高翻的情况相同，在抓举的上摆和下摆中可以采用各种拇指姿势。最常见的是在下摆结束时向后旋转拇指，以及在加速上拉开始时过渡成45°（拇指向上）。手臂与身体保持紧密相连，膝盖与髋部伸展，让壶铃的惯性拉着手臂向前移动（见图6.21c）。就在手臂开始与身体分离的瞬间，用髋部迅速后拉，随后耸动斜方肌，使壶铃沿着垂直方向加速，越快越好。

如果训练者抓举时用的是右手，就用左脚用力蹬地，用右侧髋部后拉壶铃，并耸动右侧的斜方肌（见图6.21d）。当壶铃向上加速移动时，松开手指，手掌深深地插入把手（见图6.21e）。让壶铃的动量带动壶铃一直移动到顶点的位置，并在肘部完全伸展时锁定手臂（见图6.21f）。抓举的过顶锁定位置与实力推举或借力推举中的过顶位置完全相同（拇指向后，不发生旋转或尽可能地减小旋转的角度）。下放壶铃时，先将重心转移到另一只脚上（如果用右手抓举，就转移到左脚上），然后向后倾斜上半身（见图6.21g）。使髋部和躯干最大限度地伸展，并让肱三头肌靠在躯干上。改变握法，即抽回手掌，用手指抓住把手，完成下摆（见图6.21h）。然后一边在两腿之间继续后摆壶铃一边收紧手指（见图6.21i）。用有节奏的运动方式继续抓举，直到完成要求的重复次数为止。

注意，在熟悉抓举的过程中或使用更重的壶铃之前，训练者可以将半抓举作为抓举的一种变形动作或过渡动作来练习。半抓举的上升阶段与抓举相同，只是在半抓举中，训练者将把壶铃从过顶锁定的位置先下放到胸前，形成架式姿势，然后再从胸部下放壶铃。从胸部下放壶铃的过程与高翻的下放动作完全一致。这种做法缩小了运动范围，因此降低了壶铃在下落过程中的速度，使训练者有更多的时间来学习如何正确地控制动作。之后，训练者再开始练习完整的抓举，使把壶铃从过顶位置下放到后摆的整个过程一气呵成。

进行这项练习时，采用自然呼吸法，呼吸周期不少于3个。训练者可以从过顶的位置开始，一边向后倾斜躯干并下放壶铃以进入下摆阶段一边吸气，当壶铃进入下摆的后一阶段时呼气，上摆时吸气，然后在锁定动作时呼气。训练者也可以从过顶的位置开始，一边向后倾斜躯干并下放壶铃一边吸气，进入下摆时呼气，然后吸气，在训练者开始加速上拉时呼气，然后再吸气，最后在锁定动作时呼气。采用这两种呼吸方式时，训练者都可以在过顶锁定的位置呼吸几个周期进行恢复。

关键原则

- 上摆的过程中，确保躯干与手臂之间紧密相连，以便最大限度地发挥杠杆作用和实现力量的传递。用整个身体拉动壶铃向上移动，会使训练者能够更快、更有力、更轻松地移动壶铃。
- 应该在壶铃移动到头部以上，但肘部尚未完全伸展时插入手掌。插入得太早或太晚都会影响对时间点的把握和力量的传递。
- 过顶姿势的排列方式连同壶铃在手中的位置是影响运动能力、抓握耐力和损伤风险的重要因素。找到让自己感觉放松的姿势更易于呼吸管理。错误的姿势会导致过度的紧张，从而造成过早的疲劳。
- 与甩摆和高翻的情况相同，从过顶的位置将壶铃下放到后摆的过程中要保持躯干偏转。这对于正确地控制平衡、确保安全和分散负荷是十分必要的。要等到肱三头肌接触到胸腔之后才能弯曲髋部。
- 将肱三头肌接触到胸腔的瞬间设置为躯干和髋部发生弯曲的时间点，以便训练者可以通过腿部和躯干上强健的肌肉来吸收大部分因减速带来的负荷。

常见错误	纠正方法
上摆的过程中，手臂与髋部和躯干之间没有联系	在手臂和躯干之间夹一条弹力带或毛巾，这条弹力带或毛巾能够帮助训练者使进行抓举的手臂靠在躯干上，有助于训练者了解手臂与躯干接触时的感觉
上摆的过程中或在壶铃下落但尚未进入下摆的过程中，未偏转躯干	在面对墙面一臂远的位置进行甩摆。如果训练者不向后偏转身体，就会打到墙壁
壶铃打到了手腕或前臂	这很可能是训练者将手掌插入得太早、太晚或角度不对造成的。反复练习手掌插入，练习时可以想象，在自己面前的垂直平面上有一个梯子，梯子有四个阶梯。采用爪形握法练习手掌插入，逐渐地攀爬这个梯子。第一个阶梯在胸部，第二个阶梯在脸部，第三个阶梯稍高于头顶，第四个阶梯接近于手臂向上完全伸直时所达到的最高点。在每一个高度进行练习，即向上高翻，然后松开手指，插入手掌，之后再下放壶铃进入后摆，插入一次后摆一次。这种练习有助于培养训练者把握最佳时间点的能力。最佳时间点在第三个到第四个阶梯之间
后摆的过程中，形成的运动轨迹是垂直的，而不是水平的	进行抓举之前，在较低的位置进行甩摆，使髋部先熟悉悬挂弹簧机制发挥作用的感觉。抓举是甩摆的一种延伸，起步时在较低的位置进行一两次甩摆，有助于产生惯性来带动整个抓举过程
在过顶姿势中，未进行固定	采用锁定持握的姿势站立或行走，即用过顶锁定的姿势持握壶铃，保持一段时间，可以站在一个地方保持不动，也可以沿着顺时针和逆时针的方向绕圈行走，或以两种模式中的任何一种在房间里移动
上摆和下摆的过程中，动作弧度过大	在正前方有墙的地方进行抓举，同时想象自己在一个烟囱里面进行抓举。如果壶铃打到了墙壁，说明动作不正确（水平位移过多）

深蹲

图 6.22 深蹲

　　深蹲是一种原始的运动模式，也是全面提升身体机能的最重要的体能练习之一。我们观察一下小孩子，就会发现，他们可以在完全没有任何指导的情况下，完美地进行深蹲。进行深蹲时，在增加壶铃或任何其他外部的重量之前，先学会正确的动作是十分重要的。练习标准的深蹲动作的要点如下。

- 双脚平放在地面上。
- 膝盖与双脚垂直排列，没有内扣（膝外翻）的情况。
- 使髋部向后做坐下的姿势来分担一些负荷，从而避免负荷过度集中在膝盖上。
- 即使无法使躯干保持垂直，也要尽量挺直躯干。
- 在深蹲上下移动的过程中，保持身体的平衡与稳定。

　　进行这项练习时，身体站直，双脚分开，约与肩同宽，脚趾指向前方（见图 6.22a）。在一些情况下，如果髋关节的灵活性较差，会需要将脚趾转向两侧。如果训练者确实有这种情况，那么脚趾的偏转角度最好不要超过 30°。用髋部带动身体向后做坐下的姿势，就像要坐到椅子或箱子上一样（回顾一下本章"入门的壶铃动作"一节中的箱式深蹲）。降低自身的重心，直到大腿的顶部与地板平行或略低于平行水平为止，其间用屈髋肌群拉动身体主动下蹲到最低点的位置。打开髋部使深蹲达到最大的深度。尽量避免过多地向前弯曲躯干。向前伸出双臂以保持平衡，帮助躯干形成坐姿（见图 6.22b）。在整个运动的过程中，双脚保持平放在地板上。从最低点的位置开始，双脚用力蹬住地板，使身体直接向上伸展，完全伸直双腿（见图 6.22c）。训练者一旦有了这种运动的感觉，并且没有任何疼痛或不适，就可以开始增加负荷来练习了。训练者可以根据壶铃的重量和运动量的不同选择使用反常呼吸法或自然呼吸法。

　　深蹲的进阶最好分阶段进行。第 1 个阶段叫作"高脚杯深蹲"，在该阶段中，训练者要用双手捧住一个壶铃。双手手心朝上，正面捧起一个壶铃，并将前臂靠在身体上

（见图6.23a）。双手的形状看起来像一只高脚杯或巨大的玻璃水杯。下蹲（见图6.23b），然后起身站直，其间壶铃始终放在身前（见图6.23c）。许多人发现，使用较轻的壶铃进行高脚杯深蹲时，反而更容易蹲下，原因是身前的壶铃充当了平衡物，使训练者能够后坐得更远。从高脚杯深蹲进阶到第2个阶段时，即进阶到前蹲阶段时，需要将一个壶铃高翻到架式姿势的位置（见图6.24a）。下蹲的过程中，保持手臂靠在身体上（见图6.24b），然后起身站直。这就是前蹲。训练者可以伸出无负荷的一只手来充当平衡物。我们在下一章中将学习使用双壶铃进行前蹲。

图6.23　高脚杯深蹲

图6.24　前蹲

关键原则

- 由髋部发起动作，而不是膝盖。
- 在整个运动的过程中，尽可能挺直躯干。
- 在深蹲的最高点和最低点，达到最大的活动范围。

常见错误	纠正方法
膝盖伸向两侧，髋部未发生移动	膝盖应该与双脚垂直排列，髋部向两侧打开。在稍高于膝盖的位置，围绕双腿紧紧缠绕一条弹力带，从而对双腿施加一个横向的压力。深蹲时，一边使髋部向后做坐下的姿势，一边使膝盖用力伸向两侧来对抗弹力带的压力
脊柱向前弯曲的弧度过大	脚趾抵墙站立。目视前方，收紧肩胛骨，将双臂拉到身后。髋部后坐，成深蹲姿势，然后起身站直。由于墙壁会阻止训练者向前移动，所以训练者不得不向后坐，使脊柱成弓形。开始时，训练者可能需要在脚趾与墙壁之间留有一定距离。随着能力的提升，训练者可以缩短脚趾与墙壁之间的距离
因屈髋肌群不灵活而无法形成完整的深蹲	双腿伸直平躺在地板上，双手手心朝下平放在地板上，双脚脚趾朝自身的方向弯曲，形成背屈姿势。当同伴用两只手分别抓住两只脚脚背的顶端时，朝着胸部的位置拉动膝盖。然后让同伴放开双脚，伸直双腿。这种练习能够激活屈髋肌群，帮助训练者学会使用屈髋肌群把自己拉到深蹲的最低点
向深蹲的最低点移动的过程中，抬起了脚跟，将过多的负荷转移到了膝盖上	在每个脚跟下面插入一块2～4英寸（5～10厘米）高的小型负重板或负重块，使自己能够蹲得更深。逐渐降低增高物的高度，最终达到能够在不使用任何增高物的情况下进行深蹲。热身时和在两组深蹲练习之间可以进行踝关节灵活性练习。在一个伸展型的弓步姿势中，一条腿跪在垫子上，另一条腿踩在这条腿前方的地板上；双手手心朝下平放在前脚正前方的地板上，两手之间留有约等于肩宽的距离。将体重转移到双手上并抬起后腿的膝盖。后脚的脚趾以踝关节为轴向足底方向屈曲，形成最大限度的跖屈，然后将脚踝牢牢地压在地板上。将鞋带压在地板上，感受沿着脚踝、脚和小腿的正面的拉伸。然后用双手与前脚用力推地，使身体被推到后方，迫使后脚的脚跟落到地板上，使后脚的脚趾直接转变成最大限度的背屈姿势。交替完成鞋带在下和脚跟在下的动作

　　甩摆、高翻、实力推举、借力推举、抓举和深蹲这六个经典的壶铃摆举动作构成了壶铃训练的基础，是训练者需要练习和掌握的重要的摆举动作。学好这些动作将会为我们奠定一个坚实的训练基础。由于这些经典的摆举动作中包含了壶铃运动的关键概念，因此学习新动作时会容易得多。

第 7 章

中级练习

训练者在进行本章中的练习时，涉及的神经系统的复杂程度更高，所用壶铃更重，对平衡性、爆发力、协调性和身体意识的要求也更高，因此这些练习被归为中级练习。不论是基础练习、中级练习还是高级练习，很多壶铃摆举的指导原则都适用，因此我们会注意到某些关键点被重复地提到。不要受基础、中级或高级练习分类的影响。随着训练者所掌握的练习形式的增加，为了便于训练者组织管理，才添加了这些标签。不论练习使用单壶铃还是双壶铃，属于基础练习、中级练习还是高级练习，在第 6 章的基础练习中所介绍的原则贯穿所有其他壶铃练习的始终。这也是这些原则是基础原则的原因——它们是整个运动系统的基础。

回顾一下第 6 章中介绍的基础练习，重点看一下贯穿于所有壶铃练习的关键原则，包括以下几点。

- 在甩摆中，我们学习了甩摆动作，这是一种惯性动作，涉及了髋部的扭转和伸展。在这一部分我们还学习了动态抓握。

- 在高翻中，除了在甩摆中包含的惯性和动态抓握外，我们还学习了加速、手掌的插入和身体的偏转。

- 在实力推举和借力推举中，我们学习了如何锁定腿部和手臂的关节（固定），以及如何在下放壶铃的阶段改变力的方向。

- 在抓举中，我们练习了抓握并在一种单一的练习中同时运用了惯性、加速、插入、固定和偏转。

- 在深蹲中，我们学习了如何在支撑面的上方，降低和抬高重心，并通过屈曲和伸展扩大髋部、膝盖和躯干的运动范围。

如上所述，经典摆举动作的这些核心原则都以一种或另一种形式包含在所有其他的摆举动作之中。因此，掌握第 6 章中介绍的基本练习是非常重要的。此外，在将以下练习融入自己的训练计划之前，切记要进行彻底的热身。

单腿壶铃硬拉

单腿壶铃硬拉需要训练者具有平衡性和核心稳定性。由于单侧或单腿练习对平衡性的要求更高，需要髋部和髋部肌群的加入，所以这种练习在训练计划中非常重要。双侧或双腿训练倾向于将股四头肌和膝关节作为主要的活动部位，所以如果只训练双侧深蹲动作，就会造成股四头肌和髋部肌群之间的不平衡。为了确保技巧的安全和姿势的健康，就必须使髋部得到适当的运用。如果没有充分或正确地运用髋部，深蹲或甩摆（或任何向后链肌群施加压力的练习）动作就会变成以膝关节为主的运动，运动关节上下的关节就得不到良好的运动，训练者的身体就要因此产生代偿。这就意味着，上面的腰椎（下腰背）和髋部以下的膝关节将会因为髋部没有充分发挥作用而付出更大的努力。单腿练习是以髋部为主的练习，这种练习运用了髋部肌群和腘绳肌来保持平衡。单腿练习的另一个重要的好处是，单腿保持平衡时，需要用到深层的核心肌肉组织，因此这种练习能够高度激活深层的核心肌肉组织。核心稳定性的提高，会为训练者提供一个更加坚实的力量训练平台。

以下是单腿壶铃硬拉的四种形式。

双臂单腿壶铃硬拉。将所有的体重转移到一条腿上，弯曲另一条腿的膝盖使其抬离地面（见图 7.1a）。髋部后坐并朝着地面的方向从髋部位置向前垂直弯曲躯干，然后用双手抓住壶铃的把手（见图 7.1b）。通过腘绳肌发力，拉起壶铃，直到支撑腿和躯干完全伸直为止，完成硬拉（见图 7.1c）。确保完成髋部伸展的动作。如果训练者在练习过程中失去了平衡，可以让非支撑腿着地来恢复平衡。

图 7.1　双臂单腿壶铃硬拉

　　单臂对侧单腿壶铃硬拉。起始姿势与上一种形式的单腿壶铃硬拉相同（见图 7.2a），但这种形式，在髋部后坐并垂直弯曲躯干的同时，只用支撑腿对侧的一只手抓住壶铃的把手（见图 7.2b），然后站直（见图 7.2c）。一旦训练者掌握了这种运动的平衡方法，就可以通过交替地重复有负荷和没负荷的动作来增加挑战性。这种变换阻力的方法模仿了日常生活中的功能。第一次重复动作时，向前垂直弯曲躯干拿起壶铃，负重站直，然后把壶铃放回地面，空手站直。每次重复动作时都按照这种"有负荷—没负荷"的模式来进行，训练者会发现自己必须不断地做出调整来适应负荷上的变化，因此与在恒定负荷下重复所有的动作相比，这种练习模式更具有挑战性。

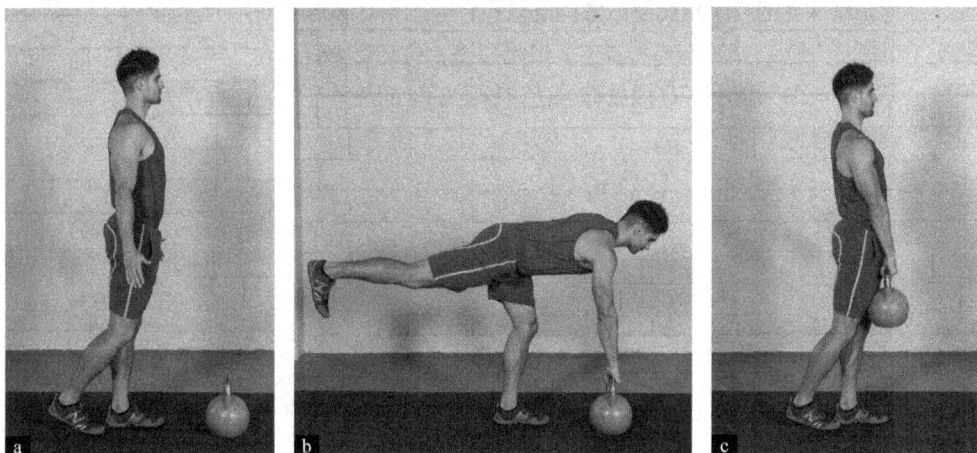

图 7.2　单臂对侧单腿壶铃硬拉

　　单臂同侧单腿壶铃硬拉。起始姿势与上一种形式的单腿壶铃硬拉相同（见图 7.3a）。但这种形式，在髋部后坐并垂直弯曲躯干的同时，只用支撑腿同侧的一只手抓住壶铃的把手（见图 7.3b），然后站直（见图 7.3c）。

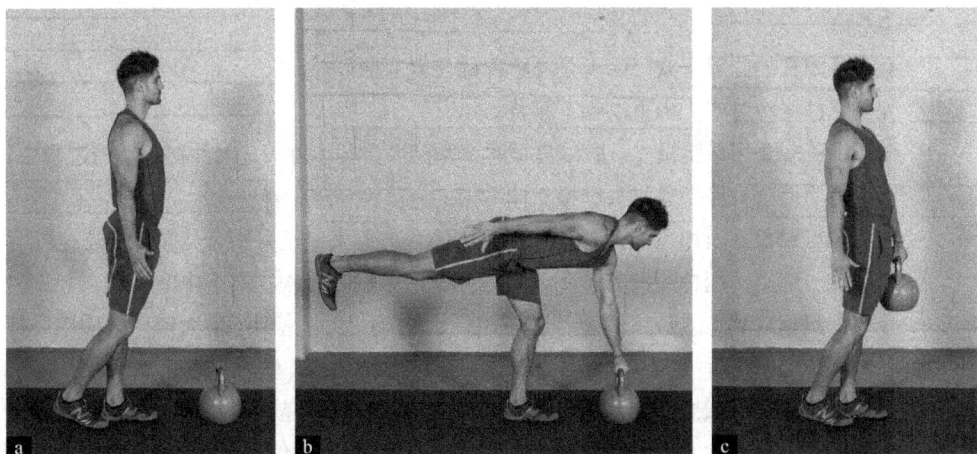

图 7.3　单臂同侧单腿壶铃硬拉

双臂单腿双壶铃硬拉。训练者开始进入使用较重的壶铃进行单臂单腿壶铃硬拉的阶段后，就会发现抓握和手部力量是自身进步的限制因素。髋部和腿部的力量要强于抓握的部位。这时，如果训练者想要增加负荷，就必须切换成使用两个壶铃的模式。例如，如果训练者用单手持握 106 磅（48 千克）重的壶铃感觉很吃力，可以用两只手分别持握一个 53 磅（24 千克）重的壶铃进行练习，这样虽然减轻了每只手上的重量，但却没有改变总的重量，髋部和腘绳肌仍然可以被激活到相同的水平。同时，由于负荷通过两臂分散到了两侧，平衡起来也更容易。

将所有的体重转移到一条腿上，弯曲另一条腿的膝盖使其抬离地面（见图 7.4a）。髋部后坐并朝着地面的方向从髋部位置向前垂直弯曲躯干，然后用双手分别抓住两个壶铃的把手（见图 7.4b）。通过腘绳肌发力，拉起壶铃，直到支撑腿及躯干完全伸直为止，完成硬拉（见图 7.4c）。确保完成髋部伸展的过程。如果训练者在练习过程中失去了平衡，可以让非支撑腿着地来恢复平衡。

图 7.4 双臂单腿双壶铃硬拉

关键原则

- 躯干从髋部的位置弯曲，而不是从腰部的位置弯曲。

- 保持脊柱居中对齐，稍稍拱起下腰背。

- 由于训练者要用单腿站立，所以自身的平衡能力受到了挑战，因此在运动的过程中，训练者要使全身保持紧张来维持身体结构的完整性和连接性。

- 训练者可以根据所用负荷是否达到了自身的最大值来决定采用自然呼吸法还是反常呼吸法。如果所用负荷没有达到最大值，就用自然呼吸法，即下降时呼气，起立时吸气，到达最高点或最终位置时再呼气。如果所用负荷达到了最大值，就采用反常呼吸法，即下降时吸气，收紧各个部位时屏住呼吸几秒，然后一边起立一边呼气。

- 训练者可以根据想要达到的训练效果来决定弯曲腿部还是伸直腿部。训练者会找到一个适合自身结构的特定弯曲角度。可以从弯曲 20° 开始，然后在这个基础上进行轻微的调整。

常见错误	纠正方法
支撑腿太软	将所有的体重转移到支撑腿上，然后向后收回膝盖，收紧股四头肌
向前弯曲躯干的过程中，重心偏移到了脚掌以外的范围	将壶铃直接放在支撑脚的前方，不要离脚太远
伸髋不完全	运动到顶点的位置时，收紧臀肌，激活支撑腿的伸髋肌群，从而使髋部得到充分的伸展

双壶铃甩摆

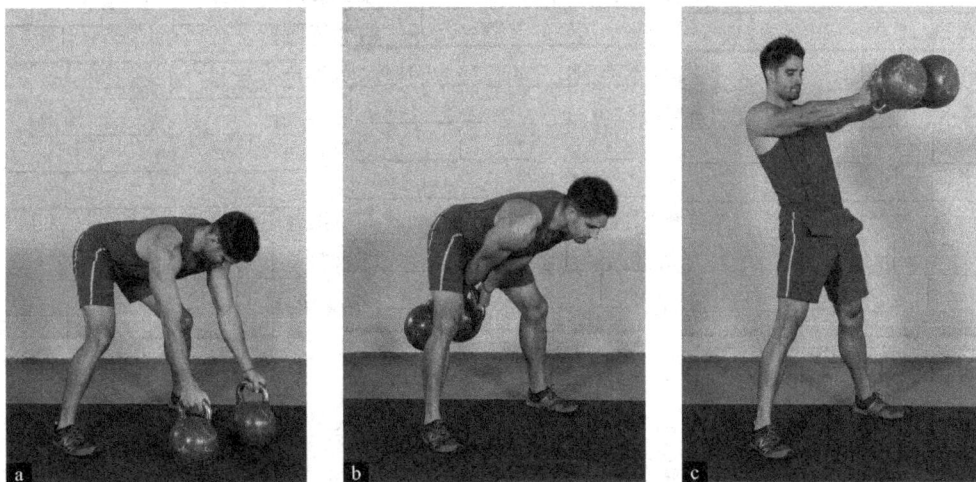

图 7.5 双壶铃甩摆

正如单壶铃甩摆是所有其他单壶铃练习的基础一样，双壶铃甩摆是所有其他双壶铃练习的基础，其所锻炼的技巧和对齐方式确保了训练者能够有效地过渡到更高级的运动模式。

进行这项练习时，在正前方的地板上放置两个等重的壶铃。髋部后坐以增加髋部的负荷，并用双手的手指分别抓住两个壶铃的把手（见图 7.5a）。使壶铃的把手垂直对齐。挺胸并后拉双肩。注意，拇指的位置很重要，要根据训练者的身体结构、技能组合和目标来确定。拇指向前的情况下，动作的节奏更快，肩部的活动度最小（适用于那些在肩部旋转期间感觉到疼痛或不适的人），更加依赖于腿部的驱动，而不是动量。腿部强健、体形较瘦的运动员倾向于选用这种拇指姿势。拇指向后的情况下，活动度更大，动量更多。这是提升抓握耐力及在身体各部位之间移动负荷时的理想选择。体重较轻的运动员倾向于选用这种拇指姿势。拇指相对的情况下（掌心朝后），沿着手、手臂和肩部的应力分布得更加均匀。分别尝试一下这三种拇指姿势，找出最适合自己的一种。与其他技能一样，找到一个适合自身身体结构的运动节奏，并保持这种节奏。在抓握出现疲劳时，尝试着变换一下抓握的姿势，从而延长单组练习的持续时间。

当训练者准备起立时，使上臂与躯干靠在一起，然后在两腿之间甩摆壶铃（见图7.5b）。甩摆到身后的终点时，起立站直，同时伸展脚踝、膝盖、髋部和躯干（见图7.5c）。在一组练习的持续时间内不停地做这种类似钟摆的甩摆动作。训练者在实际的站姿中，双腿之间的距离应该更远一些。具体多远取决于训练者的身体所发挥的杠杆作用的大小及双腿上下部分的长度。关键是让壶铃能够有足够的空间正好从两腿之间通过。距离太远会对杠杆作用的发挥和力量的传递产生不利的影响，使训练者更加难以轻松地活动。不要将膝盖直接伸向前方，要学习一下如何将膝盖伸向两侧来打开髋部。

进行这项练习时，采用自然呼吸法，呼吸周期为1～2个（一个周期是一次呼气加一次吸气）。一种呼吸方式是，在下摆进入后一阶段时呼气，然后在上摆期间吸气。另一种方式是，在下摆进入后一阶段时呼气，然后吸气，之后在壶铃从水平面过渡到垂直平面时呼气，最后一边继续上摆一边吸气。在采用最大负荷（每组的重复次数不超过5次）进行练习时，采用反常呼吸法，原因是采用这种呼吸法时脊柱的稳定性更高。训练者在进入后摆时吸气，然后在过渡到上摆时呼气。

关键原则

- 如第6章所述，甩摆的深蹲技巧适用于低运动量的一般性健身训练。由于涉及的力学技巧十分简单且参与运动的肌群数量很多，因此这种深蹲技巧是使心率快速达到峰值的理想选择。但是，对于每组持续时间超过30秒的练习来说，这种利用了悬挂弹簧机制的动作在运动过程中更加依赖于动量，不仅减少了对下腰背的压力和抓握所需力量，还提升了训练者的运动能力。

- 在后摆和上摆的过程中，要使壶铃靠近重心（髋部）。这种做法更有利于对齐各个部位、控制身体和传递力量。

- 在上摆的过程中，最大限度地强化手臂与躯干之间的联系。

- 上摆到最高点的位置时，从髋部位置向后偏转躯干，来平衡身前的重量，并将这种偏转作为完成髋部伸展的刺激信号。由于双壶铃甩摆所用的负荷更高，因此，与单壶铃甩摆相比，在双壶铃甩摆中进行偏转就更为关键。上摆期间，如果没有充分伸展髋部，就会导致训练者失去平衡，各个部位得不到良好的对齐，从而无法有效地传递力量。

- 在壶铃下落但尚未进入下摆的过程中，保持偏转并设定髋部弯曲的时间点。（保持偏转，直到训练者感觉到肱三头肌碰到胸腔为止。微微弯曲膝盖和脚踝来慢慢吸收向下的力，然后弯曲髋部，进入悬挂弹簧机制发挥作用的阶段。）参考第6章的内容来确定髋部弯曲的角度。

- 在下摆和上摆的过程中，壶铃很可能会撞在一起。但是只要撞击的程度很轻，就不成问题。找到一个适当的轨迹，允许壶铃相互轻轻地摩擦，而不是相互碰撞出叮当声。

常见错误	纠正方法
上摆的过程中，手臂与髋部和躯干之间没有联系	围绕双臂绑一条弹力带，使手臂靠在躯干上
上摆的过程中或在壶铃下落但尚未进入下摆的过程中，未偏转躯干	如果有教练指导或在指导别人，可以用"往后偏"的口头提示来辅助练习。站在距离墙壁或镜子一臂远的地方进行甩摆也有助于纠正练习；如果训练者不向后偏转身体，就会打到前面的墙壁或镜子
下摆的过程中，壶铃与上方的骨盆距离过远	甩摆时，在双腿之间放一个瑜伽砖或类似的物体，或在双腿之间的地板上再放一个壶铃。如果训练者打到了中间的物体或壶铃，就说明壶铃下放得太低了
未收紧肩部，且壶铃的移动轨迹离身体太远	站在距离墙壁或镜子一臂远的地方进行甩摆；如果训练者不向后偏转身体，就会打到前面的墙壁或镜子

双壶铃高翻

　　双壶铃高翻不仅是进行推举、挺举和其他过顶动作练习的一个重要的过渡动作，也是一种非常重要的独立练习。进行双壶铃高翻之前，训练者应该能够形成稳定的架式姿势并掌握了手掌插入的技巧。如果训练者还没有熟练掌握单臂高翻，那么进行双壶铃高翻时会十分困难。双壶铃高翻之所以更具有挑战性，一是因为加重了负荷，二是因为要同步双侧负荷对协调性提出了更高要求。最重要的是，灵活性的下降是进行双壶铃高翻所面临的最大挑战。进行单臂高翻时，即使训练者的上半身不灵活，架式姿势也不熟练，训练者仍然可以坚持完成动作，原因是只压缩了一侧的胸腔，放松的一侧仍然可以轻松地呼吸。但是在训练者使用双壶铃进行练习时，就会大大缩小膈肌和肺部扩张的空间。训练者必须精确地掌握技术动作，才能产生良好的训练效果。

　　双壶铃架式姿势的难度显然比单壶铃架式姿势的难度更高，因此训练者需要确保自己有一个良好的架式姿势的基础。起始姿势为，身体站直，身前放置两个壶铃，以便在训练者垂直弯曲躯干拿壶铃时，髋部已经开始适应负荷。把手应垂直放置。向胸部高翻时，最佳的时机就是在肘部到达髋部的瞬间壶铃也翻到了胸前。形成良好架式姿势的要点如下。

- 膝盖完全伸直。
- 肘部靠在躯干上，垂向髋部。最佳的姿势是双肘放在骨盆的顶部，且上半身的肌肉能够在负荷的情况下保持放松。
- 手掌深深地插入把手，手腕处于放松、居中对齐的状态。把手的两端分别挨着手上的两个位置：一端卡在拇指和食指之间的虎口位置，以一种角度垂向下方；另一端支撑在尺骨上。
- 壶铃位于两侧肩部的内侧，尽可能朝着人体中线的方向，以便整体质心与下方的支撑面垂直对齐。胸部较大的女性很难以人体中线为轴来形成架式姿势，并因此不得不向两侧移动壶铃来使壶铃稳定在身上。切记不要使壶铃向两侧偏离得太远。

　　如上所述，在双壶铃高翻中找到放置壶铃的理想位置比单壶铃高翻的情况更具挑战性。要找到适合自身身体发挥杠杆作用的最佳对齐方式需要时间与练习。标准的对齐方式是将一个把手直接叠放在另一个把手上，即让两个把手变成一个把手。不要采用图 7.6a 所示的并排持握两个壶铃的方式，而应该采用图 7.6b 所示的将一个把手直接叠放在另一个把手上的方式。将位于下方的手的手指勾在位于上方的手的手掌与其所握的把手之间来稳定把手。一旦形成了这种自我收紧的握法，训练者就可以使双手和手臂放松下来，这种姿势会将壶铃稳定在中线上。这种特定的中线对齐方式在持握时需要的能量最少，因此被认为是最佳的姿势。可以在训练中添加静态持握练习来继续深入地掌握架式姿势。开始时，由于肌肉紧张，对齐不到位，训练者可能会发现即使是 30 秒的架式持握都很有挑战性。随着练习次数的增加，训练者将能够在这个姿势下放松下来，原因是此时将由姿势肌肉来支撑壶铃的重量，而较大的、主要的运动肌肉则会在两次动作的空当时间内得到放松和恢复。

　　进行这项练习时，起始动作与双壶铃甩摆中的起始动作相同，从双腿之间向后甩摆壶铃（见图 7.7a）。前摆壶铃的过程中，前臂始终支撑在身体上（见图 7.7b）。在双壶铃高翻中，先进行双壶铃甩摆，双臂始终靠在身体上，当运动到双臂将要离开身体的瞬间，手臂开始垂直移动。想象一下自己正站在烟囱里，被烟囱的墙壁包围，所以只能上下移动壶铃。向前伸展髋部时，踮起脚尖的同时耸一下斜方肌，将壶铃沿着烟囱向上拉起（见图 7.7c）。在壶铃被稳定在胸部之前，松开手指，展开手掌，使手指深深地插入把手（见图 7.7d）。将壶铃放在前胸与手臂之间，形成架式姿势，完成垂直上拉的过程（见图 7.7e）。翻转手掌使手心朝上，一边再次迅速踮起脚尖，一边向后移动肩部，以此来偏转力量，完成动作（见图 7.7f）。肘部始终支撑在身体上。随着壶铃下落，在肘部即将完全伸展之前，抽出双手，用手指抓住壶铃，然后握紧（见图 7.7g）并完成后摆（见图 7.7h）。在整组练习的过程中，不停地进行这种平滑的甩摆运动。

　　在完成后摆与前摆的第一部分后，即在惯性阶段结束时及在开始垂直加速的过程中，踮起脚尖，可以使训练者在动作中获得额外的伸展，并使用到小腿上的高耐

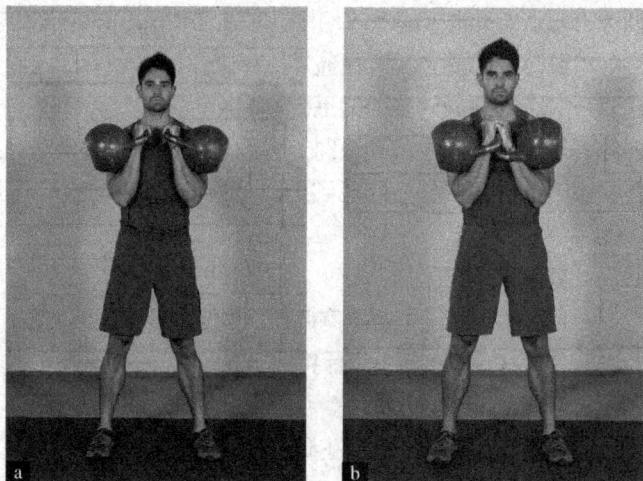

图 7.6　壶铃的持握：a. 不理想的并排姿势；b. 理想的叠放姿势

图7.7 双壶铃高翻

力肌肉组织。通过使用小腿来促进力量的垂直传递，训练者在每次重复动作时将能够坚持更长的时间，消耗更少的能量。在壶铃即将到达胸部位置时，双脚必须恢复到平放于地面的状态。踮起脚尖的过程必须十分迅速，上下的过程要一气呵成。不要踮起脚尖后一直踮着；相反，踮起脚尖后，要立即放下脚跟。这是一个把握时间点的问题，需要通过练习来解决。每次重复双壶铃高翻时，训练者都需要经过两次踮起脚尖然后放回地面的过程——一次是在上升运动开始时，一次是在下降运动开始时。

进行这项练习时，采用自然呼吸法，呼吸周期尽量不少于3个。一种呼吸方式是，从架式姿势的位置开始，一边偏转躯干并下放壶铃以进入下摆阶段一边吸气，当壶铃进入下摆的后一阶段时呼气，在上摆和手掌插入期间吸气，然后在壶铃到达架式姿势的位置时再呼气（2个呼吸周期）。另一种呼吸方式是，从架式姿势的位置开始，一边偏转躯干并下放壶铃以进入下摆阶段一边吸气，当壶铃进入下摆的后一阶段时呼气，吸气，然后在开始插入手掌时呼气，再吸气，之后在壶铃到达架式姿势的位置时再呼气（3个呼吸周期）。训练者可以在处于休息姿势时，多呼吸几个周期来进行适当的恢复和节奏调整。

关键原则

- 当壶铃到达髋部附近时开始插入手掌，同时确保手掌开始插入时的角度为45°。插入手掌要通过两个动作来完成——一个轻微但迅速的抽拉动作和一个紧随其后手掌向前、向上插入壶铃的动作。如果操作正确，壶铃就会像没有重量一般，很容易被控制，而且不会对手腕和前臂造成创伤性的影响。

- 当壶铃被高翻到架式姿势的位置时，务必展开手掌使其微微成爪形，从而避免手指被夹在两个壶铃之间。如果不这样做，可能导致手指骨折或指甲断裂。

- 为了更好地吸收壶铃下落时所产生的力量，训练者可以在壶铃开始下落时踮起脚尖，并在开始后摆之前放下脚跟，以这种方式进一步偏转躯干。通过在壶铃开始下落时踮起脚尖，训练者可以使躯干得到更大的伸展，同时抬高重心，使其更靠近壶铃，从而缩短壶铃和手臂移动的距离。换句话说，因为腿部和躯干承担了更多的运动任务，所以手臂的工作量减少了。

常见错误	纠正方法
壶铃打到了手腕或前臂	这很可能是训练者将手掌插入得太早、太晚或角度不对造成的。反复练习手掌插入，练习时可以想象，在自己面前的垂直平面上有一个梯子，梯子有四个阶梯。采用爪形握法练习手掌插入，逐渐攀爬这个梯子。第一个阶梯在胸部，第二个阶梯在脸部，第三个阶梯稍高于头顶，第四个阶梯接近于手臂向上完全伸直时所达到的最高点。在每一个高度进行练习，即向上高翻，然后松开手指，插入手掌，之后再下放壶铃进入后摆，插入一次后摆一次
架式姿势不正确或难以形成架式姿势	形成双壶铃的架式姿势，保持相应姿势一段时间（持续时间）。此外，针对肩部、脊柱和髋部等关键区域进行第6章中介绍的灵活性和柔韧性方面的练习
在架式姿势中，过于用力地握住把手（挤压式握法）	使手掌微微成爪形，以降低温度（减少摩擦）和抓握部位的疲劳程度
在身前或两侧距离身体特别远的位置进行高翻	面对墙壁或挨着墙壁进行高翻，如果操作不正确就会打到墙壁。如前所述，想象自己站在一个烟囱里面，壶铃只能上下移动，不能向前或横向移动

双壶铃前蹲

图 7.8　双壶铃前蹲

　　由于在双壶铃前蹲中训练者的负荷更重且保持壶铃的对齐更具有挑战性，所以双壶铃前蹲比常规的深蹲更加高级。由于在双壶铃负荷下，胸部和腹部的呼吸受到限制，所以双壶铃前蹲的挑战性显然比单壶铃前蹲更高。进行双壶铃前蹲之前，熟练掌握高脚杯深蹲和单壶铃前蹲是至关重要的。

　　进行这项练习时，采用正常深蹲姿势中的站姿，脚趾指向前方（见图7.8a），如有需要，可以稍稍向外转动一下脚趾，打开较为紧张的髋部，使深蹲能够达到最大深度。一个较好的方法是模拟抓举、高翻和挺举中会用到的同一种站姿，以确保对运动模式的准确练习。髋部后坐并降低重心，直到大腿前侧与地面平行或略低于平行位置为止（见图 7.8b）。身前的负荷会自然地向前拉拽训练者，使其形成一种弯曲的姿势，负荷越重这种情况越明显。髋部后坐，用脚跟撑地，同时用力拱起背部，收紧肩胛骨并挺胸，前臂紧紧靠在身体上，通过这一系列的动作来抵消这一向前的拉力。避免过度地向前弯曲躯干。身体各个部位正确对齐的情况下，身前的壶铃就会充当起平衡物，使训练者能够后坐到用脚跟撑地的程度。在整个运动的过程中，双脚平放在地板上。从最低点的姿势开始，双脚用力蹬住地板，用脚跟发力，使自己站起，并充分伸直双腿（见图 7.8c）。进行这项练习时，可以根据壶铃的重量和运动量来选择使用反常呼吸法或自然呼吸法。

身体较为僵硬的人在快要到达前蹲的最低点时，手臂往往会脱离躯干，最终只用手臂支撑壶铃，而不是把双臂靠在身体上，从整个身体获得支撑。训练者只有通过锻炼出良好的肩背柔韧性，使双臂能够保持靠在身体上，真正地拱起背部和挺起胸部，才能在前蹲中轻松地控制更重的壶铃。加强架式持握和臀桥的练习，来提高肩部和躯干的柔韧性，从而实现手臂与躯干的充分接触。

如果训练者在采用架式姿势持握重型壶铃时存在困难，有一种前蹲变式动作可供训练者选择。与练习传统架式姿势时要把壶铃高翻到胸前不同，练习该变式动作时，训练者可以直接将壶铃高翻到肩部上方（见图 7.9）。在这种情况下，壶铃的重量不在训练者的身前，而是直接压向下方，身体各部位的对齐方式与杠铃后蹲的对齐方式更为相似。这种姿势使训练者能够更多地利用壶铃的杠杆作用，并且负荷压迫的部位不在肺部和膈肌的位置，因此训练者更容易呼吸。这就意味着训练者可以提高练习所用的负荷和增加练习的重复次数，也使得这种蹲法成为一种良好的力量训练形式。

图 7.9　重型壶铃的深蹲姿势

关键原则

- 运用髋部屈肌主动下蹲到最低点。
- 如果要锻炼肌肉力量，应使用较重的壶铃重复较少的次数（例如，练习 5 组，每组重复 5 次）。
- 在最低点的位置，膝盖伸向两侧，臀部位于髋部打开后所形成的空间内，以避免膝关节内扣。

常见错误	纠正方法
重心在脚尖上，而不是在脚跟上	练习箱式深蹲——通过进行后坐到箱子上的练习，来学习髋部后坐的技巧
脊柱向前弯曲的弧度过大	脚趾抵墙站立。目视前方，收紧肩胛骨，将双臂拉到身后。在不调整头部姿势的情况下，髋部后坐，成深蹲姿势，然后起立站直。由于墙壁会阻止训练者向前移动，所以训练者不得不学会后坐并使脊柱成弓形。开始时，可能需要在脚趾与墙壁之间留一定距离。随着能力的提升，训练者可以缩短脚趾与墙壁之间的距离
因髋部屈肌不灵活而无法形成完整的深蹲	双腿伸直平躺在地板上，双手手心朝下平放在地板上，双脚脚趾朝自身的方向弯曲，形成背屈姿势。两只脚脚背的顶端被同伴用两只手分别抓住时，训练者要迎着同伴的阻力，朝着胸部的位置拉动膝盖。然后让同伴放开双脚，伸直双腿。这个练习能够帮助训练者学会使用髋部屈肌把自己拉到深蹲的最低点
壶铃从架式姿势的位置掉下来	进行深蹲时，在下蹲的过程中，使髋部与躯干之间尽可能保持垂直对齐
向深蹲的最低点移动的过程中，抬起脚跟，将过多的负荷转移到了膝盖上	为了纠正这种情况，在脚跟下面插入一块2～4英寸（5～10厘米）高的负重板或负重块。最终训练者能够在不使用任何增高物的情况下进行深蹲。热身时和在两组深蹲练习之间可以进行踝关节灵活性练习。在一个伸展型的弓步姿势中，一条腿跪在垫子上，另一条腿踩在这条腿前方的地板上，双脚都指向前方；双手与肩同宽，手心朝下平放在前脚正前方的地板上。将体重转移到双手上并抬起后腿的膝盖，使后脚的脚踝正面着地，牢牢地压在地板上，同时使这只脚的脚趾向外伸展。把鞋带压在地板上，拉伸脚踝、脚和小腿的正面。然后用双手与前脚用力推地，使身体被推到后方，迫使后脚的脚跟落到地板上。交替进行鞋带在下和脚跟在下的动作。

单臂下蹲挺举

图7.10 单臂下蹲挺举

下蹲挺举是一种全身性的运动，需要高度的协调性、对时间点的良好把握和在较小的运动范围内产生最大爆发力三方面的能力。要正确地进行下蹲挺举，需要具备多种运动素质，因此下蹲挺举被认为是所有壶铃摆举动作中技术性最强的动作。单臂下蹲挺举（还有我们将在下一章中学习的双臂下蹲挺举）是一种高价值的练习，这不仅因为下蹲挺举在运动表现训练中所表现出来的优势，还因为下蹲挺举中涉及了很多壶铃运动关键原则的实践。每重复一次下蹲挺举，训练者都要练习一次架式姿势和锁定姿势，从而巩固了对于高翻和抓举等其他经典动作的表现至关重要的基础。此外，上半身和下半身之间还需要具备整体的协调性才能锻炼出有力、迅速、流畅的下蹲挺举。挺举由以下五个主要的动作组成。

1. 半蹲（第一次下移）——保持肘部与躯干之间、脚跟与地面之间的联系，使力量最大限度地从下半身传递到上半身和双臂。

2. 回弹（发射）——在这一过程中，最大限度地伸展脚踝、膝盖、髋部和躯干。

3. 不完全深蹲——锁定手臂时，通过向下移动形成一种蹲姿来完成，而不是通过向上实力推举来完成。不完全深蹲的深度要根据个人的身体结构和体能状况来确定。

4. 固定（起立锁定）——固定包含两个部分：首先是起立，形成过顶姿势，然后是绕转膝盖，使髋部在不完全深蹲的位置保持不动，仅通过向后绕转膝盖来锁定姿势。最终的锁定姿势的固定包括充分伸展肘部、使手臂尽量靠近人体中线、向外旋转肩部（肱三头肌朝前，拇指以一定角度指向后方）并打开胸腔。

5. 下放壶铃，形成架式姿势——改变肱三头肌的方向，以一种平滑可控的方式将壶铃下放到架式姿势的位置。通过跷起脚尖并朝着壶铃的方向挺胸来吸收壶铃下落时产生的力量。当肘部开始靠向躯干以形成架式姿势时，放下脚跟并向前弯曲胸椎来安全地分散壶铃的重量。

进行这项练习时，将壶铃放在地板上，抓住壶铃的把手，然后增加髋部的负荷，形成起始姿势（见图7.10a）。将壶铃高翻至胸前，形成稳定的架式姿势，与此同时伸直双腿，伸展髋部，肘部放在骨盆的位置，手掌充分插入壶铃的把手，壶铃与下方的脚掌垂直对齐（见图7.10b）。从架式姿势的位置开始，挺举之前先深吸气。然后，一边呼气一边快速弯曲膝盖，形成半蹲姿势（第一次下移）（见图7.10c）。脚跟保持平放在地板上，向前挺起髋部和膝盖。第一次下移时，髋部不要向后坐，因为这会使手臂与壶铃脱离身体。由于壶铃在训练者的身前，所以训练者必须向前移动髋部和膝盖，来保持髋部和膝盖与壶铃垂直对齐。

快速地半蹲后，立即伸直双腿，跷起脚尖，最大限度地向上推动身体，同时最大限度地挺胸和伸展躯干，向后偏转头部（见图7.10d）。运动的这个阶段被称为"回弹"或"发射"，是下蹲挺举的主要组成部分。就在回弹完成的瞬间，即脚踝、膝盖、髋部和躯干都得到了最大限度的伸展之后，从半蹲到回弹所产生的动量将直接垂直地发射壶铃。此时，肘部与躯干脱离，训练者需要将脚跟迅速地压回地面，以配合髋部后坐的动作（见图7.10e）。运动的这个阶段被称为"不完全深蹲"或"第二次下移"。就在脚跟回到地面的一瞬间，完全伸直手臂并锁定肘部（二者缺一不可）。现在手臂被完全锁定，处于稳定的状态。不完全深蹲完成之后，用力收回膝盖，使双腿完全伸展。在这个阶段中，手臂保持锁定状态，只有腿部进行了运动。现在，训练者的整个身体被完全锁定——肘部和膝盖全部伸直。

完成向上运动的过程被称为"固定"，这就意味着没有任何运动且训练者完全控制住了身体和负荷。最佳的对齐方式是肱二头肌直接贴着耳朵，这不是通过移动头部使头部靠到手臂上实现的，而是通过将手臂靠在头部的旁边实现的，此时头部仍然处于居中的位置（见图7.10f）。根据训练者的身体结构及上背部与肩部的柔韧程度，手臂可以与头部前后稍稍错开一点距离。柔韧性非常好的人可能会将手臂向后稍稍错开一点，而柔韧性较差的人则可能会将手臂向前稍稍错开一点。最终，训练者必须找到感觉最为舒适，且能够使其在锁定姿势下放松下来的矢状面位置。

最后一个阶段是下放壶铃，即将壶铃放回胸部的过程。从固定的位置开始，放松手臂，使壶铃以平滑的方式下落至胸部，肘部回到骨盆的位置。在开始下放壶铃时踮起脚尖，这有助于缩短手臂到达髋部之前手臂与壶铃要移动的距离（见图7.10g）。一旦手臂接触到了身体，就可以将双脚放回地面，完成动作。现在，训练者就回到了架式姿势，这也是进入下一次动作的起始姿势（见图7.10h）。在开始下放壶铃时踮起脚尖不是强制性的要求。级别较重的举重运动员或所用壶铃较轻的训练者，可能更喜欢在整个下放壶铃的过程中使双脚保持放平的姿势；但是，对于级别较轻的举重运动员或所用壶铃较重的训练者来说，踮起脚尖会有助于缓解壶铃下落时所产生的冲击。

进行这项练习时，采用自然呼吸法，呼吸周期不少于4个。第一次下移之前先吸气，然后在半蹲期间呼气，之后在回弹的过程中吸气，在形成不完全深蹲的过程中呼气，然后锁定。在壶铃到达顶点的位置时单独呼吸1个周期，然后在开始下放壶铃时吸气，当肘部开始靠向躯干以形成架式姿势时再呼气。如果采用的不完全深蹲较深，在不完全深蹲完成后，进行固定之前，单独呼吸1个周期（即进行了较深的不完全深蹲的情况下共呼吸5个周期；而进行了浅且快速的不完全深蹲的情况下共呼吸4个周期）。

关键原则

- 半蹲、回弹和不完全深蹲这三个阶段都必须以最快的速度进行。
- 进行有效下蹲挺举的关键是腿部具有良好的爆发力；要想提升下蹲挺举的力量与耐力，就要提升腿部的力量与耐力。
- 在完成回弹阶段的整个过程中，使手臂保持靠在身体上。
- 对时间点的把握是关键；在不完全深蹲的过程中，将脚跟着地的瞬间视为肘部应该完全伸展的时间点。

常见错误	纠正方法
下蹲到半蹲姿势的过程中，肘部与髋部之间及脚跟与地面之间失去了联系	在不进行下蹲挺举的情况下练习半蹲，把注意力集中在使手臂保持靠在身体上
形成半蹲姿势的下降过程中，速度太慢	把注意力集中于形成半蹲姿势的下降过程，注意激活拉伸反射，提升回弹的力量
从不完全深蹲到锁定过渡得太慢	采用锁定深蹲，单独练习快速从不完全深蹲上升到锁定。参考第8章中的双壶铃过顶深蹲，来了解该练习的详细情况

单臂完整挺举

图 7.11 单臂完整挺举

　　单臂完整挺举着实是一种全身性的体能练习。由于这种练习将拉、推和深蹲融合在了一个动作之中，能够同时作用于多块肌肉，因此只进行这一种练习，训练者就可以将身体素质锻炼到一个相当高的水平。这里，我们将高翻的拉的动作和挺举的推的动作结合成了一个动作。在壶铃体育运动中，以较多的重复次数进行完整挺举练习时，具有周期性，因此这种练习被称为"长周期项目"。像下蹲挺举一样，用双壶铃进行这种长周期项目的练习之前，最好先熟悉单臂的版本。在第8章中将介绍双壶铃版本的长周期项目。长周期项目指完整挺举，这两个词在描述壶铃练习时可以互换。

　　进行这项练习时，从单手拿起被放在地板上的壶铃的姿势开始（见图7.11a），然后把壶铃高翻到架式姿势的位置（见图7.11b），之后再用同一只手臂过顶挺举（见图7.11c）。下放壶铃，回到架式姿势的位置（见图7.11d），然后继续下放壶铃，进行后摆（见图7.11e）。对于高翻部分的握法，训练者可以根据自己的喜好采用拇指向前、拇指向后或拇指居中的握法。

　　进行这项练习时，采用自然呼吸法，呼吸周期不少于8个。从架式姿势的位置开始，一边偏转躯干并下放壶铃以进入下摆阶段一边吸气，当壶铃进入下摆的后一阶段时呼气，前摆的过程中吸气，前摆结束时呼气，手掌插入时吸气，然后在壶铃到达架式姿势的位置时再呼气。这相当于高翻部分的3个呼吸周期。从架式姿势的位置开始，第一次下移之前先吸气，然后在半蹲期间呼气，之后在回弹的过程中吸气，在形成不完全深蹲的过程中呼气，然后锁定。在不完全深蹲完成后，进行固定之前，及在顶点的位置时，分别单独呼吸1个周期，然后在开始下放壶铃时吸气，当肘部开始靠向躯干以形成架式姿势时再呼气。这相当于下蹲挺举部分的5个呼吸周期。每重复一次完整挺举，就要呼吸共计8个周期。

　　完整挺举在练习上，是作为一个动作来练习还是作为两个动作来练习，没有什么技术上的差别，只是时间点的把握问题。从挺举中的固定位置下放壶铃，在下摆之前，不要在架式姿势的位置停顿。相反，下放壶铃到架式姿势的瞬间，应立即利用同一惯性使壶铃继续下落，进入后摆，然后再将壶铃高翻到胸前。这个过程与能量守恒定律有关，也涉及牛顿的第一定律，即运动中的物体在没有外力迫使它改变运动状态的情况下会继续运动。参与长周期项目竞赛的壶铃体育运动员会发现，将长周期项目作为一个动作来练习时消耗的能量比将它作为两个动作来练习时消耗的能量稍少。一旦将壶铃再次高翻到胸前，训练者就可以需要休息多久就休息多久。

关键原则

- 完整挺举是一种有节奏的运动，所以从一个动作到下一个动作的过程应平滑均匀。
- 连续呼吸，以便保持稳定呼吸和心率；切勿屏住呼吸。
- 开始下放壶铃时，向后偏转躯干，以便减小壶铃在进入下摆前从胸部下落的运动轨迹的弧度。

常见错误	纠正方法
壶铃打到了手腕或前臂	这很可能是训练者将手掌插入得太早、太晚或角度不对造成的。反复练习手掌插入，练习时可以想象一下，在自己面前的垂直平面上有一个梯子，梯子有四个阶梯。采用爪形握法练习手掌插入，逐渐攀爬这个梯子。第一个阶梯在胸部，第二个阶梯在脸部，第三个阶梯稍高于头顶，第四个阶梯接近于手臂向上完全伸直时所达到的最高点。在每一个高度进行练习，即向上高翻，然后松开手指，插入手掌，之后再下放壶铃进入后摆，插入一次后摆一次
在架式姿势中，伸展髋部的柔韧性不足	练习第6章中介绍的柔韧性和灵活性练习或本章后面的架式持握
下蹲到半蹲姿势的过程中，肘部与髋部之间及脚跟与地面之间失去了联系	在不进行挺举的情况下练习半蹲，把注意力集中于使手臂保持靠在身体上
形成半蹲姿势的下降过程，速度太慢	把注意力集中于形成半蹲姿势的下降过程，注意激活拉伸反射，提升回弹的力量
从不完全深蹲到锁定过渡得太慢	采用锁定深蹲，单独练习快速从不完全深蹲上升到锁定的过程。参考第8章中的双壶铃过顶深蹲，来了解该练习的详细情况

壶铃跳跃式深蹲

图 7.12　壶铃跳跃式深蹲

图 7.12 壶铃跳跃式深蹲（续）

　　壶铃跳跃式深蹲，顾名思义，是一种涉及跳跃的壶铃深蹲，跳跃时通过强有力地伸展脚踝、膝盖和髋部来提供动力。跳跃式深蹲是训练者能够进行的最耗费体力的无氧练习之一。许多不同运动领域的运动员使用这种练习来锻炼腿部肌肉的爆发力和快速收缩能力。壶铃运动员们则用这种练习来锻炼力量、爆发力和耐力。由于跳跃和深蹲这两种运动具有相同的模式，因此这种练习被大量用于训练、巩固和调节壶铃下蹲挺举的模式。几乎所有的运动员都认为，双腿是最先要锻炼的部位，在壶铃运动中也不例外。腿能走多远，人才能走多远。没有比在壶铃下蹲挺举中更适合使用这句话的情形了。因此，壶铃跳跃式深蹲是一名壶铃运动员能够进行的最重要的决定性练习之一。

　　进行这项练习时，抓住一个壶铃把手的两个角（见图 7.12a），将壶铃放在身后，操作方法就像我们在第 6 章中讲过的绕顶旋转练习的前半部分一样（见图 7.12b）。将壶铃放在身后上背部的位置，收紧肩胛骨，使斜方肌的肌肉形成一个架子，可以让壶铃稳定在上背部的肌肉上（见图 7.12c）。下蹲，一直蹲到深蹲的最大深度为止（见图 7.12d），然后迅速跳起，使双脚离地，跳得越高越好（见图 7.12e）。着地时，用脚趾与脚掌轻轻地吸收着地产生的力量，并立即再次下蹲，形成深蹲姿势。每一次重复动作时，上下运动的范围都要达到最大值，并且要以最快的速度完成。换句话说，动作要快，但是不要缩小动作的范围！

　　进行这项练习时，训练者可以根据壶铃的重量和运动量选择使用反常呼吸法或自然呼吸法。由于这种运动的速度很快，因此将采用一个呼吸周期。

关键原则

• 要采用正确的爆发顺序——伸髋，伸膝，然后伸脚踝。
• 由于这种运动是动态的和爆发式的，在整个练习的过程中，使关节保持正确对齐是至关重要的。由于多种力量涉及其中，因此，如果着地时操作不当，可能导致下半身的关节和肌肉被拉伤或扭伤。

- 在着地和下蹲到深蹲姿势的过程中，要采用正确的技巧并稍稍放慢速度，以便控制身体和保证安全。

常见错误	纠正方法
跳起后，在下落着地的过程中失去了平衡	这种情况会影响后续动作的受力平衡和安全性。为了避免这种情况的发生，着地时，要使躯干、髋部、膝盖和双脚保持适当的垂直对齐，以便在下一次跳跃之前形成最佳的姿势并调整好位置。不要前后倾斜
壶铃弹到或打到了颈部	双手紧紧握住壶铃把手的两侧（两个角），收紧上背部的肌肉，形成一个可以安放壶铃的架子，从而避免壶铃与脊柱的直接接触

负重行走

图 7.13 负重行走

　　负重行走是一种全身性的调节练习，没有什么比这项练习更能体现出体力劳动的艰辛，也没有比通过这种练习来测试人们内心的坚韧程度和忍受不适的能力更好的方法了。尽管从运动模式的角度来看，这种练习可能是最缺乏技术性的运动，但是就锻炼抓握耐力和核心稳定性及提高颈椎和胸椎的柔韧性而言，这种练习却具有深远的意义。这种运动的概念非常简单——拿起某样重物，保持不动，坚持的时间越长越好，或者拿着重物行走，走得越远越好，直到再也拿不住了，重物从手中掉落为止。单手或双手练习均可。如果壶铃的把手较粗，那么这种练习会更加具有挑战性。通常这种练习结束时，你不会想着再加一组大重量的重复练习。

　　进行这项练习时,将两个壶铃分开放置,壶铃之间留有与肩同宽的距离,下蹲并拿起壶铃(见图 7.13a)。握法与甩摆、高翻和抓举中所用的方法相同,即用拇指进行锁定的手指握法,用硬拉的方式拿起壶铃,放在身体的两侧,坚持一段时间或坚持到力量用尽为止(见图 7.13b)。正常地、连续地呼吸,呼气和吸气保持均匀。如果壶铃掉落时会损坏训练者所在训练场地的地板,那么要在双手快要拿不住时放下壶铃。其他情况下,可以一直拿到壶铃掉落为止。

　　在负重行走中要发挥出最大力量,这无疑会让训练者的抓握部位饱受煎熬,这也是负重行走常被当作一种结束练习的原因。在发挥出最大或接近最大的力量的情况下,前臂肌肉要进行剧烈地收缩,因此一种较好的做法是在这种练习结束后,花几分钟时间拉伸一下前臂和手指,来帮助训练者的抓握部位更快地恢复。介绍一种比较受欢迎的拉伸方法,在练习了一组比较有挑战性的负重行走之后,可以用这种方法来拉伸深层的前臂屈肌。在地板上铺一个垫子,然后跪在垫子上。伸直手臂,尽可能地张开手指,并让双手小指的内侧挨在一起(见图 7.14a)。翻转双手,使双手手掌平放在地板上,小指向后直接指向自身的方向(见图 7.14b)。如果训练者的前臂比较僵硬,可能会立即感受到这种拉伸。呼吸并放松 30 ~ 60 秒。在保证手掌平放在地板上的前提下,朝着远离双手的方向推开身体的同时降低自身的重心,以此进行深入的拉伸(见图 7.14c)。看一下自己可以拉伸到什么程度。完成之后,抖动双手,放松一下肌肉。

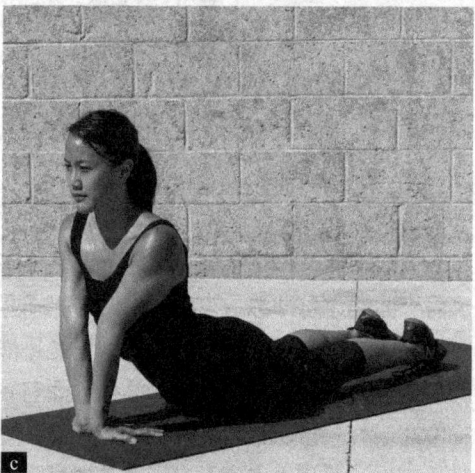

图 7.14　前臂与手指的拉伸

关键原则

- 在整个练习的过程中，身体各部位要保持正确的对齐。其间训练者要驾驭更重的壶铃，所以如果训练者因壶铃的重量没有保持直立的姿势，可能会使上背部和颈部的肌肉及斜方肌拉伤。
- 抓握要既牢固又放松；过度用力地握住把手会使前臂更快地疲劳。
- 在整个过程中保持精神放松；稳定的呼吸有助于训练者在练习的过程中保持冷静。

常见错误	纠正方法
身体各部位未能保持正确的对齐，尤其是在颈椎（发生弯曲）、腰椎和骨盆（发生倾斜）的位置	在练习的整个过程中，目视前方，微微抬头。头部和眼睛的动作与整体动作的正确与否密切相关。此外，要使髋部保持在水平位置，受力均匀，垂直于训练者的正前方，腹部和髋部的肌肉要保持稳定。切勿因壶铃的重量而使身体发生倾斜或扭转
掌心过于用力地握住把手	采用锁定手指的握法，使每只手的拇指放在食指和中指上面
弯腰放壶铃	每组练习完成后，通过弯曲双腿来把壶铃放到地板上

架式持握与过顶持握

架式持握和过顶持握属于静态持握或等长持握，用于锻炼训练者在这两种重要的姿势下的结构完整性、柔韧性和调节能力。除了调节的功效，静态持握还有助于训练者学会正确地调整姿势，让构成相应姿势的肌肉结构支撑壶铃的重量，而不是会迅速疲劳，从而学会在相应的姿势下进行放松。

架式持握。进行这项练习时，将壶铃放在地板上，然后将其高翻到架式姿势的位置并保持不动（见图7.15）。用架式姿势持握壶铃的同时，双腿保持伸直，膝盖完全伸展。手臂保持靠在躯干上，肘部保持指向下方或放在骨盆的顶部。训练者的双手完全插入壶铃的把手。正确的架式姿势要求壶铃与髋部垂直对齐，髋部又与站立的位置垂直对齐。

图7.15　架式持握

过顶持握。进行这项练习时,将壶铃放在地板上,然后将其高翻到架式姿势的位置,之后再将壶铃挺举到过顶锁定的位置并保持不动(见图7.16)。训练者的双手完全插入壶铃的把手。双臂伸过头顶,肘部完全展开,肱二头肌贴着耳朵。正确的过顶持握要求壶铃与双肩垂直对齐,双肩与髋部垂直对齐,髋部又与站立的位置垂直对齐。

图7.16 过顶持握

关键原则

- 训练者要学习如何以最佳的方式放松运动肌肉,除了静态地保持这两种姿势外,还可以在行进间保持这两种姿势。训练者可以在架式姿势和锁定姿势之间来回切换,切换之前,每个姿势保持几秒。
- 由于在负荷更重的情况下,训练者更容易将肘部垂在髋部,因此采用更重的壶铃来练习架式持握,提高柔韧性和加强调节功能的效果更佳。
- 在过顶持握期间,必须确保肱三头肌朝向前方,而不是朝向两侧(并且拇指要朝向后方),原因是,对肩部来说,这种姿势在结构上更稳定。如果肱三头肌不朝前,那么在训练者未能锁定肘部的情况下,壶铃可能会落在训练者的头顶,造成严重的损伤。

常见错误	纠正方法
在架式持握中,肘部逐渐远离人体中线	悬挂在一根单杠上,逐渐延长悬挂的时间,以此提高肩部和背部的柔韧性,从而使肘部能够放松下来,达到理想的对齐效果
在架式持握中,向一侧倾斜	这种情况会使其中一只手臂过度疲劳,并且由于重新调整姿势既延长了时间又增加了运动量,因此会对节奏产生不利影响。为了避免这种情况的发生,需要提高身体的柔韧性,并在练习架式持握时,使负荷均匀地分布在两侧
在过顶持握中,手臂脱离了垂直对齐的位置,倾斜到了前方	这种情况会使双肩过度疲劳。为了避免这种情况的发生,需要提高肩部和脊柱的柔韧性,以便能够达到正确的对齐效果和控制运动的范围。参考第6章中的柔韧性练习

俯卧划船

图 7.17　俯卧划船

俯卧划船是一种独特的力量练习，这种练习将前侧核心肌肉的稳定性和灵活性结合在水平方向的拉提运动之中。大多数壶铃练习中涉及的都是垂直的摆举动作，强调的是对爆发力锻炼至关重要的后链肌群（臀部肌肉、腘绳肌、背部肌肉）。然而，要全面锻炼体能，还需要训练身体的前侧肌肉来平衡后侧肌肉的主导作用。在运动中保持稳定和在保证稳定的情况下具有灵活性的能力被称为"动态稳定性"，俯卧划船就是锻炼这种控制能力的最佳练习之一。这种练习锻炼了防止腰椎伸展和保证下腰背稳定性所需的前侧核心的力量。俯卧划船将平板支撑的元素与水平划船结合在了一起，既有冠状面的稳定性练习，又有矢状面的灵活性练习。

进行这项练习时，将两个较重的壶铃放在地板上，壶铃之间留有与肩同宽的距离（见图7.17a）。较重的壶铃在支撑身体时不会发生侧翻或滚动，因此需要选用较重的壶铃，使用的壶铃不能低于35磅（16千克），最好重于这个重量。两只手分别抓住两个壶铃的把手并握紧（见图7.17b）。让身体保持平板支撑的姿势，类似于俯卧撑中的顶点姿势，脊柱保持平直的状态，用脚趾与脚掌来平衡身体，不要弯曲或塌陷髋部（见图7.17c），此时训练者的体重均匀地分布于手脚之间。然后将体重转移到其中一只手上，确保支撑身体的这只手通过壶铃紧紧地按向下方，以便保证这只手的稳定性。另一只手向上拉起壶铃，直到手碰到胸腔为止（见图7.17d）。慢慢放下壶铃，随后将体重转移到这一侧，用另一侧重复划船的动作（拉提）。来回重复，每侧上下运动一次。将壶铃拉到髋部和腰部位置的过程中吸气，然后在下放壶铃的过程中呼气。

关键原则
- 要同时注意稳定身体的手臂和拉动壶铃的手臂。
- 收缩背阔肌，使两臂肩部的关节头和关节窝相互锁定。
- 将壶铃拉到胸腔或腹部的位置，并注意朝着脊柱中心的方向向上拉动肘部。

常见错误	纠正方法
拉动壶铃的过程中，躯干发生了扭转	通过收紧腹部肌肉和稳定髋部，防止髋部在划船运动的过程中发生扭转
拉动壶铃时用的主要是肱二头肌，而不是背部肌肉	保持打开胸腔，并注意朝向肋骨的方向拉动肘部
髋部下垂	激活核心肌肉，以确保身体从头到脚沿着一条直线正确地对齐
支撑身体的手臂发生了弯曲	这会降低身体的控制能力，导致杠杆作用和力量的丢失。为了避免这种情况的发生，要注意使支撑身体的手臂保持锁定

风车

风车是一种以同时锻炼核心力量和髋部两侧为目标的练习，这种练习在锻炼髋部的同时能够提升过顶姿势中的稳定性和力量，也是一种提高整体柔韧性的绝佳方法。风车与瑜伽中的三角姿势类似，只是在过顶姿势中增加了对肩部的动态稳定控制。如果不按顺序学习，这种运动看上去可能会十分复杂，因此建议分阶段练习这个动作，正如大家将会看到的一样，本文也是如此介绍这一练习的。

风车有两种常见的起始站姿：一种是让双脚的脚趾以一种角度同时指向一侧，一种是让双脚的脚趾同时指向前方。

脚趾成一定角度的风车站姿。起始姿势为双脚分开，与肩同宽，脚趾指向前方（见图 7.18a）。以脚跟为轴向左旋转大约 45°（见图 7.18b）。旋转完成后，左脚为前脚，右脚为后脚。

图 7.18　脚趾成一定角度的风车站姿

脚趾指向前方的风车站姿。起始姿势为双脚分开，与肩同宽，脚趾指向前方（见图 7.19）。由于训练者形成了一种横向的站姿，所以将不得不通过支撑基础的中心来直接平衡负荷。进行风车运动时，训练者的身体自然会发生程度更大的旋转，来补偿髋部在脚趾指向前方的位置的角度减小。

图 7.19　脚趾指向前方的风车站姿

第1阶段：风车准备。双手分别握住一条绳索、弹力带或一根棍子的两端，采用脚趾指向前方的站姿，双手一高一低，绳索、弹力带或棍子位于背后（见图7.20a 使用绳索的情况）。打开并向上挺起胸部，同时向身体的一侧挺起髋部并用下方的手掌向下拉（见图7.20b）。将髋部拉回到起始位置，同时用上方的手掌向上拉，使手上升到顶点的位置（见图7.20c）。训练者应该可以感觉到，使用了绳索、棍子或弹力带之后，不仅打开了胸部，还通过向后收紧肩胛骨使其得到了稳定。在整个运动范围内，保持这种拉伸和稳定的感觉。这就是训练者要寻找的控制力，训练者在添加负荷进行练习时，必须具备这种相同水平的控制力。这就是风车运动——添加了负荷后，动作的位置也不会发生改变。训练者必须首先通过这种练习来学习对齐方式，然后再循序渐进地增加负荷来练习。

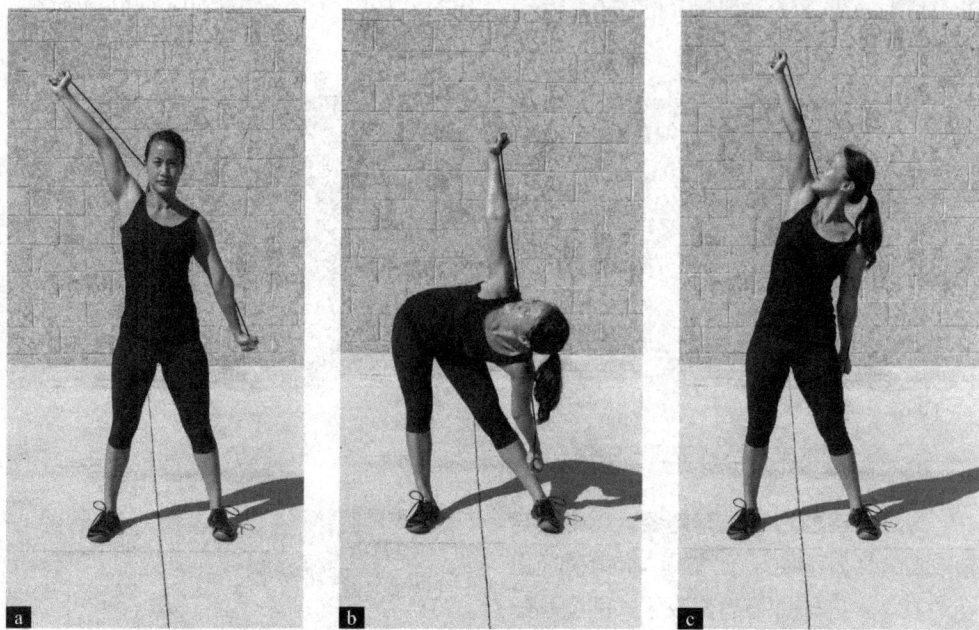

图7.20　风车准备

第2阶段：低位风车。练习低位风车时，训练者可以采用脚趾成一定角度的站姿，也可以采用脚趾指向前方的站姿（这里我们将采用脚趾成一定角度的站姿）。在训练者双脚之间的地板上放置一个壶铃。将右臂举过头顶，让肱二头肌贴着耳朵，翻转左手，使左手手心朝前，左手手背靠在左侧大腿的内侧（见图7.21a）。将重心最大限度地转移到后（右）腿上，同时向右挺起右侧髋部（见图7.21b）。在整个风车运动的过程中，训练者的重心将最大限度地集中在后腿上。在运动的任何环节中，都不要将重心转移到前腿上。现在抬头看向抬高的一只手，一边抬头向上看，一边朝着抬高的手扭转上半身，在这个过程中应感觉到胸部在朝着天花板的方向向上挺起（见图7.21c）。至此，训练者完成了上半身的准备工作。双眼继续看向抬高的一只手，一边向下移动上半身，一边沿着大腿的内侧下滑下方的另一只手，即掌心朝前、靠在大腿内侧的手，直到这只手够到壶铃的把手为止（见图7.21d）。抓住壶铃，并通过垂直伸展躯干来拉起壶铃（见图7.21e）。在各部位受控的前提下向下移动躯干，完成规定的重复次数。虽然这是一种低位风车，但是仍然要使胸部保持向上挺起，双眼看向向上举起的手。

图7.21　低位风车

　　第3阶段：高位风车。 在高位风车中，要增加一个稳定肩部的部分。胸部必须保持打开和挺起，才能收紧肩部，这就意味着要维持一种姿势——在这种姿势下，手臂牢牢地伸入肩部的关节窝，与躯干紧密相连，向内收紧肩胛骨，充分运用背阔肌，从而在上半身形成一个稳定的平台。一旦以这种方式稳定了肩部，那么只需要用髋关节来作为运动的支点。通过过顶摆举动作，我们已经了解了锁定姿势和稳定肩部的重要性。在高位风车中，这两点也同样适用。

　　同样，练习高位风车时，训练者可以采用脚趾成一定角度的站姿，也可以采用脚趾指向前方的站姿（这里我们将采用脚趾成一定角度的站姿）。双脚分开，与肩同宽，脚趾指向前方，用右手手臂将一个壶铃高翻至胸前（见图7.22a），然后以双脚脚跟为轴向左旋转大约45°（见图7.22b）。旋转完成后，左脚为前脚，右脚为后脚。将右臂举过头顶，让肱二头肌贴着耳朵，翻转左手，使左手手心朝前，左手手背靠在左侧大腿的内侧（见图7.22c）。将重心最大限度地转移到后（右）腿上，同时向右挺起右侧髋部。在整个风车运动的过程中，训练者的重心将最大限度地集中在后腿上。在运动的任何环节中，都不要将重心转移到前腿上。接着，抬头看向抬高的一只手，一边抬头向上看，一边朝着抬高的手扭转上半身，扭转的过程中应感觉到胸部在朝着天花板的方向向上挺起（见图7.22d）。向下移动时，向身体的一侧挺起（右侧）髋部；起立时，再将髋部拉回到起始位置（见图7.22e）。

图7.22　高位风车

第4阶段：双壶铃风车。双壶铃风车是一种提高训练者核心肌肉训练负荷的方法，即在单个壶铃过重而无法在过顶姿势中轻松地进行控制的情况下，要提高训练者核心肌肉的训练负荷，可以采用双壶铃风车。由于造成局限性的是肩部，而不是核心，所以会存在一个临界点，达到这个临界点时，练习高位风车的风险要远远超过其所带来的好处。如果训练者喜欢进行负荷较重的风车练习时的感觉，那么将较重的负荷分散到两只手上来进行练习要安全得多。这种做法的缺点是，虽然可以增加所用壶铃的重量，但是由于下方的壶铃会限制下方手掌的运动范围，所以训练者的运动范围会被缩小。

练习双壶铃风车时，训练者可以采用脚趾成一定角度的站姿，也可以采用脚趾指向前方的站姿（这里我们将采用脚趾成一定角度的站姿）。用右侧手臂将一个壶铃高翻至胸前，形成架式姿势。第二个壶铃被摆放在地板上。起始姿势为双脚分开，与肩同宽，脚趾指向前方（见图7.23a），然后以双脚脚跟为轴向左旋转大约45°（见图7.23b）。旋转完成后，左脚为前脚，右脚为后脚。将右臂举过头顶，让肱二头肌贴着耳朵，翻转左手，使左手手心朝前，左手手背靠在左侧大腿的内侧（见图7.23c）。将重心最大限度地转移到后（右）腿上，同时向右挺起右侧髋部。在整个风车运动的过程中，训练者的重心将最大限度地集中在后腿上。在运动的任何环节中，都不要将重心转移到前腿上。接着抬头看向抬高的一只手，一边抬头向上看，一边朝着抬高的手扭转上半身，扭转的过程中应感觉到胸部在朝着天花板的方向向上挺起（见图7.23d）。

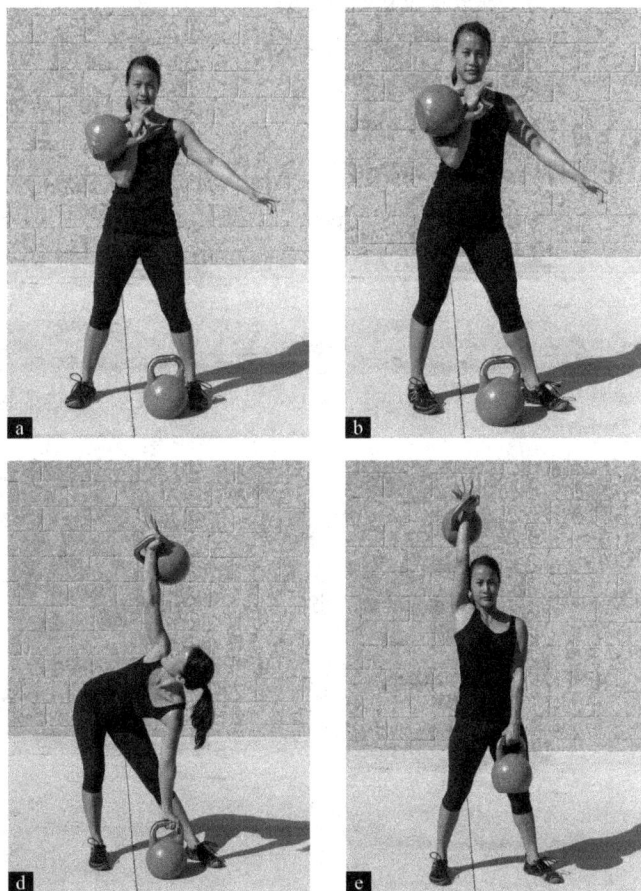

图7.23 双壶铃风车

向身体的一侧挺起（右侧）髋部，一边向下移动上半身，一边沿着左侧大腿的内侧下滑左手，直到这只手的手指够到地面上的壶铃的把手为止。用左手抓住把手，然后用髋部将身体拉回到站直的姿势（见图7.23e）。重复进行横向弯曲、站直的动作，即双壶铃风车，完成规定的重复次数，之后换另一侧重复动作。

　　第5阶段：拓展风车。有些天生关节活动度良好或经过多年训练的训练者可能已经具备了极佳的柔韧性，所以从柔韧性的角度来看，风车对这类训练者来说完全没有挑战性。或者，对有些训练者来说，高位风车确实具有挑战性，但是在双壶铃风车中，训练者的运动范围受到限制，以至于无法通过这种练习得到有效的拉伸。无论是这两种情况中的哪一种，只要训练者有能力安全有效地进行练习，都可以通过站在两个等高的箱子上来拓展到训练者想要的运动范围。训练者越柔软，所用的箱子可以越高。确保所用壶铃的重量在自己可以安全控制的范围内，所用的箱子要底部宽大、整体稳定，以尽量降低失去平衡的可能性。

关键原则

- 注意要从髋部位置进行弯曲。
- 通过收缩背阔肌并向内收紧肩胛骨使手臂牢牢地锁入肩部的关节窝。
- 胸腔保持打开和扩张。
- 双眼保持看向壶铃。
- 初次学习风车时，建议在运动期间，有同伴在一旁监督。
- 所有阶段都是在向下移动的过程中用腹部吸气，然后在起立的过程中呼气。为了扩大运动范围，可以在到达最低点的位置时额外增加一个呼气周期。

常见错误	纠正方法
在最低点的姿势下，腿部过度弯曲	虽然可以接受腿部发生轻微的弯曲，但理想的情况是双腿均伸直。确保膝盖充分伸展
在向下运动的过程中，将重心转移到了前腿上	向上后方挺起髋部，将重心转移到后腿上
在向下运动的过程中，下方的手伸到了支撑基础的范围以外	在向最低点运动的过程中，向下移动身体的同时，使下方的手的手背沿着前腿的内侧滑动
在向下移动躯干的过程中，从腰部位置进行弯曲	注意要从髋部位置进行弯曲，弯曲时，使一侧的髋部朝着身体的一侧挺起

土耳其起立

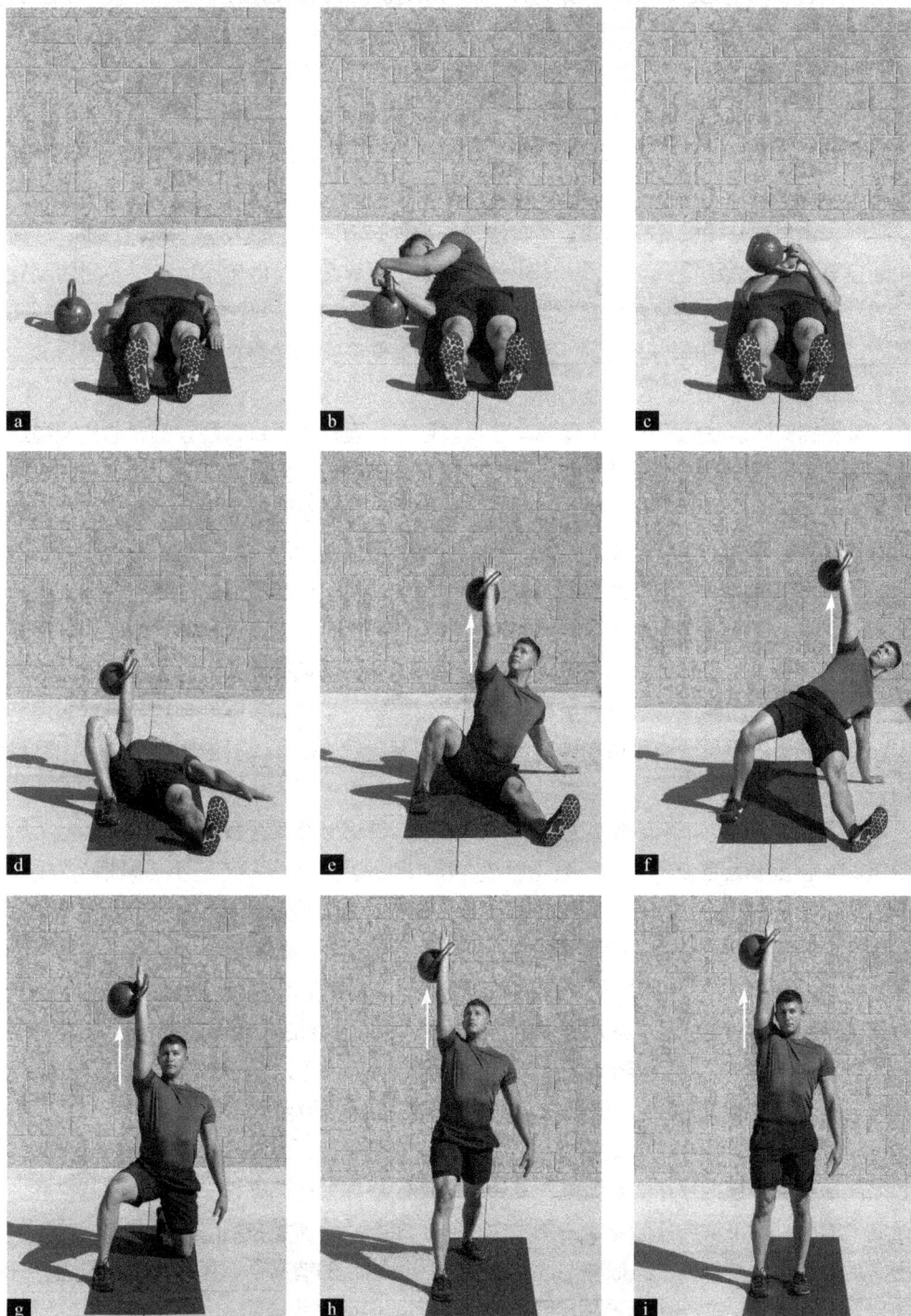

图 7.24　土耳其起立

这种练习起源于土耳其，是土耳其的格斗士们使用的一种全身性的调节运动，锻炼的是训练者以强有力的方式，有效地从平躺于地面的位置站起及逆向进行运动的能力，因此这种练习的原名叫作"土耳其起立"。在当前的应用中，土耳其起立因其与原始翻滚模式的相似性而大受欢迎，原始的翻滚模式是婴儿在从前向后、从后向前，以及从躺卧到坐起到跪下再到站立的翻滚过程中所掌握的早期运动模式。因此，土耳其起立对于对功能性运动的学习很有价值。此外，由于身体在这种练习中进行的一系列运动较为复杂，因此土耳其起立正逐渐成为一种评估运动质量的流行练习。土耳其起立涉及了所有的运动平面，将灵活性与稳定性的要求结合在了一起，并将躺卧、翻滚、下跪、弓步、深蹲和站立等基本的运动模式融入了一个运动之中。土耳其起立中的单个运动并不是特别复杂的。例如，与双壶铃下蹲挺举相比，土耳其起立对基本的协调性的要求更简单一些。然而，将这些简单的运动串成了一首无缝衔接的运动交响乐使得土耳其起立在壶铃健身圈中受到了大量的关注。

虽然确实可以使用较重的负荷练习土耳其起立，但是就土耳其起立的灵活性和稳定性所带来的挑战而言，土耳其起立本身的价值要大得多。一种起步的练习方法是，一只手握成拳头状，将一个较轻的物体放在拳头的上面，然后进行整个运动过程。为了锻炼训练者在垂直平面上控制运动的能力，要把物体放在拳头上面，而不是抓在手里。任何向前、向后或向两侧的摇摆都会导致物体发生倾斜，所以训练者要迅速调整姿势来保持平衡。通常，可选择鞋或水瓶这些比较方便取用的物体，在进行这种练习时使用。锻炼控制力的下一个阶段是，使用一个较小的注满水的塑料杯或纸杯，然后尽量不要让水洒在自己身上。一旦训练者在没有负荷的土耳其起立练习中掌握了一些技巧，并且对运动中涉及的力量的垂直传递和稳定性有了充分的了解之后，就可以开始用壶铃进行土耳其起立练习了。

进行这项练习时，起始姿势为平躺在地板上，并将壶铃放在身体右侧的地板上（见图7.24a）。要拿起壶铃时，向右滚动身体，将右手完全插入壶铃的把手（见图7.24b），然后用双手把壶铃拉到胸前。使身体向左滚回原位，即回到平躺的位置（见图7.24c）。右手持壶铃向上举过胸部并伸直右臂，弯曲右侧膝盖，使右脚平放在地板上；左臂平放在地板上，与躯干成大约45°角（见图7.24d）。稍稍卷起腹肌，将重心转移到左臂上——首先是肩部，然后是肘部，之后是前臂，最后是手掌，以此发起运动。随着重心被逐渐转移到左手手掌上，左手牢牢按在地板上并伸展左臂的肘部，完全锁定（见图7.24e）。这是这一运动过程中的第一个停顿点，此时训练者处于完全稳定的状态。

过渡时，将髋部抬离地板，同时最大限度地伸展髋部（见图7.24f）。伸展髋部时，必须确保壶铃垂直地移动。右臂向前发生的任何偏移都会使训练者失去对壶铃的控制。在这个阶段，训练者身体的重量由两个点支撑，即左手手掌和右脚。使这两个接触点保持稳定，然后伸展左腿使其抬离地面。在髋部保持抬起的情况下，弯曲左腿的膝盖，并向身后拉动左腿，使左腿向后移动到髋部的下方，形成弓步姿势（见图7.24g）。应该使左腿的膝盖稍微向外打开一点，拓宽支撑基础，从而更好地保持平衡。将左手抬离地面，同时伸直躯干，完成这一阶段。从弓步姿势的位置开始，将重心转移到右（前）腿上，然后用右脚蹬住地面，同时完全伸展右腿的膝盖，使自己起立站直（见图7.24h）。抬起左（后）脚，与右脚并排放在一起，使训练者形成平衡的站姿，完成土耳其起立的上升阶段（见图7.24i）。

现在逆向运动：左脚向后退一步，然后弯曲双腿的膝盖，回到右脚在前的弓步姿势，降低身体的重心。将左手手掌放在地板上，抬高髋部，使左腿向前伸直。然后降低重心，坐在地板上。将身体各部位逐渐放回地板上——从左手手掌开始，然后是前臂，之后是肩部。回到起始的平躺位置，完成整个运动。在训练者躺回地板的过程中，使下方的手臂沿着地板滑回相应的位置，这样可能使训练者感觉更自然。

关键原则

- 双眼始终看向壶铃，以集中注意力，避免壶铃在操作不当的情况下偏离正确的位置。
- 在整个运动的过程中，确保壶铃始终垂直于地面，使训练者的重心处于壶铃重心的下方，从而能够更好地控制壶铃。
- 整个过程中正常呼吸。
- 使手臂牢牢地锁入肩部的关节窝，从而保证肩部的稳定性和更好地控制壶铃。
- 初次学习土耳其起立时，安排他人在一旁监督，以备操作不当时，有人提供帮助。

常见错误	纠正方法
换手练习时，从脸部的正上方移动壶铃	用双手抓住壶铃，将壶铃从头顶绕到另一侧
试图在运动的第一部分中坐起来	以着地的肘部和脚为杠杆，向上旋转45°

俄罗斯转体

图 7.25 俄罗斯转体

俄罗斯转体是一种显著的核心调节运动，注重的是阻止或限制在腰部区域发生旋转的同时使胸部区域发生旋转。阻止腰椎发生旋转的办法就是稳定下腰背。一般情况下，腰椎的过度旋转，特别是在有额外负荷作用的情况下，可能会拉伤下腰背。因此，应该让邻近腰椎的关节（胸椎和髋部）来负责旋转。这种能力是动态核心稳定性的另一个关键组成部分，即在周围的身体部分发生运动的同时，阻止或限制腰椎发生旋转（保持稳定性）。

挺直躯干坐在地板上（见图 7.25a）。为了避免过度地向后倾斜，训练者必须使腹部肌肉保持收紧。用双手拿起壶铃，两只手分别握住把手的两侧（见图 7.25b）。双脚放在地板上，保持不动，然后上半身向一侧扭转，直到壶铃轻轻地碰到这一侧的地板为止（见图 7.25c）。训练者向另一侧扭转并用壶铃轻轻地触碰这一侧的地板的过程中，腹部保持紧绷（见图 7.25d）。整个运动的过程中，髋部保持不动，脊柱上部和胸部肌肉旋转。

进行这项练习时，也可以将双脚抬离地面，用坐骨来保持平衡。用这种方式练习时稳定环境较差，同时，在双脚不固定的情况下，训练者的髋部要进行更多的运动。当上半身朝一侧扭转时，髋部要向相反的方向扭转来平衡身体。在壶铃触碰到任意一侧的地板时呼气，然后在两次触碰发生的过渡期间吸气。

关键原则

- 躯干保持向后倾斜 45°，以使核心肌肉保持运动。
- 在整个练习的过程中，始终收紧腹肌。
- 避免将重心从臀部的一侧转移到另一侧——使臀部保持在一个固定的位置。

常见错误	纠正方法
使壶铃从地面弹起	这种做法会产生过多的动量，进而影响核心肌肉的收缩与调节。为了避免这种情况的发生，在壶铃碰到地面后，确保壶铃的速度被充分地降下来
移动壶铃时使用的是肱二头肌，而不是核心肌肉	在运动开始时（壶铃仍然放在地面时），注意不要激活手臂，而是利用躯干的肌肉发起运动

连同第 6 章的基本练习在内，训练者现在已经就最重要的壶铃摆举动作打下了一个坚实的基础。训练者在构建自己的健身或体能训练计划的主体框架时，可以将这些动作进行各种组合。与第 6 章的基本练习一样，训练者需要先花时间来练习这些新动作。从简单的练习开始，了解练习的运动过程，并通过理解练习的运动过程树立信心，然后开始提高练习的挑战性，并将这些练习加入自己的训练计划。

第 8 章

高级练习

本章中的练习对呼吸控制、协调性、灵活性、稳定性、力量和爆发力的要求更高,因而这些练习都属于高级练习。这些练习中的每一个练习相对于前面的所有练习而言都是一种极限的进阶。一些练习更多地强调多种运动素质同时提升。由于这些高级练习的要求更高,因此在将这些练习加入自己的训练计划之前,良好的基础练习和中级练习基础是先决条件。与往常一样,必须通过注意技巧、对齐方式和呼吸来保证安全。

倒立高翻

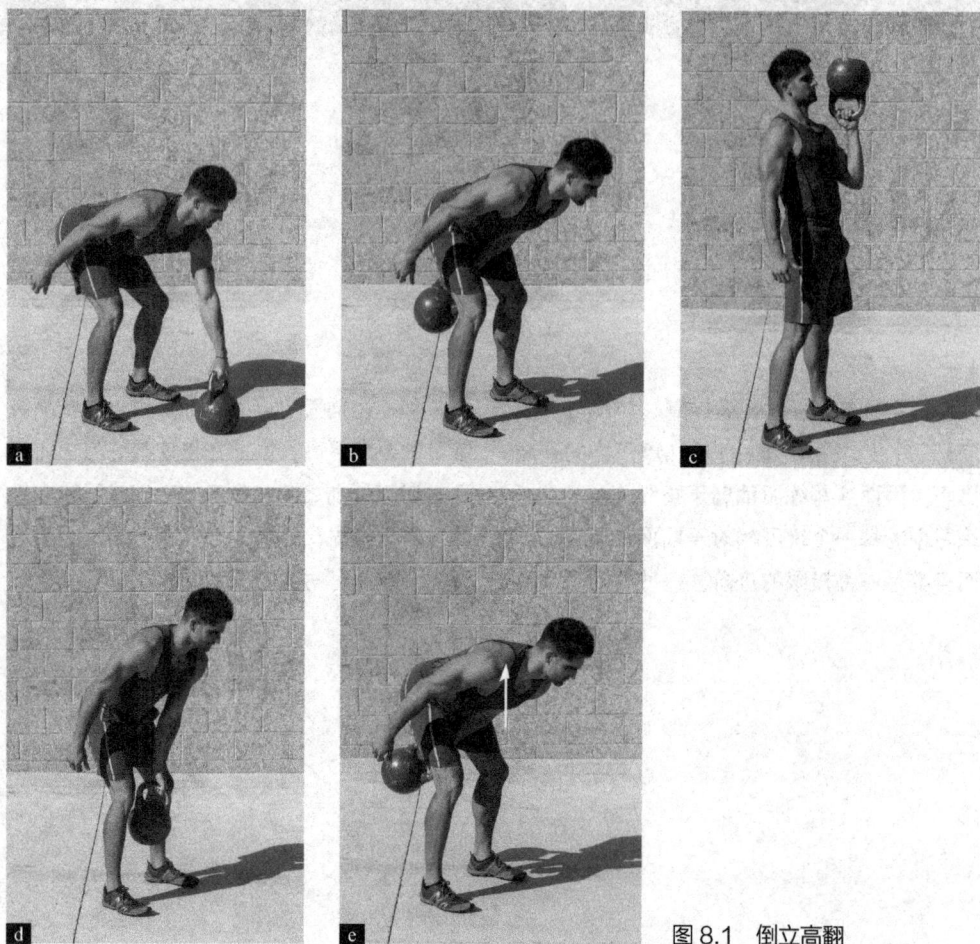

图 8.1　倒立高翻

就髋部与膝盖的技巧而言，倒立高翻与常规的高翻相同，只是壶铃的最终位置不同——壶铃不是靠在前臂上，而是底部朝上被静态地握在手中。这一练习需要精神高度集中，并会使抓握与核心肌肉得到极大的锻炼。

将一个壶铃放在地板上，髋部后坐以增加髋部的负荷，然后用手指以钩握的方式抓住壶铃的把手（见图 8.1a）。与单臂高翻相同，训练者将单个壶铃从双腿之间向后甩摆，以此增加髋部的负荷（见图 8.1b），然后伸展髋部并朝着胸部的位置向上拉动壶铃（见图 8.1c）。虽然在后摆的过程中，拇指向后或拇指向前的姿势都可以使用，但是拇指向前的姿势最有利于向壶铃倒立姿势的平滑过渡。为了使壶铃保持底部朝上的倒立姿势并防止其发生侧翻，不能将手掌插入壶铃的把手，而要采用一种紧紧攥住的握法，用力地握紧把手，越紧越好。为了保持姿势的平衡，除了采用牢固的握法，还必须使壶铃与下方的双脚垂直对齐，同时要使前臂保持在一个垂直的平面上。在紧紧抓住把手的同时，还要收紧腹部和髋部的肌肉，使全身紧张起来。下放壶铃时，让壶铃自由下落，然后用手指抓住把手，做法与标准的单臂高翻一样（见图8.1d），之后继续下放壶铃，进入后摆（见图8.1e）。

进行这项练习时，采用反常呼吸法，以使训练者的核心肌肉更加紧张。在双腿之间甩摆壶铃时吸气，然后在壶铃到达最高点时呼气，即训练者收紧肌肉控制壶铃成倒立姿势时呼气；然后在壶铃向下回到甩摆阶段时再吸气。

关键原则

- 在最终的姿势中，要注意收紧四个主要的区域。通过收紧这四个区域可以使身体形成一个坚实的支撑结构，更好地稳定壶铃。这些区域包括抓握肌肉、核心肌肉、髋部肌肉和背阔肌。如果这些区域都被收紧，那么全身都会紧张起来，全身的各个部位会被紧密地联系起来。
- 在进行运动的其他部分（上升和下降）时要注意，在使各部分保持正确对齐的同时使身体最大限度地放松下来。
- 用空出来的一只手作为辅助工具，以增加安全性和避免壶铃掉在脸上。
- 虽然双壶铃倒立高翻对协调性的要求比单壶铃倒立高翻的要求更高，但是仍然可以用这两种形式中的一种进行练习。
- 如果壶铃掉向身体的一侧，要迅速将双脚移动到相反的一侧，以防止掉落的壶铃砸到膝盖。

常见错误	纠正方法
无法维持壶铃的倒立姿势	使肘部保持靠在躯干上，并通过收紧抓握肌肉、核心肌肉、髋部肌肉和背阔肌来稳定整个身体。在把手上涂抹防滑粉，同时确保在后摆和上摆的过程中，手掌放在把手的中心，并采用拇指向前的握法
在下放壶铃的整个过程中，保持剧烈的挤压式握法	在开始下放壶铃以进入后摆阶段的过程中，松开手掌，以便在进行下一次倒立高翻之前，使抓握部位得到恢复
在顶点的姿势中，手臂与壶铃向前方过度地倾斜，导致训练者失去了对壶铃的控制	使壶铃、肘部、髋部和双脚保持垂直对齐

倒立推举

掌握了倒立高翻之后，训练者就可以开始练习倒立推举了。与倒立高翻相同，这种姿势在激活了上半身推举肌肉的同时，锻炼了抓握能力和全身的连接性。

单壶铃倒立推举。 将一个壶铃放在正前方的地板上，以锁定手指的握法抓住壶铃的把手，同时髋部后坐以增加髋部的负荷（见图8.2a）。将壶铃高翻至倒立姿势的位置（见图8.2b）。全身保持紧张，直接向上推举壶铃，以便壶铃的重量与下方的支撑基础保持垂直对齐（见图8.2c）。倒立推举的技巧与常规推举的技巧完全相同。在各部位受控的前提下，将壶铃下放到胸部水平位置（见图8.2d）。训练者可以从倒立姿势的位置反复进行推举，也可以在每次回到倒立姿势的位置后继续进行下摆，然后再将壶铃高翻回倒立姿势的位置。

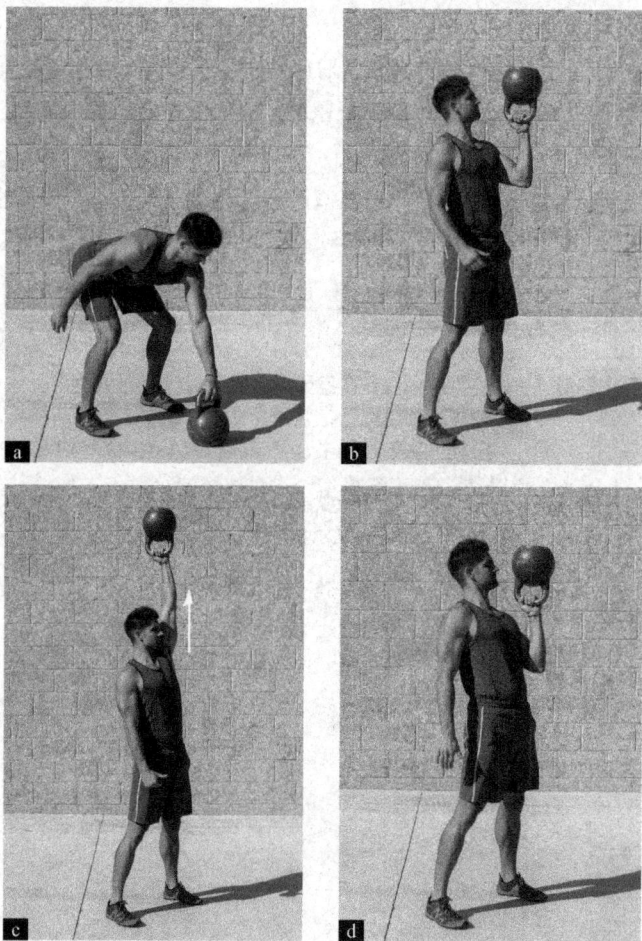

图8.2　单壶铃倒立推举

　　双壶铃倒立推举。 与单壶铃倒立推举相比，双壶铃倒立推举中，负荷多了一倍，用双手控制和平衡壶铃时对协调性的要求更高，因此这种练习的挑战性更高。将两个壶铃放在正前方的地板上，以锁定手指的握法抓住壶铃的把手，同时髋部后坐以增加髋部的负荷（见图8.3a）。将两个壶铃同时高翻到倒立姿势的位置（见图8.3b）。全身保持紧张，直接向上推举壶铃，以便壶铃的重量与下方的支撑基础保持垂直对齐（见图8.3c）。下放壶铃到倒立高翻的位置，完成动作。

图8.3　双壶铃倒立推举

　　交替倒立推举。 交替倒立推举在双壶铃倒立推举中增加了一个协调性训练的部分。将两个壶铃放在正前方的地板上，以锁定手指的握法抓住壶铃的把手，同时髋部后坐以增加髋部的负荷（见图8.4a）。将两个壶铃同时高翻到倒立姿势的位置（见图8.4b）。全身保持紧张，直接向上推举其中一个壶铃，其间另一个壶铃保持在倒立高翻的位置不动（见图8.4c）。下放前一个壶铃，使其回到倒立高翻的位置，与此同时，将另一个壶铃推举到顶点（见图8.4d）。最后一次推举结束时，先将顶点的壶铃下放到倒立高翻的位置，然后再尝试着将两个壶铃同时放回地板上。

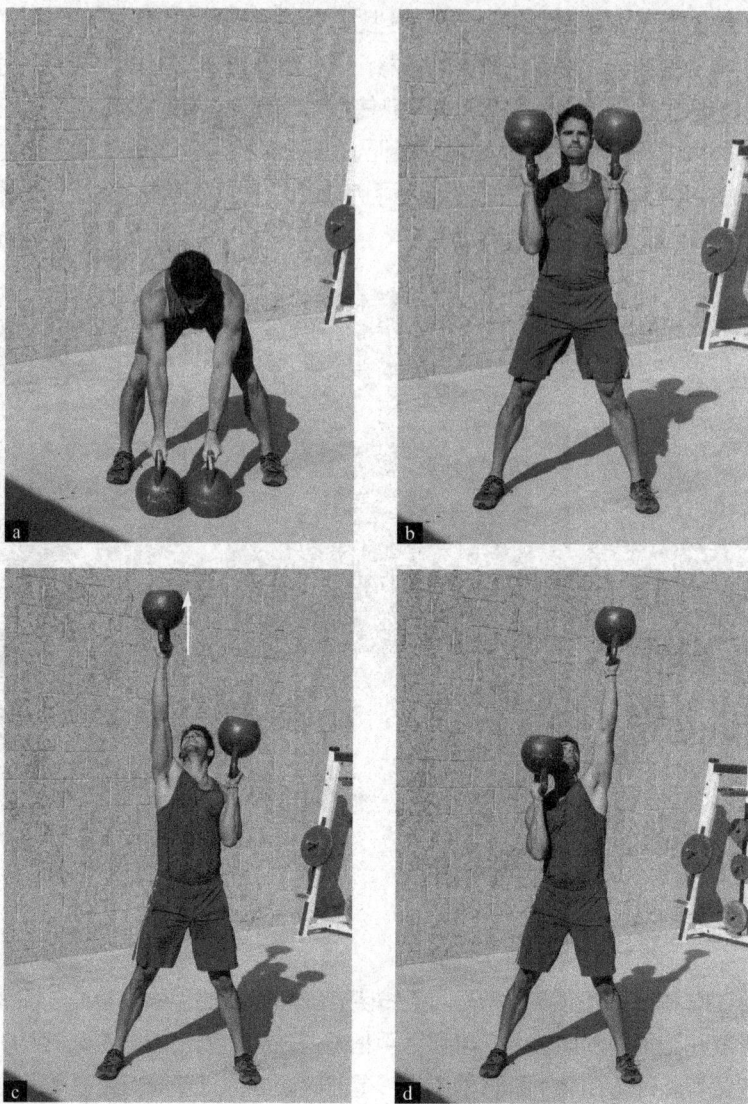

图 8.4 交替倒立推举

关键原则

- 推举的过程中，上文提到的所有区域保持紧张，以使全身各个部位紧密相连，确保力量得到最大限度的传递。
- 与倒立高翻相同，使用单壶铃进行推举时，让空出来的手时刻准备进行辅助是十分重要的。
- 进行任何一种双壶铃练习时，如果壶铃从垂直的位置上掉落下来，要向相反的一侧移动，避免与下落的壶铃发生碰撞。

常见错误	纠正方法
无法维持壶铃的倒立姿势	使肘部保持靠在躯干上，并通过收紧抓握肌肉、核心肌肉、髋部肌肉和背阔肌来稳定整个身体。在把手上涂抹防滑粉，同时确保在后摆和上摆的过程中，手掌放在把手的中心，并采用拇指向前的握法
向上推举壶铃时，向后过度偏转躯干，并在锁定期间仍然保持这种姿势	在通过向后偏转躯干来发动推举之后，使身体和头部回到垂直对齐的位置
未能控制住从倒立姿势的位置掉落下来的壶铃	将双脚移动到一侧或另一侧，以防止掉落的壶铃砸到膝盖或身体其他部位

双壶铃交替高翻

双壶铃交替高翻是一种高级的练习，需要高度集中的注意力及高水平的爆发力和协调性。根据节奏的不同，这种练习有两种形式：两拍形式和一拍形式。

两拍形式。 两拍形式中，起始姿势为将两个壶铃放在正前方的地板上，髋部后坐以增加髋部的负荷，然后以锁定手指的握法抓住两个壶铃的把手（见图 8.5a）。将一个壶铃高翻至胸前，另一个壶铃悬挂于下方（见图 8.5b）。然后，让上方的壶铃落下（见图 8.5c），将另一个壶铃高翻至胸前（见图 8.5d）。两拍形式的时间节点与单臂高翻相同，只是每重复一次动作就要换一次手。更具挑战性的是，训练者无法通过后摆获得大量的力量，不得不以一个更为静

图 8.5　双壶铃交替高翻：两拍形式

态的姿势向上拉起壶铃，这种静态姿势被称为"悬挂姿势"，如图7.13所示。这就意味着训练者将无法像在单臂高翻或双壶铃高翻中一样来利用动量，而是不得不利用更加依赖于股四头肌的爆发力来拉动壶铃。由于这种情况更像是一种强硬的启动方式，移动壶铃时需要更多的力气，因此双壶铃交替高翻被当作一种爆发力练习的情况最为常见。练习双壶铃交替高翻时，采用比较有挑战性的负荷重复较少的次数。

进行两拍形式的双壶铃交替高翻时，采用自然呼吸法，呼吸周期不少于3个。一种呼吸方式是，从架式姿势的位置开始，一边偏转躯干并下放壶铃以进入下摆阶段一边吸气，当壶铃进入下摆的后一阶段时呼气，在上摆和手掌插入期间吸气，然后在壶铃到达架式姿势的位置时再呼气。另一种呼吸方式是，从架式姿势的位置开始，一边偏转躯干并下放壶铃以进入下摆阶段一边吸气，当壶铃进入下摆的后一阶段时呼气，吸气，然后在开始插入手掌时呼气，再吸气，之后在壶铃到达架式姿势的位置时再呼气。训练者可以在处于休息姿势时，多呼吸几个周期来进行适当的恢复和节奏调整。

一拍形式。 一拍形式的双壶铃交替高翻更具挑战性，对时间节点的精确把握程度和协调性要求更高。在两拍形式中，当壶铃到达架式姿势的位置时，有一个自然的停顿，所以实际上训练者每次只是移动了身体的一侧。然而，在一拍形式中，没有停顿点，一侧在推壶铃时，另一侧必须在拉。在每组练习的整个过程中，上下的运动是连续的，训练者必须维持一个节奏才能坚持完成每组练习。由于训练者无法一心二用，所以练习的关键是只关注上拉的那只手。一旦右手拉动了壶铃，产生的动量会把壶铃带到架式姿势的位置。在标准的高翻中，当壶铃到达架式姿势的位置时，双腿是伸直的。然而，在这种一拍形式中，当右手的壶铃到达架式姿势的位置时，训练者则要弯曲双腿并降低重心，然后在右手的壶铃开始下落时，使左臂上拉，之后在左手的壶铃到达架式姿势的位置时，弯曲双腿。在每组练习的整个过程中，连续进行这种运动模式。

进行一拍形式的双壶铃交替高翻时，由于加快了速度和节奏，所以采用反常呼吸法，呼吸周期为1个。训练者在下放一个壶铃同时向架式姿势的位置上拉另一个壶铃时呼气。到达架式姿势的位置时迅速吸气，然后按顺序重复动作。

关键原则

- 在两拍形式的双壶铃交替高翻中，就髋部和膝盖的活动而言，要采用甩摆的技巧。在一拍形式的双壶铃交替高翻中，由于运动轨迹有限且节奏较快，因此必须采用基于深蹲的技巧。
- 在两拍形式的双壶铃交替高翻中，上升和下降的轨迹就像字母J。因此，这种运动有一个循环的成分。在一拍形式的双壶铃交替高翻中，上升和下降则沿着一条垂直的凹槽进行（直上直下）。在两拍形式的双壶铃交替高翻中，要同时注意高翻的手臂和未进行高翻的手臂。而在一拍形式的双壶铃交替高翻中，重点要放在连接性上——要使手臂保持靠在躯干上。
- 在进行一拍形式的双壶铃交替高翻的过程中，一个重要的技巧是下蹲到深蹲的姿势，这种姿势能够同时为两个壶铃——下降的壶铃和上升的壶铃——提供运动的动力。

常见错误	纠正方法
在两拍形式的双壶铃交替高翻中，在壶铃下落但尚未进入下摆的过程中，未偏转躯干	在距离墙面或镜子一臂远的地方进行甩摆；如果训练者不向后偏转身体，就会打到前面的墙面或镜子
在两拍形式的双壶铃交替高翻中，未进行高翻的手臂逐渐远离了躯干	在不使用壶铃的情况下进行两拍形式的练习，在单组练习的整个过程中，使肘部保持靠在身体上
在一拍形式的双壶铃交替高翻中，难以把握同时上拉一个壶铃和下放另一个壶铃的时间节点	下放壶铃使其进入下落阶段时，迅速弯曲双腿并降低自身的重心

双壶铃抓举

双壶铃抓举是提升爆发力、髋部驱动力和过顶稳定性的最佳练习之一。这种练习有两种形式:双壶铃半抓举(壶铃从过顶姿势的位置下落的过程中,在架式姿势的位置停顿)和双壶铃全抓举(壶铃从过顶姿势的位置下落的过程中,在架式姿势的位置不停顿)。"半抓举"指过顶抓举壶铃,然后将壶铃下放到架式姿势的位置,之后再进行下摆。"全抓举"或"抓举"指过顶抓举壶铃,然后从顶部下放壶铃,直接进入后摆。全抓举对核心稳定性的要求更高,即对站姿的要求更高。壶铃下落时不仅速度快而且产生的冲力很大。因此,进行任何双壶铃全抓举之前可以进行一个自然的过渡阶段,即先练习一下双壶铃半抓举,并且只有在训练者完全掌握了双壶铃半抓举的动作之后,才能开始练习双壶铃全抓举。

双壶铃半抓举。起始姿势为将两个壶铃放在正前方的地板上。髋部后坐以增加髋部的负荷,并以锁定手指的握法抓住两个壶铃的把手(见图 8.6a)。从双腿之间向后甩摆壶铃(见图 8.6b),然后在使前臂保持靠在身体上的情况下,一边向前驱动身体一边快速地伸展膝盖和髋部(见图 8.6c)。随着壶铃向前然后向上摆动,壶铃(与手臂)会被摆离躯干。在手臂离开躯干的瞬间,耸动斜方肌,用手臂拉住壶铃,沿着想象的烟囱向上垂直地移动壶铃(见图 8.6d)。随着壶铃向上移动,就在壶铃移动到颈部与头顶之间时,使双手插入壶铃的把手。正确的过顶姿势对于运动的有效性和训练者的运动能力来说是至关重要的。训练者的肱三头肌朝前,拇指成 45° 指向后方,肱二头肌尽量贴向耳朵,手臂垂直,胸腔打开。从过顶锁定姿势的位置开始(见图 8.6e),向后偏转躯干,并在壶铃开始向架式姿势的位置下落时,稍微抬起脚趾(见图 8.6f)。从架式姿势的位置开始,当训练者继续下放壶铃时,再次偏转躯干,然后进入后摆,完成动作。与双壶铃甩摆和双壶铃高翻相同,在双壶铃半抓举的下摆和上摆的过程中,可以使用各种各样的拇指姿势。理想的拇指姿势是在下摆结束时使拇指转向后方,并在开始加速上拉时再过渡到(拇指向上)成 45° 的姿势。

进行这项练习时,采用自然呼吸法,呼吸周期为 3 ~ 4 个。3 个周期的呼吸方式是,从过顶姿势的位置开始,一边偏转躯干并下放壶铃一边吸气,在壶铃到达架式姿势的位置时呼气,壶铃从架式姿势的位置开始下落时吸气,进入下摆的后一阶段时呼气,上摆时吸气,然后在锁定时呼气。4 个周期的呼吸方式是,从过顶姿势的位置开始,一边偏转躯干并下放壶铃一边吸气,在壶铃到达架式姿势的位置时呼气,从架式姿势的位置开始下落时吸气,进入下摆的后一阶段时呼气,然后吸气,之后在开始加速上拉时呼气,然后再吸气,最后在锁定时呼气。

图 8.6 双壶铃半抓举

双壶铃抓举。与单臂壶铃抓举相比，双壶铃抓举与杠铃抓举更为相似。可以使用双壶铃抓举进行力量和爆发力训练，训练时要采用重复次数较少的练习方式。虽然双壶铃抓举是一种非常好的练习，但应该慎用，只有体格健壮，柔韧性、体能和身体素质较好的举重运动员才能使用。这是因为在单臂抓举中，可以通过旋转肩部和躯干来很好地吸收壶铃负荷产生的力量。而在双壶铃抓举中，肩部和脊柱的运动范围受到更大的限制。因此，利用这种惯性力量同时过顶甩摆双臂会对身体产生更多的应力。如此描述不是为了让训练者感到害怕，只是为了向训练者展示运动中产生的力量有多大，确保训练者重视这些力量。训练者可以练习双壶铃抓举，只是切勿出现操作不当的情况。动作要干脆有力，确保自己具备完美地完成动作的能力。避免在这种练习或任何其他练习中出现不适。

起始姿势为将两个壶铃放在正前方的地板上，髋部后坐以增加髋部的负荷，并以锁定手指的握法抓住两个壶铃的把手（见图8.7a）。从双腿之间向后甩摆壶铃（见图8.7b），然后在使前臂保持靠在身体上的情况下，一边向前驱动身体一边快速地伸展膝盖和髋部（见图8.7c）。随着壶铃向前然后向上摆动，壶铃（与手臂）会被摆离躯干。在手臂离开躯干的瞬间，耸动斜方肌，用手臂拉住壶铃，沿着想象的烟囱向上垂直地移动壶铃（见图8.7d和e）。随着壶铃垂直地向上移动，就在两个壶铃移动到颈部与头顶之间时，使双手插入壶铃的把手。过顶姿势中的对齐方式为，肱三头肌朝前，大拇指成45°指向后方，肱二头肌尽量贴着耳朵，手臂垂直，胸腔打开。由于双壶铃抓举的惯性极大，因此在壶铃从过顶姿势的位置下落以进入后摆阶段的过程中，使身体保持偏转是至关重要的。当训练者向后偏转躯干时，应在使壶铃开始下落时稍微抬起脚趾（见图8.7f）。当肱三头肌接触到胸腔时，髋部后坐，然后在壶铃向身后甩摆以完成动作的过程中，双眼始终看向壶铃（见图8.7g）。未偏转身体或髋部后坐的时机不正确，都可能导致训练者失去平衡或受伤。要特别注意髋部后坐以进入后摆阶段的过程。与双壶铃半抓举相同，在下摆和上摆的过程中，训练者可以使用各种各样的拇指姿势。

图8.7　双壶铃抓举

图 8.7 双壶铃抓举（续）

　　进行这项练习时，采用自然呼吸法，呼吸周期为 2 ~ 3 个。2 个周期的呼吸方式是，从过顶姿势的位置开始，一边偏转躯干并下放壶铃一边吸气，进入下摆的后一阶段时呼气，上摆时吸气，然后在锁定时呼气。3 个周期的呼吸方式是，从过顶姿势的位置开始，一边偏转躯干并下放壶铃一边吸气，进入下摆的后一阶段时呼气，然后吸气，之后在开始加速上拉时呼气，然后再吸气，最后在锁定时呼气。

关键原则

- 上摆的过程中，使手臂保持与躯干靠在一起，以便最大限度地发挥杠杆作用和确保力量的传递。
- 一些运动员会在开始加速上拉时，踮起脚尖，向上伸展，然后在壶铃即将到达固定位置之前下移躯干。由于这些附加的动作缩短了负荷需要移动的距离并加快了力量的输出，因此适用于较重的壶铃。

常见错误	纠正方法
上摆的过程中，手臂与髋部和躯干之间没有联系	如果有教练指导或在指导别人，可以使用"保持联系"的口头提示来辅助练习。此外，也可以围绕双臂缠绕一条弹力带，这条弹力带会使手臂靠在身体上
上摆的过程中或在壶铃下落但尚未进入下摆的过程中，未偏转躯干	如果有教练指导或在指导别人，可以使用"往后偏"的口头提示来辅助练习。在面对墙面或镜子一臂远的地方进行甩摆也会有助于纠正练习；如果训练者不向后偏转身体，就会打到前面的墙面或镜子
壶铃打到了手腕或前臂	这很可能是训练者将手掌插入得太早、太晚或角度不对造成的。反复练习手掌插入，练习时可以想象，在自己面前的垂直平面上有一个梯子，梯子有四个阶梯。采用爪形握法插入手掌，逐渐攀爬这个梯子。第一个阶梯在胸部，第二个阶梯在脸部，第三个阶梯稍高于头顶，第四个阶梯接近于手臂向上完全伸直时所达到的最高点。在每一个高度进行练习，即向上高翻，然后松开手指，插入手掌，之后下放壶铃进入后摆，插入一次后摆一次
后摆的过程中，形成的运动轨迹是垂直的，而不是水平的	采用甩摆中的髋部和膝盖的技巧。进行双壶铃抓举之前，通过在较低的位置进行甩摆来辅助练习
在过顶姿势中，未进行固定	用锁定姿势持握壶铃，保持一段时间。可以站在一个地方，也可以沿着顺时针和逆时针的方向绕圈行走，或以两种模式中的任何一种在房间里移动。
上摆和下摆的过程中，动作弧度过大	在正前方有墙的地方进行抓举，同时想象自己在一个烟囱里面进行抓举。如果训练者打到了墙壁，说明动作不正确

双壶铃交替抓举

双壶铃交替抓举是训练者在壶铃训练中能够进行的最高级的练习之一，对多个方面都非常有益（例如，速度、爆发力和协调性）。安全地进行双壶铃交替抓举必须具备高水平的身体意识、爆发力和协调性，所以必须特别注意对齐方式、呼吸方式和运动技巧。双壶铃交替抓举练习有两种形式：两拍形式和一拍形式。

两拍形式。 在两拍形式的双壶铃交替抓举中，以硬拉的方式将两个壶铃从地板上拉起（见图 8.8a），髋部后坐，以便在两腿之间同时甩摆两个壶铃（见图 8.8b），然后加速并将其中一个壶铃抓举到过顶姿势的位置（见图 8.8c）。向后偏转躯干以下放壶铃（见图8.8d），然后在两腿之间再次同时甩摆两个壶铃（见图 8.8e），之后将另一个壶铃抓举到过顶姿势的位置（见图 8.8f）。

图 8.8 双壶铃交替抓举：两拍形式

进行这项练习时，采用自然呼吸法，呼吸周期不少于 3 个。一种呼吸方式是，从过顶姿势的位置开始，一边偏转躯干并下放壶铃以进入下摆阶段一边吸气，当壶铃进入下摆的后一阶段时呼气，在上摆和手掌插入期间吸气，然后在壶铃到达过顶姿势的位置时再呼气。另一种呼吸方式是，从过顶姿势的位置开始，一边偏转躯干并下放壶铃以进入下摆阶段一边吸气，当壶铃进入下摆的后一阶段时呼气，吸气，然后在开始插入手掌时呼气，再吸气，之后在壶铃到达过顶姿势的位置时再呼气。此外，要注意，在两拍形式的双壶铃交替抓举中，训练者可以在处于过顶姿势时，多呼吸几个周期来进行适当的恢复和节奏调整。

一拍形式。一拍形式的双壶铃交替抓举强度更高，对时间节点的精确把握程度和协调性要求更高，几乎不允许有任何误差。在两拍形式中，当壶铃到达过顶锁定姿势的位置时，有一个自然的停顿。然而，在一拍形式中，没有停顿点，一侧壶铃在下落时，另一侧壶铃必须上拉。在一拍形式中，训练者需要维持一个连续的节奏，才能坚持完成每组练习。

在一拍形式的双壶铃交替抓举中，以硬拉的方式将两个壶铃从地板上拉起（见图 8.9a），髋部后坐，以便在两腿之间甩摆一个壶铃（见图 8.9b），然后加速并将这个壶铃抓举到过顶姿势的位置（见图 8.9c）。在壶铃完成过顶固定之后，弯曲双腿，降低重心（见图 8.9d）。再次在两腿之间摆动两个壶铃（见图 8.9e），然后将另一个壶铃举过头顶（见图 8.9f）。在放松过顶的手臂使其下落的过程中，只要注意上拉的手即可。一旦用一只手拉动了壶铃，产生的动量就会将壶铃带到过顶锁定姿势的位置（见图 8.9g）。

图 8.9　双壶铃交替抓举：一拍形式

图 8.9 双壶铃交替抓举：一拍形式（续）

　　进行这项练习时，由于加快了运动和节奏，所以采用反常呼吸法，呼吸周期为 1 个。训练者在下放一个壶铃同时向过顶姿势的位置上拉另一个壶铃时呼气。迅速吸气，然后按顺序重复动作。由于一拍形式是一种连续的运动，因此练习期间没有可供恢复呼吸的停顿点。

关键原则

- 与交替高翻中的情况相同，在两拍形式的双壶铃交替抓举中，训练者将无法通过后摆获得巨大的力量，而是不得不从一个更为静态的悬挂姿势的位置，利用股四头肌的爆发力来拉起壶铃。
- 两拍形式的双壶铃交替抓举之所以与交替高翻相似，原因还在于这种练习与交替高翻一样，更适合作为一种爆发力练习来使用。使用时，采用比较有挑战性的负荷重复较少的次数。
- 与交替高翻相同，在两拍形式的双壶铃交替抓举中，要采用甩摆的技巧，而在一拍形式的双壶铃交替抓举中，要采用深蹲的技巧。
- 在一拍形式的双壶铃交替抓举中，要以下蹲到深蹲姿势的位置来启动动作。这么做能够同时为两个壶铃——上升的壶铃和下降的壶铃——提供运动所需的动量。

常见错误	纠正方法
在两拍形式的双壶铃交替抓举中，在壶铃下落但尚未进入下摆的过程中，未偏转躯干	在面对墙面或镜子一臂远的地方进行甩摆；如果训练者不向后偏转身体，就会打到前面的墙面或镜子
在两拍形式的双壶铃交替抓举中，未进行抓举的手臂没有靠在髋部和躯干上	在未进行抓举的手臂和躯干之间夹一条阻力带（或毛巾），使手臂更紧密地靠在躯干上。先用一侧进行练习，然后将弹力带（或毛巾）换到另一只手臂上，再用另一侧进行练习
在一拍形式的双壶铃交替抓举中，难以把握同时上拉一个壶铃和下放另一个壶铃的时间节点	下放壶铃使其进入下落阶段时，迅速弯曲双腿并降低自身的重心

双壶铃下蹲挺举

双壶铃下蹲挺举是一种最重要的爆发力练习，能够锻炼提升运动表现的多种身体素质，包括爆发力、柔韧性、结构完整性、力量、对时间点的把握能力与协调性、呼吸能力和双侧对称性。双壶铃下蹲挺举本是一种经典练习，但是由于这种练习要求训练者具备高度的对时间点的把握能力和控制力，而要具备这两种能力，必须先通过实力推举、借力推举和深蹲等基础练习打下坚实的基础，所以双壶铃下蹲挺举在这里被划分为高级练习。进行双壶铃下蹲挺举的关键限制因素是双侧不平衡性，或者说是双手之间在运动范围、力量和协调性方面存在的差异性。换言之，训练者的能力水平取决于较弱的一只手的能力水平。

回想一下，正如我们在前面的章节中所学过的，挺举有五个主要的运动组成部分。

1. 半蹲（第一次下移）。
2. 回弹（发射）。
3. 不完全深蹲（第二次下移）。
4. 固定（起立锁定）。
5. 下放壶铃，形成架式姿势。

进行双壶铃下蹲挺举练习时，将壶铃放在地板上，以锁定手指的握法抓住壶铃的把手，增加髋部的负荷，形成起始姿势（见图8.10a）。然后将壶铃高翻至胸前，形成架式姿势（见图8.10b）。从架式姿势的位置开始，一边呼气，一边快速向下移动以形成半蹲姿势或进行第一次下移（见图8.10c）。在进行半蹲时，保持肘部与躯干之间及脚跟与地面之间的紧密接触是十分重要的，只有这样才能保证力量从下半身最大限度地传递到上半身。从半蹲姿势的位置开始，在确保肘部保持靠在躯干上的前提下，在半蹲姿势形成

图8.10　双壶铃下蹲挺举

图 8.10 双壶铃下蹲挺举（续）

的瞬间立即伸展脚踝、膝盖、髋部和躯干，以便进入强有力的回弹（发射）阶段（见图8.10d）。回弹的过程中涉及"四重伸展"，即脚踝、膝盖、髋部和躯干全部最大限度地伸展。在最终的姿势中，在向下方和后方下压肩部的同时要向前方和上方挺起髋部。

从回弹结束的位置开始，迅速向下移动身体，形成不完全深蹲或进行第二次下移（见图8.10e）。同样，要注意，必须以最快的速度进行半蹲、回弹和不完全深蹲这三个阶段，并且在不完全深蹲中，要在双脚脚跟回到地面的同时，最大限度地锁定肘部。为了最大限度地提高效率，进行不完全深蹲时，要通过向下移动身体形成蹲姿来锁定手臂，而不是通过向上推举来锁定手臂。不完全深蹲的深度取决于训练者的身体结构和体能状况，有着强壮的双腿与肱三头肌的人下蹲会更深一些，而以速度为主要优势的、体重较轻的运动员，则可能倾向于采用较浅的不完全深蹲。

收回膝盖，使双腿完全伸展，进入固定阶段，固定后肘部与伸直膝盖（见图8.10f）。完成固定或起立锁定的过程有两种主要的运动技巧。一种是直接站直，形成过顶姿势。另一种是伸展膝盖，使髋部在不完全深蹲的水平保持不动，仅通过伸直膝盖来锁定姿势。最终的锁定姿势的固定包括充分伸展肘部、使手臂尽量靠近人体中线、向外旋转肩部（肱三角肌朝前，拇指以一定角度指向后方），以及打开胸腔。训练者根据身体的灵活程度，可以让身体沿着一条直线对齐，也可以调整为胸部前挺、骨盆后倾的姿势。最佳的固定姿势是肱二头肌直接贴着耳朵。每一名运动员都必须找到符合自身身体结构的矢状面对齐方式。

下放壶铃，回到架式姿势的位置（见图8.10g）。放松肱三头肌并以一种平滑可控的方式将壶铃下放到架式姿势的位置。通过踮起脚尖并朝着壶铃的方向挺胸来吸收壶铃下落时产生的力量。当肘部开始靠向躯干以形成架式姿势时，放下脚跟并向前弯曲胸椎来安全地分散壶铃的重量。在这个过程中也可以稍稍弯曲膝盖。训练者可以在开始下放壶铃时踮起脚尖，也可以在整个下落的过程中使双脚保持平放在地板上。

　　进行双壶铃下蹲挺举练习时，采用自然呼吸法，呼吸周期为 4 ~ 5 个。第一次下移之前先吸气，然后在半蹲期间呼气，之后在回弹的过程中吸气，在形成不完全深蹲的过程中呼气，然后锁定。在顶点的位置时单独呼吸 1 个周期，然后在开始下放壶铃时吸气，当肘部开始靠向躯干以形成架式姿势时再呼气。如果采用的不完全深蹲较深，在不完全深蹲完成后，进行固定之前，单独呼吸 1 个周期（即进行了较深的不完全深蹲的情况下共呼吸 5 个周期，而进行了较浅、快速的不完全深蹲的情况下共呼吸 4 个周期）。

关键原则

- 尽可能快速地移动双腿，以保证力量从地面最大限度地向上传递。
- 在挺举的回弹阶段，尽可能地使手臂保持靠在躯干上。
- 下放壶铃的过程中，尽可能地降低壶铃的速度，以便减少对身体产生的冲击。

常见错误	纠正方法
下蹲到半蹲姿势的过程中，肘部与髋部之间及脚跟与地面之间失去了联系	在不进行挺举的情况下练习半蹲，使这种动作形成一种习惯性的条件反射
形成半蹲姿势的下降过程，速度太慢	把注意力集中于形成半蹲姿势的下降过程，注意激活拉伸反射，提升回弹的力量
锁定手臂是通过推举到锁定姿势的位置完成的，而不是通过下蹲到不完全深蹲的位置完成的	过顶锁定一根中空的棍子或一根 5 英尺（1.5 米）长的 PVC 管。从站立的姿势开始，在不弯曲或推举手臂的情况下，练习快速下蹲到不完全深蹲的位置的过程
从不完全深蹲到锁定过渡得太慢	采用锁定深蹲，单独练习快速从不完全深蹲上升到锁定的过程。参考第 7 章中的壶铃跳跃式深蹲，了解该练习的详细情况

双壶铃完整挺举

图 8.11 双壶铃完整挺举

双壶铃完整挺举是综合性最强的壶铃摆举动作。进行这种全身性的摆举练习时，会涉及整个运动链。通过逐个关节分析这种练习，我们会发现这种练习实现了稳定性与灵活性的完美融合。此外，这种循环进行拉伸—收缩的周期项目，将所有的阶段用一个给定的动作表达了出来，使得这种练习极其适用于提升爆发力或提升快速加速的能力，使其成为一种名副其实的快速伸缩复合训练。正因为如此，许多体育运动的交叉训练中都会使用双壶铃完整挺举来进行爆发力训练。

进行双壶铃完整挺举练习时，起始姿势为将两个壶铃放在正前方的地板上，以锁定手指的握法抓住两个壶铃的把手，同时髋部后坐以增加髋部的负荷（见图8.11a）。拿起两个壶铃并在双腿之间同时进行甩摆（见图8.11b），然后向前和向上甩摆，并将壶铃高翻至胸前，形成稳定的架式姿势（见图8.11c）。半蹲，然后一边最大限度地踮起脚尖以把壶铃从胸前弹开一边立即伸展双腿和躯干（见图8.11d），之后立即使髋部后坐以形成不完全深蹲的姿势，与此同时完全展开双臂，形成锁定姿势（见图8.11e）。完成挺举的固定过程，以便双腿和手臂完全伸展。向后偏转躯干并下放壶铃到架式姿势的位置（见图8.11f）。在开始下放壶铃时，可选择性地踮起脚尖。从架式姿势的位置下放壶铃，进入后摆阶段（见图8.11g）。在双壶铃完整挺举中，大多数运动员会采用拇指向前的握法；也可以使用拇指向后和拇指居中的握法。将壶铃再次高翻到架式姿势的位置（见图8.11h）。

进行双壶铃完整挺举练习时，采用自然呼吸法，呼吸周期不少于8个。从架式姿势的位置开始，向半蹲的位置下移之前先吸气，然后在半蹲期间呼气，之后在回弹的过程中一边伸展双腿和躯干一边吸气，在髋部后坐并向不完全深蹲的位置下移的过程中呼气，在伸直双腿以进行固定的过程中吸气，完成固定后呼气，在固定姿势的位置单独呼吸1个周期，然后一边偏转躯干并下放壶铃一边吸气，在壶铃到达架式姿势的位置时呼气，在架式姿势的位置单独呼吸1个周期，然后一边偏转躯干并下放壶铃一边吸气，在后摆的过程中呼气，吸气，然后在壶铃前摆的过程中呼气，再吸气，最后在壶铃被高翻至胸前时呼气。在重复下一次动作之前，可根据恢复的需要，多呼吸几个周期。

关键原则

- 采用甩摆中的髋部技巧。
- 最大限度地强化手臂与躯干之间的联系。
- 尽可能快速地移动双腿，以保证力量从地面最大限度地向上传递。
- 在挺举的回弹阶段，尽可能地使手臂保持靠在躯干上。
- 在下放壶铃的过程中，尽可能地降低壶铃的速度，以便减少对身体产生的冲击。
- 多个周期连续呼吸（重复每个动作时呼吸周期不少于8个），以便控制住呼吸与心率。

常见错误	纠正方法
向胸部的高翻被分成了两个动作，而不是一气呵成	在壶铃碰到胸部的瞬间，使肘部到达髂肌的位置
在架式姿势中，伸展髋部的柔韧性不足	练习第 6 章中介绍的柔韧性和灵活性练习
形成半蹲姿势的下降过程，速度太慢	把注意力集中于形成半蹲姿势的下降过程，注意激活拉伸反射，提升回弹的力量
锁定手臂是通过推举到锁定姿势的位置完成的，而不是通过下蹲到不完全深蹲的位置完成的	过顶锁定一根中空的棍子或一根 5 英尺（1.5 米）长的 PVC 管。从站立的姿势开始，在不弯曲或推举手臂的情况下，练习快速下蹲到不完全深蹲的位置的过程
从不完全深蹲到锁定过渡得太慢	采用锁定深蹲，单独练习快速从不完全深蹲上升到锁定的过程。参考第 7 章中的壶铃跳跃式深蹲，了解该练习的详细情况
高翻的过程中，握力耗尽	练习一段时间负重行走，提升抓握的耐力

倒立俯卧撑

图 8.12　倒立俯卧撑

倒立俯卧撑是一种倾向于锻炼上半身的练习，由于进行这种练习时，壶铃的摆放方式特别，使壶铃具有不稳定性，增加了对训练者平衡性的要求，所以能够同时锻炼水平面的推举力量和正面核心的稳定性。由于要正确地进行这种练习需要一定的技能，而且对于核心稳定性不足的人来说，控制住壶铃并防止壶铃发生倾斜或侧翻是存在风险的，因此这种练习被视为一种高级的练习。

进行倒立俯卧撑练习时，将壶铃把手朝下摆放（见图8.12a）。训练者可以使壶铃的把手顺着人体的方向，或水平垂直于人体的方向，以此提高矢状面或冠状面的挑战性。练习时所在的地板表面不要太光滑，以防止壶铃发生滑动。双手手掌紧紧按在壶铃的底部。手大的人可向外弯曲手指，手掌的根部放在壶铃的底部，手指则围绕在壶铃的侧面。手小的人可以直接将双手手掌放在壶铃的底部。通过壶铃的中心用力向下按，用双手及脚趾与脚掌之间的部位支撑身体，使身体形成平板支撑的姿势（见图8.12b）。保持住这种姿势，使身体向下移动，直到胸部轻轻碰到双手为止（见图8.12c），然后手推壶铃，使身体垂直地向上抬起，直到双臂完全伸直、肘部在顶点的位置被完全锁定为止（见图8.12d）。正确的对齐方式是，手掌与胸部的中心对齐，肘部靠着躯干，肩胛骨收紧，脖子的根部到脚跟成一条直线。通过旋转双臂使其形成向外旋转的姿势并收缩背阔肌，使肩部的关节头牢牢锁入关节窝。注意，这种练习最危险的部分是完成最后一组练习后如何从壶铃上下来。由于壶铃支撑着训练者的身体，因此训练者应该先将膝盖放回地板上，将体重从壶铃上移走，然后再让壶铃倒在地板上。

进行倒立俯卧撑练习时，可以根据训练者的体质水平选择使用自然呼吸法或反常呼吸法。对于体质较差的训练者来说，重复几次这种练习就会接近运动极限，因此，应该采用能够通过在胸腔内产生高压来确保脊柱安全的反常呼吸法——向下运动的过程中吸气，向上运动的过程中呼气（一个周期）。对于体质较好的训练者来说，自然呼吸法更为合适，且有助于提升耐力，即向下运动的过程中呼气，向上运动的过程中吸气。

倒立俯卧撑练习有一种更高级的形式，就是双壶铃倒立俯卧撑。在这种形式中，进行俯卧撑时，两只手分别按在一个倒立的壶铃上。虽然形成起始姿势不太容易，但是经过一些尝试之后，训练者会找到一个适合自己的方法。我喜欢先在大腿下面倒立一个壶铃，然后用双手倒立另一个壶铃。在双手倒立的壶铃稳定下来之后，立即将大腿下的壶铃滑到一边。大多数的壶铃摆举动作中包含的都是垂直方向的推的动作，因此加入一些水平方向的推的动作来平衡这些大量的垂直方向的推的动作，是一种很有趣的方式。

关键原则

- 使用爪形握法抓住壶铃。如前所述，过于放松与过于紧张往往产生相同的结果。因此，在倒立俯卧撑练习中，要通过抓握肌肉、核心肌肉、臀部肌群和背阔肌使身体高度紧张起来，以便使结构完整性、身体连接性和爆发力达到最佳水平。

- 壶铃可能会翻倒，因此要确保训练区域经过安全的布置——附近应没有锋利、尖锐或易碎的物体，并且应该有一块柔软的区域（如橡胶垫），以防训练者滑倒时受伤。

常见错误	纠正方法
身体不够紧张，无法使身体的连接性、力量和对齐效果达到最佳的水平	收紧双手、背阔肌、髋部肌群和核心肌肉使整个身体紧张起来
双手没有与胸部对齐，向前偏离得太远	这会影响肩部的稳定性和体能表现。双手要与胸部的中心保持对齐
肩部的关节头与关节窝未相互锁定	用力按压两个手掌，并通过旋转手掌使其紧紧吸附在壶铃上，从而使肩部的关节头与关节窝相互锁定
未收紧肩胛骨	这会使肩部失去活力，对肩部造成过多的压力。可以通过扩张胸腔来收紧肩胛骨。心中可以默念"挺胸"

深蹲式土耳其起立

如第 7 章所述，土耳其起立起源于土耳其，是土耳其的格斗士们使用的一种全身性的调节运动，锻炼训练者以强有力的方式有效地从平躺于地面的位置站起及逆向完成这个过程的能力。虽然训练者不一定是一名格斗士，但是土耳其起立相当复杂的运动模式会很好地提升训练者的整体运动能力或灵敏性。第 7 章介绍了一种在躺卧和站立之间过渡时使用的弓步模式。在这里，过渡时采用的是一种深蹲模式。由于深蹲式土耳其起立对髋部、上部脊柱和肩部的灵活性要求更高，因此对于大多数人来说，这种形式将更加具有挑战性。

图 8.13 深蹲式土耳其起立

图 8.13　深蹲式土耳其起立（续）

　　正如我们在第 7 章中所做的那样，进行深蹲式土耳其起立练习时，从平躺于地面的位置开始。将右臂向上举过胸部并伸直，弯曲右腿膝盖，使右脚平放在地板上；左臂平放在地板上，与躯干成大约 45°（见图 8.13a）。稍稍收缩腹肌，将重心转移到左臂上——首先是肩部，然后是肘部，之后是前臂，最后是手掌，以此发起运动（见图 8.13b）。随着体重被逐渐转移到左手手掌上，左手牢牢按在地板上并伸展左臂的肘部，完全锁定（见图 8.13c）。这是这一运动过程的第一个停顿点，此时训练者处于完全稳定的状态。过渡时，将髋部抬离地板，同时最大限度地伸展髋部（见图 8.13d）。伸展髋部时，必须确保壶铃在垂直地移动。右臂向前发生的任何偏移都会使训练者失去对壶铃的控制。

　　在深蹲的方法中，现在就是运动发生变化的地方。在这个阶段，训练者的体重由两个点在支撑——左手手掌和右脚。使这两个接触点保持稳定，然后伸展左腿使其抬离地面。在髋部保持抬起的情况下，左腿直接移动到左侧髋部的下方，使左脚牢牢地放在地板上（见图 8.13e）。由于与弓步的形式相比，深蹲形式的支撑基础的范围要窄得多，因此训练者的体重将集中在身后的左侧手掌上。完成这个阶段时，训练者需要用左手手掌将自身的体重向前推，直到完全由双脚支撑身体为止。将左手抬离地面，同时伸直躯干，完成这一阶段（见图 8.13f）。从深蹲姿势的位置开始，直接起立站直，完成土耳其起立的上升阶段（见图 8.13g）。

　　现在逆向运动。通过髋部后坐并弯曲双膝，直接形成深蹲姿势，降低身体的重心。将左手手掌平放在身后的地板上，身体后坐，使体重转移到左手的手掌上。继续放低髋部，坐到地板上。向身体的正前方伸展双腿的同时，将身体各部位逐渐放回地板上——从左手手掌开始，然后是前臂，之后是肩部，最后回到起始的平躺姿势，以此完成整个运动。在训练者躺回地板的过程中，下方的手臂沿着地板滑回相应的位置，感觉上可能会更自然一些。

进行深蹲式土耳其练习时，自然呼吸。任何时候都不要屏住呼吸，但也不要试图以任何特定的模式来限制呼吸的时间点。

关键原则

- 回顾过顶深蹲，使自己熟悉土耳其起立的过顶深蹲阶段的对齐要点。
- 双眼始终看向壶铃。
- 初次学习土耳其起立时，在不使用壶铃的情况下练习，用控制瑜伽块、水瓶或鞋子等物体来模拟控制壶铃，并确保始终采用垂直对齐的方式。
- 在整个运动的过程中，确保壶铃始终垂直于地面。
- 手臂在过顶的位置完全伸展时，要牢牢地锁入肩部的关节窝。
- 初次学习土耳其起立时，安排他人在一旁监督。
- 从平躺于地面的位置向深蹲的位置过渡时，为了避免身体向后倾斜，空出来的手必须撑在身后。

常见错误	纠正方法
换手练习时，从脸部的正上方移动壶铃	双手抓住壶铃，将壶铃从头顶绕到另一侧
试图在运动的第一阶段中坐起来	以着地的肘部和脚为杠杆，向上旋转45°
一只脚或双脚的脚踝发生了旋转或翻转	将双脚平放在地板上
下蹲到最低点时，膝盖发生内扣（膝外翻）	这种情况经常发生，而且这种情况可能导致膝盖内侧韧带受伤，因此必须避免。这种情况通常是因缺少髋部的参与，而不是膝盖的问题。为了避免这种情况的发生，下蹲时，可以使膝盖向两侧用力，或者将一根弹力适中的迷你弹力带套在两个膝盖上。为了防止迷你弹力带滑落，训练者将不得不使膝盖向外侧用力，从而避免了膝外翻的发生

坐式推举

图 8.14　坐式推举

坐式推举是一种非常考验上半身力量和耐力的练习，由于失去了腿部的辅助，所以对核心稳定性的要求更高。如果训练者想在自己的训练计划中加入某种周期性的练习，那么坐式推举是个不错的方法。任何全面的健身训练计划都可以选择坐式推举作为垂直推举部分的练习。我们将使用两个壶铃来演示这个练习，但是训练者也可以用单个壶铃来练习单臂坐式推举。

起始姿势为将两个壶铃放在正前方的地板上，并用锁定手指的握法抓住壶铃的把手（见图 8.14a）。髋部后坐，然后从双腿之间向后甩摆壶铃（见图 8.14b），再将壶铃高翻到胸前（见图 8.14c），最后，在背部没有任何支撑的情况下，坐在稳定的箱子或椅子上（见图 8.14d）。双脚保持平放在地板上，直接向上推举壶铃到锁定的位置（见图 8.14e）。将壶铃下放到胸部，完成动作（见图 8.14f）。

进行这项练习时，采用自然呼吸法，呼吸周期为 4 个。从架式姿势的位置开始，进行初始压缩之前先深吸气，然后一边向下移动并弯曲胸椎一边呼气。当胸腔被压缩到一定程度开始反弹时，一边回弹一边吸气，然后在训练者锁定动作时呼气。在锁定的位置时，呼吸一个完整的周期，如果有需要，可以多呼吸几个周期进行恢复。开始下放壶铃时吸气，然后在壶铃回到架式姿势的位置时呼气。重复下一次动作之前，在架式姿势的位置，可以多呼吸几个周期进行恢复。、

关键原则

- 收紧抓握肌肉、腹肌和臀部肌群使全身在整个推举动作的过程中保持紧张。采用重量级举重和坐式推举等耐力运动中使全身紧张起来的方式，通过收紧运动肌肉周围的肌肉来增强运动肌肉的锻炼效果。
- 在推举的过程中，将手臂牢牢锁入肩部的关节窝。

常见错误	纠正方法
在推举的过程中，身体向后倾斜	收紧腹肌，就像要打拳一样
髋部向身体的两侧来回移动	双脚保持平放在地板上，使髋部位于双脚连线中点处正上方，同时收紧腹肌
双侧不平衡性，即较弱的、非惯用的手臂对力量与耐力造成的限制	以一次推举一只手臂的方式训练站立式推举和坐式推举，以这种方式缩小惯用手臂与非惯用手臂之间的差距

过顶深蹲

过顶深蹲是一种非常好的全面锻炼身体素质的练习，这种练习同时训练了平衡性、柔韧性、协调性、稳定性、灵活性和力量。由于前蹲和过顶深蹲中涉及的下半身的技巧完全相同，所以作为先决条件，训练者应该先熟练掌握前蹲。在过顶深蹲中，训练者要在深蹲的同时过顶支撑壶铃的重量，因此在过顶深蹲中增加了稳定上半身的挑战性。

使用一根棍子代替壶铃进行练习时，过顶深蹲就成了一种标准的测试练习，能够有效地测试使用壶铃进行练习时要达到的运动范围。过顶深蹲及其变化形式也经常被用来筛选动作和评估动作的质量。得益于这种动作对运动与稳定性的结合，训练有素的教练只需让运动员、病人或客户过顶举起一根棍子，重复几次动作，就能够准确地看出动作中的各种不足之处。可以定期地用这种运动模式测试一下，看自己是否有提升，验证一下训练计划设计得是否完善。现在，如果过顶举起一个壶铃来练习，尤其是用两个壶铃进行练习时，练习的要求之高，就使这种运动从一种基础的评估练习，转变成了一种高级的练习（单壶铃过顶深蹲），乃至更高级的练习（双壶铃过顶深蹲）。

在尝试壶铃过顶深蹲之前，训练者应该使用一根棍子、一条绳索或一根 PVC 管测试一下运动模式。训练者需要先充分掌握没有负荷的版本，之后才能花时间来练习使用壶铃的版本。实际上，在训练者掌握了过顶深蹲的技巧之后，使用单壶铃进行练习比使用一根棍子进行练习更容易。这是因为在单侧过顶深蹲中，髋部、肩部和躯干可以深度地旋转，这种深度的旋转能够放松整个身体，平衡姿势，使负荷与身体上下垂直对齐。

用壶铃练习过顶深蹲之前，训练者必须首先能够在没有负荷的情况下正确地练习。过顶深蹲的各个阶段如下所述。

第 1 阶段：双手分开，两手之间留有约 1.5 倍肩宽的距离，握住一根棍子或 PVC 管。双脚分开，稍宽于肩宽。双臂直接伸过头顶并完全伸直（见图 8.15a）。保持挺胸并后拉肩部，髋部后坐，做一个完整的深蹲动作（见图 8.15b）。确保双脚保持平放在地板上。如果开始时脚跟向上移动，那么就需要在稍微抬起脚跟的情况下练习一下过顶深蹲，例如在每个脚跟下垫一块 5 磅或 10 磅（2 千克或 5 千克）重的负重板（见图 8.15c）。通过锻炼逐渐提高脚踝的灵活性，直到可以将双脚平放在地板上来练习过顶深蹲为止。这是过顶深蹲的第 1 阶段，叫作"手脚分开"。一旦掌握了第 1 阶段，就可以通过第 2 阶段来增加挑战性。

图 8.15 过顶深蹲的第 1 阶段：手脚分开

第2阶段：双手并拢，共同握住一根棍子，双脚分开，略宽于肩宽。双臂直接伸过头顶并完全伸直（见图8.16a）。保持挺胸并后拉肩部，髋部后坐，做一个完整的深蹲动作（见图8.16b）。确保双脚保持平放在地板上。这是过顶深蹲的第2阶段，叫作"手并拢，脚分开"。一旦掌握了第2阶段，就可以通过第3阶段来增加挑战性。

图8.16 过顶深蹲的第2阶段：手并拢，脚分开

第3阶段：双手分开，两手之间留有约1.5倍肩宽的距离，握住一根棍子，双脚并拢。双臂直接伸过头顶并完全伸直（见图8.17a）。保持挺胸并后拉肩部，髋部后坐，做一个完整的深蹲动作（见图8.17b）。确保双脚保持平放在地板上。这是过顶深蹲的第3阶段，叫作"手分开，脚并拢"。一旦掌握了第3阶段，就可以尝试下第4阶段。

图8.17 过顶深蹲的第3阶段：手分开，脚并拢

第4阶段：第4阶段的挑战性极高，要掌握过顶深蹲的这一阶段，需要高度的柔韧性和核心稳定性。双手双脚并拢，握住一根棍子。双臂直接伸过头顶并完全伸直（见图8.18a）。保持挺胸并后拉肩部，髋部后坐，做一个完整的深蹲动作（见图8.18b）。确保双脚保持平放在地板上。这是过顶深蹲的第4阶段，叫作"手脚并拢"。

图8.18　过顶深蹲的第4阶段：手脚并拢

第5阶段到第8阶段：此前，作为前蹲的一种补充练习，我们学习过面壁深蹲，为了更好地完成过顶深蹲，训练者可以将第1阶段到第4阶段与面壁深蹲结合在一起来练习，形成第5阶段到第8阶段。在第5阶段到第8阶段中，面对墙壁，使用一根棍子或PVC管来进行过顶深蹲的各个阶段。由于墙壁会阻止棍子向前倾斜，所以为了完成深蹲，训练者就会迫使躯干最大限度地伸展，而墙壁能够全面防止矢状面发生任何偏移。任何能够进行过顶深蹲第8阶段的人——面对墙壁，手脚并拢——在过顶深蹲模式中，都具有相当高的柔韧性和全身控制能力，因而能够安全地进行任何形式的深蹲。

有了过顶深蹲的各个进阶阶段做准备，现在训练者就可以使用壶铃来进行过顶深蹲了。前面描述的第1阶段到第8阶段能够锻炼训练者在掌握过顶深蹲时需要具备的柔韧性和身体控制能力，应该定期进行练习。一旦训练者掌握了这8个阶段，就可以继续进行下述使用单个壶铃的单壶铃过顶深蹲了。

单壶铃过顶深蹲。起始站姿与前蹲相同，双脚分开，约与肩同宽。向外翻转脚趾，翻转的程度以能够下蹲到完整的深蹲姿势的位置为准。站好后，将壶铃举到过顶锁定的位置，双眼看向壶铃。空出来的手臂向外伸出，以平衡负荷（见图8.19a）。举到锁定位置的方法，可以是推举、挺举、借力推举或抓举，选择哪一种方法都可以。手臂保持锁定，双眼看向壶铃。然后下蹲，直到大腿与地板平行为止（见图8.19b）。双脚用力蹬住地面，从最低点的位置向上抬高身体，并回到站立的姿势（见图8.19c）。换另一侧重复动作。

图8.19 单壶铃过顶深蹲

在单壶铃过顶深蹲中，完全可以朝着支撑壶铃的手臂旋转躯干（见图8.20a）。如此，可以通过躯干来弥补肩部与上背部在运动范围上的不足。同样，为了创造运动范围或空间，使壶铃能够与下方支撑基础的中心保持垂直对齐，也可以朝着空出来的手臂进行一定程度的横向弯曲（见图8.20b）。

图8.20 单壶铃过顶深蹲中的躯干姿势：a. 朝着支撑壶铃的手臂旋转躯干；b. 朝着空出来的手臂横向弯曲

双壶铃过顶深蹲。如果单壶铃过顶深蹲是一种高级练习，那么双壶铃过顶深蹲就是一种更高级的练习，原因是后者在形成深蹲姿势时对柔韧性的要求远远高于前者。起始站姿与单壶铃过顶深蹲相同（见图8.21a）。通过完整挺举、高翻加推举、高翻加借力推举或双壶铃抓举将两个壶铃举到锁定的位置。挺胸并收紧肩胛骨（见图8.21b）。髋部后坐，进行深蹲（见图8.21c）。双脚用力蹬住地面，向上抬高身体，回到站立的姿势（见图8.21d）。很多人的运动范围可能还达不到安全有效地进行双壶铃过顶深蹲的要求，在这种情况下，就要花时间来练习只用一根棍子的过顶深蹲。

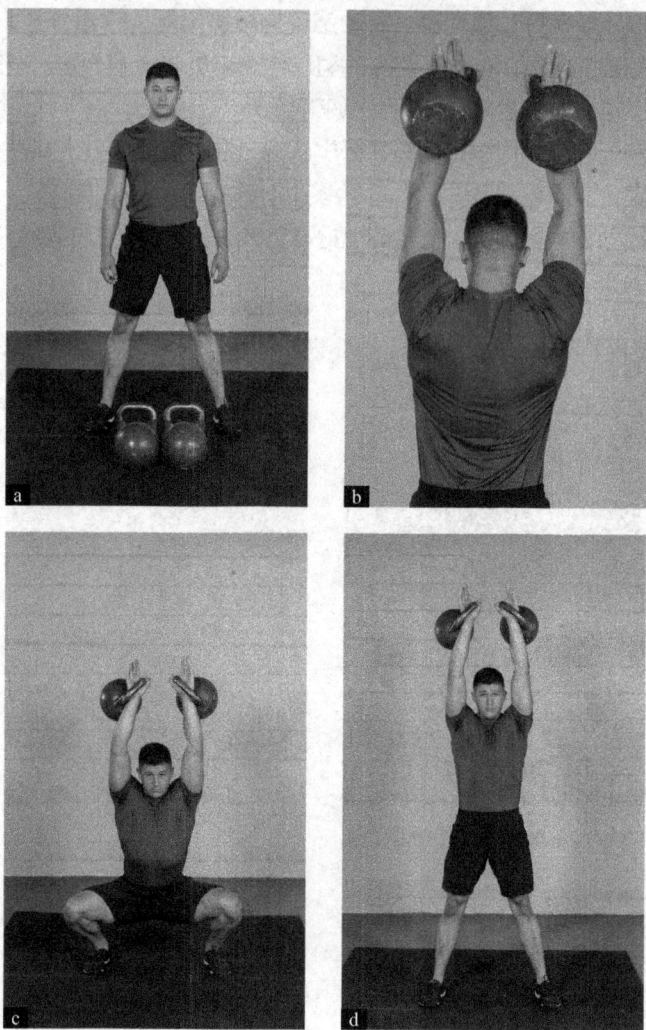

图8.21 双壶铃过顶深蹲

进行单壶铃过顶深蹲和双壶铃过顶深蹲时，都要采用反常呼吸法。从起始姿势开始，下蹲时用腹部吸气，然后起立时呼气。另一种呼吸方式是重复一次动作呼吸2个周期，即站直时吸气，在下蹲的过程中呼气，到达最低点的位置时吸气，然后在起立的过程中呼气。

关键原则

- 用髋部屈肌拉着身体主动下蹲到最低点的位置。
- 始终注意对齐方式和姿势。
- 在过顶姿势的位置，肘部完全锁定，固定壶铃。
- 保持挺胸，下压并后拉肩部。
- 在整个运动的过程中，膝盖与下方的双脚保持垂直对齐。
- 打开髋部使深蹲达到最大深度。
- 起立时，用脚跟发力来抬高身体。
- 在顶点的位置时，膝盖和髋部完全展开。

常见错误	纠正方法
下蹲的过程中，发生了膝内扣	下蹲的过程中，膝盖向两侧用力。可以将一条较轻的弹力带绑在双腿膝盖的外侧。深蹲之前活动一下脚踝和髋部
下蹲到最低点时，抬起了脚跟	将脚跟压回地板上。进行深蹲时，在脚跟下面垫一个5磅或10磅（2千克或5千克）重的负重板
下蹲的过程中，手臂沿着矢状面向前倾斜	练习面壁深蹲。练习本章中的过顶深蹲灵活性练习

要提升力量、爆发力、耐力和协调性，就练习高级的壶铃练习。第6章、第7章和第8章中的练习涵盖了训练者在探索壶铃运动的益处时所需要的所有种类的练习。在接下来的章节中，我们将学习如何将壶铃与其他流行的功能训练工具相结合以变换出更多形式的训练计划，以及如何组合壶铃与各种工具来制订出有效的体能训练计划。

第9章

创建个性化的健身训练计划

正确的训练技巧和练习的质量非常重要，同样重要的是训练者将各种练习融合成健身训练计划的方式。但是，这里我们需要做一下区分。训练本身需要一张时间表，一个计划。那么要达到健身的目的是否有必要制订一个计划呢？事实上，这取决于训练者的目标。

有一种训练概念叫作"本能训练"，意思是做任何自己想做的事情。我们学习理论、学习技巧，但是当我们需要进入自己的个人训练场，拿起那些壶铃时，我们愿意就这样将一切交给自己的感觉吗？还是需要一张时间表，让自己沿着一条精确的道路稳步前进？这是一个有趣的问题，因为有各种各样的人在毫无计划的情况下，只是通过每天重复地做着某件事情而取得了成功。我们从中发现了一个与本能训练相似的概念，就是重要的事情天天做。深蹲重要吗？如果重要，天天深蹲。推举动作重要吗？天天推举！然而，实践起来，可能会相当麻烦。心肺很重要，力量很重要，平衡性很重要，柔韧性也很重要，深蹲、推举、拉伸和弓步通通很重要。显然，我们无法做到天天做所有重要的事情。

与本能训练相对的另一种情况是备受尊敬的体能训练专家对运动员展开的训练。这些专家有着明确的训练计划，运动员要严格地遵守这些训练计划。这是一种周期性的训练计划，其中精确地描述了组数、重复次数、休息时间、频率、运动量和强度。

哪种方法适合训练者呢，本能的方法还是有计划的方法？在我看来，决定健身成功的并不是严格的训练计划。对于团队环境中的运动员，由于训练者要与一群人进行配合，因此有必要制定特订的时间表。就个人而言，运动员都有自己的需求、长处和短处，但是在群体环境中，教练能够做到一对一教学的程度是有限的。训练计划解决了整个团队在整个赛季中要遵循的一些一般原则上的问题。

就终身健身和无损伤训练而言，以训练者希望如何推进训练及希望获得什么样的感受为指导，会使训练者把握好前进的方向。作为一名讲师或教练，我可以给训练者的宝贵的建议是质量第一，数量第二，学习如何分析和适应各种因素，从而调整自己的训练效果，适应不断变化的训练目标。没有完美的训练计划，但是如果在训练计划中融入了适用于特定目标的元素，就可以使某些计划发挥出完美的功效。如果训练者严格地遵守训练计划，并坚持一段时间，那么各种计划中的大部分都可以为训练者所用。其中一些可能需要做轻微的调整，一些可能需要做大量的调整。

练习、实验、记录（写训练日志非常重要）、矫正——这些都是进行终身力量与健身训练的必要步骤。针对这一目标，我们在这里给出了一些示范训练计划，就像物质决定意识一样，这些训练计划对于对训练规则的掌握有着基础性的作用。这些训练计划都有效果，但是如果不知道如何调整这些计划，那么这些计划最终也会失去效果。

训练计划的类型

对于一般的以健康和健身为目的的训练计划来说，常见的重点是减脂、增强肌肉力量与耐力，以及增强力量与爆发力。虽然能够有效地实现这些目标的训练计划有很多，但是针对如何实现这些常见的健康和健身目标，仍然有一些指导原则可供参考。有效的减脂训练计划，要以高强度的、循环类型的训练为基础；肌肉力量训练计划，要依赖于低运动量的重负荷训练；而力量与耐力训练计划，则要依赖于中等负荷的、长时间或高运动量的训练。以下分别是制订减脂、提升肌肉力量与耐力，以及提升力量与爆发力训练计划的一些指导原则。

减脂训练计划

传统的减脂训练指的是时间较长、速度较慢的心肺训练，如跑步、骑行及其他形式的稳态有氧运动。库珀研究所（Cooper Institute）的创始人肯尼思·库珀博士（Dr. Kenneth Cooper）对促进健康心肺、循环和体重控制的有氧调节做出了极大的贡献。库珀博士率先提出了"有氧运动"这个术语，同时发明了有氧训练的方法。20世纪70年代中期，詹姆斯·菲克斯创作了畅销书《跑步完全指南》，进一步引发了跑步健身的热潮。直到今天，对于注重健康与体重的人们来说，跑步即使不是最常见的运动形式，也是最常见的运动形式之一。只要一双跑鞋就可以开始训练。

虽然跑步和其他有氧运动对于减肥确实有效，但是在达到一定程度之后，减少的体重有一些是肌肉。这是因为长时间的有氧运动提高了训练者的皮质醇水平。皮质醇是一种应激激素。训练持续的时间越长，释放的皮质醇就越多。皮质醇对肌肉组织具有分解代谢的作用，这就意味着皮质醇可以引起肌肉的分解或消耗。此外，长期的有氧训练可能增加炎症的发生，对于减脂的效果微乎其微。由于长时间的有氧活动具有分解代谢的性质，因此人们在减脂计划中引入了强度较高、持续时间较短的间歇训练，结果表明这种做法非常有效。这些时间短、强度高的爆发力量的训练，每组重复几次动作，两组训练之间几乎没有休息时间，因此这种训练合成代谢或塑造肌肉的作用更显著，训练过程中几乎不会产生在长时间的有氧训练中发现的分解代谢效应。

一般来说，运动的最佳激素反应发生在运动约45分钟的时候。增强力量与增加肌肉及减脂的重要激素是睾酮和生长激素。进行了45分钟左右的有氧运动之后，这些激素的水平开始下降，皮质醇开始激增。皮质醇与具有合成代谢作用的生长激素和睾酮的作用相反，能够引起肌肉组织的分解代谢。因此，就减脂而言，时间长、速度慢、距离远的耐力训练可能对脂肪的减少产生反作用，甚至可能使训练者的身体开始失去辛苦练就的肌肉张力而变得更胖。

1966年，田畑泉教授（Dr. Izumi Tabata）

进行了一项有趣且影响深远的研究。田畑泉教授在他的研究中选择了七个受试者，让这七个受试者进行了一项例行训练，每周5天，连续6周。每次训练都包含8组高强度的练习，内容为一项特定的练习。每组练习的持续时间为20秒，两组之间休息10秒，即每次塔巴塔（Tabata）训练的总持续时间约为4分钟。另一组进行60分钟的心肺（有氧）训练，每周5天，连续6周。在6周的研究结束后，田畑泉教授发现，进行中等强度、较长持续时间的心肺训练组在有氧能力上只表现出轻微的改善，在无氧能力上没有任何改善。而HIIT（高强度间歇训练）组在有氧能力和无氧能力上的表现都有所改善。

这些塔巴塔训练方案已成为专业运动爱好者和运动员们喜爱的一种高强度的训练形式。原始的塔巴塔训练方案包括5分钟热身、8分钟主体训练（20秒最大强度的运动加10秒休息）及2分钟放松。然而，田畑泉教授的研究是以训练有素的耐力运动员为基础进行的。因此，对于一般人来说，这种训练强度太高，大多数人可能坚持不下去。所以，大多数经过改编的塔巴塔训练方案采用了8个间歇（热身后进行4分钟的主体训练）。塔巴塔训练或循环训练等时间较短、强度较高的基于间歇的训练会燃烧大量的热量，但却避免了与肌肉消耗相关的皮质醇峰值的出现，因而训练者在训练结束后的休息期间能够进行更好的恢复，而此时正是恢复过程中增强力量与肌肉的合成代谢的时候。

基于有氧运动的减脂训练计划和基于无氧运动的减脂训练计划都有自己的优缺点。因此，有效的减脂训练计划应是既包含无氧练习又包含有氧练习的混合训练计划。

肌肉力量与耐力训练计划

根据我的经验，就训练肌肉力量与耐力的目标而言，没什么比壶铃训练更为有效，这一点在整本书中都进行了强调。正是负荷、速度与持续时间的混合搭配赋予了壶铃训练如此多样化的用途。如果训练者的目标是力量与耐力的结合，那么一致的、循序渐进的壶铃训练计划可能正是训练者所需要的。当然也可以进行哑铃、杠铃和徒手的训练来增强肌肉力量与耐力。

力量与爆发力训练计划

要锻炼最大力量，杠铃的效果最好，原因是在练习所有的基本动作时，包括深蹲、硬拉、仰卧推举、高翻、抓举和过顶推举，杠铃能够达到的最大负荷要高于其他的工具。像沙袋和大力士类型的训练方法一样，壶铃也在力量与爆发力训练领域占有一席之地，但是如果训练者的目标是通过自身的训练计划来达到最大力量和爆发力，那么杠铃训练是基础。

要提升爆发力，训练者必须在整个运动范围内尽可能快地移动负荷。要实现这种目标，药球是一种非常好的工具，原因是训练者能够以最快的速度使药球加速，然后在身体完全伸展时将其释放出去，从而在运动中充分施展爆发力。切记，"爆发力"的定义为单位时间内进行的运动量，因此力量与爆发力之间是有区别的。力量或产生的力的大小是爆发力的一个组成部分，爆发力与力量的区别在于运动的速度。因此，锻炼爆发力的训练计划必须包括全速的运动。

健身训练计划的设计

制订健身训练计划是通往健康和幸福的重要一步。在训练者开始用壶铃训练之前，创建一个可参照的训练计划是有必要的。设计训练计划时，需要考虑训练者的目标和训练者当前的能力。以下是一些指导原则，训练者在设计自身的壶铃训练计划时应牢记。

- 了解自身当前的体质水平，以便能有一个可以衡量自己进步情况的起点。我们在第4章学过一些简单的测试，可以通过这些测试来判断一下自己的起点。

- 编写自己的训练计划或采用规定的计划模板之前，训练者需要明确计划那段时间内自己的关注点或最重要的目标。是想减肥吗？还是有一些体能表现方面的目标，如完成铁人三项？有一个具体的目标会使训练者能够专注于自己的进步情况。例如，如果训练者想要减掉20磅（9千克），那么训练者可能会优先考虑一个在接下来3个月左右的时间内将重点放在减脂上面的训练计划。如果训练者实现了减脂的目标，那么训练者的下一个训练计划可能会关注力量与耐力的提升。此外，一个总体的方案，有助于训练者在实现基本的健身目标的同时灵活地混合和搭配各种训练工具和训练方法。

- 开始时训练的速度不要太快，且要循序渐进，这一点很重要。如果训练者带伤或患有疾病，务必先咨询医生，了解医生对自己的健身训练计划的适当指导建议。选择的壶铃，要适合自己当前的体能水平，使自己能够在接下来的3~6个月的时间内取得进步。倾听身体发出的声音。如果训练者感觉到了疼痛、呼吸急促、头晕或恶心，就要休息一下。这可能

是训练过于频繁或强度太高造成的。

- 训练者会需要一个能够锻炼力量、耐力和运动范围的全面的训练计划。写日志跟踪自己的目标和进展。如果发现自己不再进步，那么可能就需要加快训练的频率或提高训练的强度了。随着时间的推移，不断设定新的目标，使自己保持积极的训练状态。

- 两次训练之间要留有恢复的时间，以便训练者可以充分地休息和恢复。此外，在训练开始和结束的时候要分别留有充分热身和放松的时间。如果感觉到不舒服，可能需要休息一两天，然后再进行下一次训练。

我在设计一般的健身训练计划时，所遵循的指导原则是训练所有主要的运动模式。如果我们观察训练者需要进行的所有的运动类型，我们可以总结出一个分类方式。这种方式可以帮助训练者将各种调节练习进行分组，使训练者能够准确地使用互补的运动，训练到每一个部分：垂直推、垂直拉、水平推、水平拉、强调髋关节、强调膝关节，以及强调人体中线（核心）稳定性和动态灵活性。

身体可以进行的运动有几种类型，每种类型的运动至少给出了两种高质量的功能性练习，如表9.1所示。这些例子绝非详尽无遗；但是，训练者会发现，以表9.1中所示的运动分组为参考，可以满足自身在锻炼力量与体能方面的所有需求，不会因种类稀少而找不到合适的练习。

如果训练者理解了这七种运动模式的概念，就可以用任何其他类型的阻力工具来代替壶铃，如杠铃或哑铃。

就健康和健身而言，我从经验和专业的角度去看，在锻炼身体和技能组合的过程中，一个主要目标是努力达到平衡。壶铃训练是一种

特殊的运动，对于提高训练者的整体体质水平具有特殊的功效。任何类型的壶铃训练计划都会自然地注重垂直方向的推拉，而不是水平方向的推拉。由于壶铃训练中以垂直运动为主，因此训练者会希望添加一些水平运动来兼顾一下其他的运动角度。此外，矢状面与冠状面的运动占主导地位的话，加入一些水平面的运动是一种达到平衡的好办法。

有了这个指导原则和丰富的功能性练习，我们可以轻松地构建出满足健身目标的全面有效的训练计划。

表 9.1　运动的分类

垂直推	单臂推举、双壶铃推举、单臂借力推举、双壶铃借力推举、单臂下蹲挺举、双壶铃下蹲挺举、单臂坐式推举、双壶铃坐式推举、站立式或坐式交替推举、下蹲、地板或双杠倒立姿势俯卧撑
垂直拉	单臂抓举、单臂高翻、双壶铃高翻、引体向上、硬拉
水平推	仰卧推举、任何形式的俯卧撑
水平拉	单臂俯身划船、俯身划船、俯卧划船、水平划船、单臂水平划船、倒立姿势引体向上
下半身——强调膝关节	前蹲、踮脚前蹲、深蹲式甩摆、壶铃跳跃式深蹲
下半身——强调髋关节	双手甩摆、单手甩摆、单腿硬拉、早安式硬拉、手枪式深蹲（单腿深蹲）、双手传递式甩摆
强调核心稳定性和动态灵活性	过顶深蹲、单臂过顶深蹲、风车、土耳其起立、卧式前拉、倒立壶铃平板支撑、侧身平板支撑

创建训练日志

记录进步情况的方法有多种。但无论采用哪一种，重要的是，训练者要进行记录，且使用的系统便于自己跟踪自己的训练情况。然后，当训练者不再进步时，可以回顾一下前几周和前几个月的情况，来确切地了解自己做了哪些训练以及需要做出什么样的改变才能使自己重新进步。我的建议是记录的日志要包含以下信息。

- 日期。
- 练习的名称。
- 选用的负荷。
- 重复次数。
- 组数。
- 每组的持续时间。
- 两组之间的休息时间。
- 训练的总时间。
- 总负荷量。

在训练日志里面记录了这些信息之后，训练者就可以准确地了解自己做了多少训练、采用了多大的重量、总的训练量和总的训练时间。随着时间的推移，训练者应该看到这些数字中的一些或所有都在上升，如更重的负荷、负荷不变但增加了重复次数或组数、更短的休息时间等。这种方式使训练者可以轻松地了解自己的进步情况。训练者还可以记录每次、每周和每月训练的总负荷量。整体上，每月的总负荷量应至少增加一点。当这个数字不再增加时，就清楚地说明训练者需要休息一两个星期，让身体恢复一下。然后，训练者就可以精神焕发、神清气爽地回到训练之中。

示范训练计划

以下是一些示范训练计划，针对的是减脂、增强肌肉力量与耐力，以及增强力量与爆发力这三个常见的训练目标。训练者可以直接使用其中的每一种训练计划，也可以修改一下任何练习的重量、重复次数、组数或持续时间，也可以制订新的训练计划。这些示范的训练计划旨在帮助训练者入门，使训练者了解要在训练中做什么。随着经验的积累，训练者就会知道如何自信地创建自己的训练计划了。这种可能性是无限的。

示范减脂训练计划

本节描述了三种偏重减脂的训练计划（见图9.1 ~ 图9.3）。一种适合初学者，一种适合中级训练者，一种适合高级训练者。

图 9.1	适合初学者的减脂训练计划
热身	1. 绕身传递（第77页）：使用轻型壶铃在每个方向练习30秒 2. 绕顶旋转（第78页）：使用轻型壶铃在每个方向练习30秒 3. 壶铃硬拉（第81页）：重复10次 4. 高脚杯深蹲（第97页）：重复10次 5. 关节灵活性练习（第46页）：旋转所有主要的关节（肩关节、髋关节、颈关节）10 ~ 20次
主体训练	1. 单壶铃甩摆（第82页）：采用第177页所述的塔巴塔训练方案，练习20秒，休息10秒，然后换手臂练习。重复4组，两组之间休息1分钟 2. 单壶铃实力推举（第90页）：采用第177页所述的塔巴塔训练方案，练习20秒，休息10秒，然后换手臂练习。重复4组，两组之间休息1分钟
放松	1. 轻松慢跑10分钟 2. 拉伸5分钟：进行每种拉伸时，在两侧分别拉伸30秒（肩部的向后拉伸，第62页；肩部的拉伸，第62页；肱三头肌的拉伸，第63页；膝盖向胸部的站立式拉伸，第64页；股四头肌的站立式拉伸，第65页）

图 9.2	适合中级训练者的减脂训练计划
热身	1. 双臂单腿壶铃硬拉（第102页）：每侧重复8次 2. 风车（第127页）：每侧重复10次 3. 关节灵活性练习（第46页）：旋转所有主要的关节（肩关节、髋关节、颈关节）10 ~ 20次
主体训练	在10分钟内循环进行以下练习，循环的轮数越多越好： 1. 双壶铃甩摆（第105页）：使用中等重量的壶铃重复15次 2. 双壶铃高翻（第107页）：使用中等重量的壶铃重复15次 3. 双壶铃前蹲（第111页）：使用中等重量的壶铃重复15次 4. 俄罗斯转体（第136页）：使用中等重量的壶铃扭转40次
放松	1. 轻松慢跑10分钟 2. 拉伸7分钟：每种姿势拉伸1分钟（腘绳肌的站立式拉伸，第65页；膝盖向胸部的站立式拉伸，第64页；股四头肌的站立式拉伸，第65页；脊柱的伸展，第67页；婴儿式拉伸，第68页；膝盖向胸部的拉伸，第67页；脊柱的前屈，第66页）

图 9.3 适合高级训练者的减脂训练计划

热身	1. 轻松慢跑 5 分钟 2. 动态灵活性热身（第 56 页）：手臂前后扭转 30 秒，动态拍手 30 秒，在各个方向甩摆腿部 30 秒 3. 单壶铃过顶深蹲（第 171 页）：每侧 30 秒 4. 脊柱的前屈（第 66 页）：坚持 1 分钟 5. 小腿的拉伸（第 66 页）：每条腿 1 分钟
主体训练	1. 双壶铃半抓举（第 148 页）：采用第 177 页所述的塔巴塔训练方案，每组练习 20 秒，两组练习之间休息 10 秒。重复 4 组 2. 倒立俯卧撑（第 161 页）：采用第 177 页所述的塔巴塔训练方案，每组练习 20 秒，两组练习之间休息 10 秒。重复 4 组
放松	静态拉伸：每侧拉伸 30 秒或每种拉伸重复 10 次（股四头肌的站立式拉伸，第 65 页；腘绳肌的站立式拉伸，第 65 页；膝盖向胸部的站立式拉伸，第 64 页；小腿的拉伸，第 66 页；脊柱的前屈，第 66 页）

示范力量与耐力训练计划

本节提供了三种偏重力量与耐力的训练计划（见图 9.4 ~ 图 9.6）。一种适合初学者，一种适合中级训练者，一种适合高级训练者。

图 9.4 适合初学者的力量与耐力训练计划

热身	1. 轻松慢跑 5 分钟 2. 关节灵活性练习（第 46 页）：旋转所有主要的关节（肩关节、髋关节、颈关节）10 ~ 20 次或 5 分钟
主体训练	在身体的每一侧连续进行以下练习，每个练习在每侧重复 10 次。循环进行所有练习，循环 3 轮，两轮之间休息 1 分钟。每轮的练习包含单壶铃甩摆（第 82 页）、单壶铃高翻（第 84 页）、单壶铃实力推举（第 90 页）、抓举（第 94 页）和高脚杯深蹲（第 97 页）
放松	拉伸 7 分钟：每种姿势拉伸 1 分钟（肩部的向后拉伸，第 62 页；膝盖向胸部的站立式拉伸，第 64 页；腘绳肌的站立式拉伸，第 65 页；股四头肌的站立式拉伸，第 65 页；脊柱的伸展，第 67 页；婴儿式拉伸，第 68 页；脊柱的前屈，第 66 页）

图 9.5　适合中级训练者的力量与耐力训练计划

热身	1. 轻松慢跑 5 分钟 2. 高脚杯深蹲（第 97 页）：使用轻型或中等重量的壶铃练习一组，一组重复 10 次
主体训练	1. 双壶铃高翻（第 107 页）：使用两个中等重量的壶铃练习 10 组，每组重复 10 次，两组之间休息 1 分钟 2. 单臂下蹲挺举（第 114 页）：使用一个中等重量的壶铃进行练习，每只手臂练习 5 组，每组重复 10 次，两组之间休息 1 分钟 3. 双壶铃前蹲（第 111 页）：使用两个中等重量的壶铃练习 10 组，每组重复 10 次，两组之间休息 1 分钟
放松	拉伸 9 分钟：每种姿势拉伸 1 分钟（肩部的向后拉伸，第 62 页；颈部的前屈拉伸，第 63 页；颈部的侧向拉伸，第 64 页；膝盖向胸部的站立式拉伸，第 64 页；腘绳肌的站立式拉伸，第 65 页；股四头肌的站立式拉伸，第 65 页；脊柱的伸展，第 67 页；婴儿式拉伸，第 68 页；脊柱的前屈，第 66 页）

图 9.6　适合高级训练者的力量与耐力训练计划

热身	1. 深蹲（第 97 页）：1 分钟 2. 徒手俯卧撑：30 秒
主体训练	1. 单壶铃过顶深蹲（第 171 页）：每侧练习 5 组，每组重复 5 次，两组之间休息 1 分钟 2. 双壶铃完整挺举（第 159 页）：练习 10 组，每组重复 10 次，两组之间休息 1 分钟 3. 负重行走（第 121 页）：使用两个重型壶铃练习一组，时间越长越好
放松	1. 轻松慢跑 20 分钟 2. 拉伸 9 分钟：每种姿势拉伸 1 分钟（肩部的向后拉伸，第 62 页；颈部的前屈拉伸，第 63 页；颈部的侧向拉伸，第 64 页；膝盖向胸部的站立式拉伸，第 64 页；腘绳肌的站立式拉伸，第 65 页；股四头肌的站立式拉伸，第 65 页；脊柱的伸展，第 67 页；婴儿式拉伸，第 68 页；脊柱的前屈，第 66 页）

示范力量与爆发力训练计划

　　本节提供了三种偏重力量与爆发力的训练计划（见图 9.7 ~ 图 9.9）。第一种适合初学者，第二种适合中级训练者，第三种适合高级训练者。

图 9.7 适合初学者的力量与爆发力训练计划

热身	1. 轻松慢跑 5 分钟 2. 双腿之间 8 字传递（第 79 页）：使用一个轻型壶铃在各个方向练习 1 分钟 3. 关节灵活性练习（第 46 页）：每种练习重复 20 次（髋部的绕转、躯干的旋转、侧向弯曲、腰部的屈伸、肩部的绕转、颈部上下倾、颈部的旋转、脚踝的弹跳）
主体训练	使用一个中等重量的壶铃进行以下练习，每只手练习 5 组，每组每种重复练习 5 次，两组之间休息不超过 1 分钟。一组练习包括单壶铃甩摆（第 82 页）、单壶铃高翻（第 84 页）、单壶铃实力推举（第 90 页）、借力推举（第 92 页）、半抓举（第 95 页）和前蹲（第 98 页）
放松	拉伸 9 分钟：每种姿势拉伸 1 分钟（肩部的向后拉伸，第 62 页；颈部的前屈拉伸，第 63 页；颈部的侧向拉伸，第 64 页；膝盖向胸部的站立式拉伸，第 64 页；腘绳肌的站立式拉伸，第 65 页；股四头肌的站立式拉伸，第 65 页；脊柱的伸展，第 67 页；婴儿式拉伸，第 68 页；脊柱的前屈，第 66 页）

图 9.8 适合中级训练者的力量与爆发力训练计划

热身	1. 轻松慢跑 5 分钟 2. 深蹲（第 97 页）：练习 1 组，持续时间为 30 秒 3. 关节灵活性练习（第 46 页）：每种练习重复 20 次（髋部的绕转、躯干的旋转、侧向弯曲、腰部的屈伸、肩部的绕转、颈部上下倾、颈部的旋转、脚踝的弹跳）
主体训练	1. 架式持握（第 123 页）：使用两个轻型壶铃持握 2 分钟，休息 1 分钟；使用两个中等重量的壶铃持握 2 分钟，休息 2 分钟；使用两个重型壶铃持握 1 分钟 2. 过顶持握（第 124 页）：使用两个轻型壶铃持握 1 分钟，休息 1 分钟；使用两个中等重量的壶铃持握 1 分钟 3. 倒立推举（第 142 页）：每只手练习 2 组，每组重复 5 次，两组之间休息 1 分钟 4. 俯卧划船（第 125 页）：练习 3 组，每组重复 10 次，两组之间休息 1 分钟 5. 壶铃跳跃式深蹲（第 119 页）：练习 3 组，每组重复 15 次，两组之间休息 1 分钟 6. 负重行走（第 121 页）：使用两个重型壶铃练习一组，持握壶铃的时间越长越好
放松	1. 轻松慢跑 5 分钟 2. 拉伸 9 分钟：每种姿势拉伸 1 分钟（肩部的向后拉伸，第 62 页；颈部的前屈拉伸，第 63 页；颈部的侧向拉伸，第 64 页；膝盖向胸部的站立式拉伸，第 64 页；腘绳肌的站立式拉伸，第 65 页；股四头肌的站立式拉伸，第 65 页；脊柱的伸展，第 67 页；婴儿式拉伸，第 68 页；脊柱的前屈，第 66 页）

图 9.9	适合高级训练者的力量与爆发力训练计划
热身	1. 深蹲（第97页）：练习1组，每组重复30次 2. 跳绳（第45页）：1分钟 3. 动态灵活性热身（第56页）：每种练习重复15次（手臂的扭转，第57页；胸部的收缩与扩展，第58页；垂直扩胸，第58页；动态拍手，第59页；腿部的甩摆，第60页）
主体训练	1. 深蹲式土耳其起立（第163页）：每个手臂重复5次 2. 双壶铃过顶深蹲（第172页）：练习5组，每组重复5次，两组之间休息1分钟 3. 双壶铃交替高翻（第145页）：练习1分钟，休息1分钟 4. 双壶铃交替抓举（第153页）：练习1分钟，休息1分钟 5. 双壶铃完整挺举（第159页）：练习5组，每组重复10次，两组之间休息1分钟
放松	1. 轻松慢跑10分钟 2. 拉伸9分钟：每种姿势拉伸1分钟（肩部的向后拉伸，第62页；颈部的前屈拉伸，第63页；颈部的侧向拉伸，第64页；膝盖向胸部的站立式拉伸，第64页；腘绳肌的站立式拉伸，第65页；股四头肌的站立式拉伸，第65页；脊柱的伸展，第67页；婴儿式拉伸，第68页；脊柱的前屈，第66页）

　　遵循以全身作为一个整体进行训练的指导原则，牢记七种常见的运动模式，同时利用本书介绍的适合初学者和中、高级训练者的各种壶铃练习，训练者可以轻松地为自己设计出可以不断变化的训练计划，使自己始终保持积极的训练状态，不会出现感觉枯燥乏味的情况。如果训练者将壶铃练习与其他的训练工具相结合，那么可以选择的运动和工具的种类更是数不胜数。训练者的健康和体质非常重要，有了这本书做指导，训练者就掌握了实现减脂、增强力量与耐力或增强力量与爆发力的目标所需要的全部实用信息。

第10章

运动专项训练计划

壶铃训练不仅有利于改善训练者的身体素质，还是许多体育运动领域的运动员进行体能训练的重要补充训练。虽然有些体育运动关注的范围狭窄，强调单一素质，而忽略了其他素质，但是大多数运动都需要运动者具备各种各样的技能、运动范围和能量系统。例如，举重注重的是锻炼最大力量或极限力量这种单一的素质，而马拉松赛跑注重的则是最大限度地提升心肺的适能和耐力。但是许多其他的运动注重的却是各种素质的结合。因此，壶铃训练对大多数运动员的体能训练来说，是一种很好的补充训练——壶铃训练本身就是一种综合了力量、爆发力、耐力和灵活性的训练。同时，要发挥出壶铃（或任何其他）交叉训练计划的作用，遵循生理原则的同时，还需要考虑特定体育运动的能量系统和运动模式。

大多数训练计划的真谛是，失去效果之前会一直有效。意思是做一件与众不同的事情做到一定程度就会产生适应性。如果训练者不习惯以某一种特定的方式进行训练，那么用壶铃进行训练时，通过练习，训练者能提升自己的力量、体能和协调性。这些初始的适应现象主要是神经学上的，也就是说早期出现的改善现象是由神经细胞与肌肉纤维

的同步能力得到了提升引起的，而不是肌肉增大的缘故。然而，经过一段时间之后，也许是几个星期，也许是一个月或更长的时间，训练者就会到达一个平台期，进步的速度会开始下降，甚至停止。训练者无法再提高壶铃的重量或增加练习的重复次数。一旦训练者的身体适应了这一新的水平，训练者的力量或耐力甚至会出现轻微的减弱。训练者的身体已经适应了正在进行的训练计划，所以训练者必须修改一些内容才能继续进步。

以下运动专项训练计划旨在通过控制所选的练习、组数和重复次数的范围，训练特定体育运动的主要运动模式和能量系统，同时作为相应体育运动的补充训练，以一种整体化的方式来锻炼身体。在我们开始了解具体的训练计划之前，我们先回顾一些基本的练习原则。

基本的练习原则

在开始了解运动专项训练计划的建议之前，快速回顾一下重要的练习原则，以便训练者了解身体适应体育训练的方式，从而了解如何设定实际、实用的目标。知识就是力量，训练者对训练计划中会有什么样的收获

及进步的过程中会遇到什么样的障碍知道得越多，就越能够持续增强自己的身体素质。这些原则如下。

- 个体差异性原则——我们都是独一无二的，即使在遇到相同的刺激时，身体做出反应的方式也会存在差别。
- 过度补偿原则——肌肉在遇到较大的阻力时，会通过逐渐变壮、变大、变灵活的方式对阻力（应力）做出反应。
- 渐进阻力原则——这一原则由超负荷原则和循序渐进原则组成，是两个原则的结合：
  o 超负荷原则——要使身体做出适应的反应，就需要大于正常水平的应力；要提升力量和体质水平，必须逐渐提高要求（例如，负荷、持续时间、总运动量）；
  o 循序渐进原则——超负荷有一个改善训练者体质的最佳水平。超出的负荷太少无法引起任何改善，超出的负荷太多则可能会造成损伤。
- 适应原则——训练者的身体会进行自我调整（变壮、变好、变灵活等）来适应越来越高的身体要求。
- 可逆原则——训练者的身体越用越强，越不用越弱（用进废退）。这个原则与适应原则相反，也被称为"停训原则"。

能量系统

设计壶铃训练计划时，设计的练习与运动量应该与体育运动中使用的能量系统和运动模式互补。训练者的身体用于产生能量的能量系统主要有以下三种。

- "有氧系统"，也叫作"氧化能系统"，为持续时间超过 2 分钟的活动提供能量。这个系统属于有氧系统。
- "糖酵解系统"，为持续时间在 30 秒以上、2 分钟以下的活动提供能量，也被称为"乳酸系统"。这个系统属于无氧系统。
- "ATP-CP 系统"（ATP 和 CP 分别是三磷酸腺苷和磷酸肌酸的缩写），为持续时间不超过 30 秒的活动提供即时能量源。这个系统属于无氧系统。

对于大多数体育运动而言，特别是团队运动，所需的主要能量系统都是无氧系统。例外的运动包括长跑、越野滑雪、公路自行车、长距离游泳和铁人三项等。因此，选用的交叉训练计划应该采用更加基于间歇的训练方案，而不是曾经在许多体育训练计划中占主流地位的 LSD（时间长、速度慢、距离远）的训练方案。同时，许多主要使用无氧能量的运动也需要训练者有一个坚实的有氧基础。在网球、曲棍球、摔跤和其他运动中，虽然要通过短暂、快速的爆发式无氧活动比赛和得分，但是由于需要在整个比赛中不断地活动，因此要完成比赛也需要有氧能量。综上所述，混合了无氧运动和有氧运动的方式适用于大多数运动专项的壶铃训练计划，如本章的示范训练计划所示。

- 具体原则——通过练习一种具体的技能，训练者可以更加擅长这种技能。训练者在选择练习时应该以符合自身的训练目标为准。

除了这些练习原则外，精心设计的体育训练计划还应符合我们在第3章学过的FITT原则。

- 频率：应该多长时间训练一次？
- 强度：在一种特定的训练中应该使用多大的负荷及付出百分之多少的力量？
- 时间：每次训练的持续时间应该为多久？
- 类型：训练者应该进行什么样的练习来补充自己的运动训练——力量训练、耐力训练、爆发力训练、柔韧性训练，还是这些训练的组合？训练者的训练应该是无氧的、有氧的，还是混合使用各种能量系统？

对于其他体育运动的GPP（一般性体能准备）训练或交叉训练，要牢记一个关键点，即体育技能本身的提升是唯一有意义的目标。GPP训练，或一般体能训练，是所有训练的基础，能够锻炼一个人的一般的、非特定的身体素质，为其提供了一个全面发展的体质基础，使其能够应对特定任务的体质要求，包括力量、柔韧性、肌肉耐力、有氧耐力、速度和身体成分。对于运动员来说，训练本身是没有任何价值的；相反，运动员训练的目的是提升自身的力量和体能，使自己能够在体育运动中表现得更好。为了训练而训练对于竞技运动员来说是有害的，原因是这种训练会吸收运动员本应在练习体育技能时使用的宝贵能量。此外，运动员进行交叉训练的首要原则是不要对自身造成损伤，即不要使自己离开赛场。不应该发生在运动员身上的事情就是在健身房里伤到了自己！本着这一原则，大多数壶铃交叉训练的持续时间应该相对较短，以便运动员在两次训练之间留有充足的时间进行恢复，同时保留足够的能量练习体育技能和参加比赛。

示范运动专项壶铃训练计划

了解了训练中涉及的基本练习原则和能量系统之后，以下针对美式橄榄球、篮球、拳击、高尔夫球、冰球、跆拳道、足球、网球、田径、排球和摔跤，提供了一些示范壶铃训练计划（见图10.1～图10.13）。在每个训练计划中，还简要讨论了运动中运用的主要运动模式和运动素质。

设计运动专项的壶铃训练计划时，以本章中的计划模板为参考标准，以我们对练习原则、能量系统和运动模式的理解为指导，构建出自己的有效的交叉训练计划。

图 10.1 适合美式橄榄球的壶铃训练计划

美式橄榄球几乎是一种无氧运动,采用的是爆发式的线性横向运动,平均持续时间不超过10秒。优秀的下半身线性横向爆发力和上半身前推力量是对橄榄球运动员的基础要求。涉及的技能包括跳跃、投掷、接球、阻挡、冲撞和踢球。

热身	1. 徒手灵敏性练习(第45页):每种练习练习30秒(前后跳跃、横向滑步、双腿跳跃)
	2. 深蹲(第97页):30秒
	3. 俯卧撑:30秒
	4. 关节灵活性练习(第46页):每种练习练习30秒(肩部的绕转、颈部上下倾、颈部的旋转、颈部的绕转、髋部的绕转、躯干的旋转、侧向弯曲、腰部的屈伸、腰部的8字绕转、脊柱逐节活动、肋骨的侧向伸展、膝盖的绕转、脚踝的弹跳)
	5. 动态灵活性热身(第56页):每种练习练习30秒(手臂的扭转、胸部的收缩与扩展、垂直扩胸、动态拍手、腿部的拉伸、腿部的甩摆)
主体训练	按顺序进行以下给定的练习,完成了每项练习规定的全部组数之后,再开始下一项练习。练习时,按照每种练习所给出的休息规则进行休息:
	1. 双壶铃甩摆(第105页):使用轻型壶铃练习1组,每组重复10次;然后使用中等重量的壶铃练习1组,每组重复10次;再用重型壶铃练习1组,每组重复10次;两组之间休息15秒
	2. 双壶铃完整挺举(第159页):使用中等重量的壶铃练习1组,每组重复10次;然后使用重型壶铃练习3组,每组重复5次;两组之间休息1分钟
	3. 双壶铃抓举(第150页):使用重型壶铃练习3组,每组重复5次;两组之间休息1分钟
	4. 双壶铃前蹲(111页):使用重型壶铃练习3组,每组重复10次;两组之间休息1分钟
	5. 单腿壶铃硬拉(第102页):使用重型壶铃进行练习,每条腿练习3组,每组重复5次;两组之间休息1分钟
	6. 双壶铃甩摆(第105页):使用重型壶铃练习3组,每组重复10次;两组之间休息1分钟
放松	拉伸:每种姿势拉伸1分钟(肩部的向后拉伸,第62页;肩部的拉伸,第62页;颈部的前屈拉伸,第63页;颈部的侧向拉伸,第64页;膝盖向胸部的站立式拉伸,第64页;股四头肌的站立式拉伸,第65页;腘绳肌的站立式拉伸,第65页;膝盖向胸部的拉伸,第67页;婴儿式拉伸,第68页)

图 10.2　适合篮球的壶铃训练计划

　　篮球运动中，运动员需要连续地奔跑，因此运动员需要具备强大的有氧基础。但是，跳跃属于无氧运动并且需要腿部具有爆发力。腿部的爆发力与耐力、横向的灵敏性、肩部的耐力、核心稳定性和动态灵活性都是篮球运动员必须具备的运动素质

热身	1. 绕身传递（第77页）：使用一个轻型壶铃在各个方向上练习1分钟 2. 单壶铃甩摆（第82页）：使用轻型壶铃进行练习，每只手练习1分钟 3. 双腿之间8字传递（第79页）：使用一个轻型壶铃在各个方向上练习1分钟
主体训练	循环进行以下练习，循环3轮，两轮之间休息1分钟： 1. 土耳其起立（第133页）：使用一个轻型壶铃进行练习，每侧重复5次 2. 单壶铃实力推举（第90页）：使用一个轻型壶铃进行练习，每只手臂重复5次 3. 双壶铃风车（第131页）：使用两个轻型壶铃进行练习，每侧重复5次 4. 借力推举（第92页）：使用一个中等重量的壶铃进行练习，每只手臂重复10次 5. 单壶铃高翻（第84页）：使用一个中等重量的壶铃进行练习，每只手臂重复10次 6. 高脚杯深蹲（第97页）：使用一个中等重量的壶铃练习30秒 7. 壶铃硬拉（第81页）：使用两个中等重量的壶铃重复15次 8. 壶铃跳跃式深蹲（第119页）：使用一个轻型壶铃重复15次
放松	拉伸：每种姿势拉伸1分钟（肩部的向后拉伸，第62页；肩部的拉伸，第62页；肱三头肌的拉伸，第63页；颈部的前屈拉伸，第63页；颈部的侧向拉伸，第64页；膝盖向胸部的站立式拉伸，第64页；股四头肌的站立式拉伸，第65页；腘绳肌的站立式拉伸，第65页；小腿的拉伸，第66页；脊柱的伸展，第67页；脊柱的前屈，第66页；婴儿式拉伸，第68页）

图 10.3 适合拳击的壶铃训练计划

拳击运动中涉及了强有力的击打动作，因此拳击主要是一种无氧运动，但是要出色地完成 12 回合的专业格斗，运动员还需要具有一个坚实的有氧基础。拳击对体能的要求非常高：下半身的耐力与灵敏性、肩部与肱三头肌的耐力、核心的稳定性、颈部的稳定性，以及手腕与前臂的稳定性。拳击中涉及的动作包括扭转、弓步、旋转和伸展。

热身	1. 深蹲（第 97 页）：1 分钟 2. 太极拳（第 45 页）：1 分钟 3. 跳绳（第 45 页）：1 分钟 4. 关节灵活性练习（第 46 页）：每种练习练习 20 秒（手指的屈曲与伸展、手腕的十指紧扣绕转、前臂的伸展与屈曲、肘部的绕转、肩部的绕转、颈部上下倾、颈部的旋转、颈部的绕转、髋部的绕转、躯干的旋转、侧向弯曲、腰部的屈伸、腰部的 8 字绕转、脊柱逐节活动、肋骨的侧向伸展、膝盖的绕转、脚踝的弹跳） 5. 动态灵活性热身（第 56 页）：每种练习练习 30 秒（手臂的扭转、胸部的收缩与扩展、垂直扩胸、动态拍手）
主体训练	循环进行以下练习，循环 3 轮，两轮之间休息 1 分钟： 1. 倒立高翻（第 140 页）：使用一个轻型壶铃进行练习，每只手重复 5 次；休息 30 秒；然后再用一个中等重量的壶铃进行练习，每只手重复 5 次 2. 双壶铃下蹲挺举（第 156 页）：使用两个轻型壶铃练习 1 分钟 3. 高脚杯深蹲（第 97 页）：使用一个轻型壶铃练习 1 分钟 4. 俯卧划船（第 125 页）：使用两个中等重量的壶铃重复 10 次 5. 倒立推举（第 142 页）：使用一个中等重量的壶铃进行练习，每只手重复 5 次，休息 1 分钟，再重复一遍 6. 倒立俯卧撑（第 161 页）：重复 15 次 7. 高脚杯深蹲（第 97 页）：使用一个中等重量的壶铃练习 1 分钟 8. 单臂下蹲挺举（第 114 页）：使用一个中等重量的壶铃进行练习，每只手练习 90 秒 9. 单壶铃甩摆（第 82 页）：使用一个中等重量的壶铃进行练习，每只手练习 90 秒
放松	拉伸：每种姿势拉伸 1 分钟（肩部的向后拉伸，第 62 页；肩部的拉伸，第 62 页；肱三头肌的拉伸，第 63 页；颈部的前屈拉伸，第 63 页；颈部的侧向拉伸，第 64 页；膝盖向胸部的站立式拉伸，第 64 页；股四头肌的站立式拉伸，第 65 页；腘绳肌的站立式拉伸，第 65 页；脊柱的伸展，第 67 页；脊柱的前屈，第 66 页；婴儿式拉伸，第 68 页）

图 10.4　适合高尔夫球的壶铃训练计划

　　高尔夫球主要是一种无氧运动。高尔夫球一次挥杆的时间不到2秒，因此依赖ATP-CP系统。挥杆、切球和推杆的动作都要进行剧烈的旋转。在两个球洞之间行走时也有一个有氧运动的过程，当然乘坐高尔夫球车的情况除外。此外，肩部的灵活性、达到一定旋转扭矩需要具备的躯干柔韧性、稳定中线需要具备的核心稳定性，以及准确击球需要具备的手腕稳定性，建议都应在训练计划中予以考虑。

热身	1. 关节灵活性练习（第46页）：每种练习练习20秒，总共练习4分钟（肘部的绕转、肩部的绕转、颈部上下倾、颈部的旋转、髋部的绕转、躯干的旋转、侧向弯曲、腰部的屈伸、腰部的8字绕转、肋骨的侧向伸展、膝盖的绕转、脚踝的弹跳） 2. 动态灵活性热身（第56页）：每种练习练习20秒，总共练习2分钟（手臂的扭转、胸部的收缩与扩展、垂直扩胸、动态拍手、腿部的拉伸、腿部的甩摆）
主体训练	循环进行以下练习，两项练习之间几乎没有休息，完成一轮循环休息1分钟，努力循环3轮： 1. 绕顶旋转（第78页）：使用一个轻型壶铃在各个方向上重复10次 2. 双壶铃甩摆（第105页）：使用中等重量的壶铃重复15次 3. 高位风车（第130页）：使用一个轻型壶铃进行练习，每侧重复5次 4. 倒立高翻（第140页）：使用一个中等重量的壶铃进行练习，每只手重复5次 5. 单壶铃实力推举（第90页）：使用一个中等重量的壶铃进行练习，每只手臂重复5次 6. 高脚杯深蹲（第97页）：使用一个中等重量的壶铃重复10次 7. 俄罗斯转体（第136页）：使用一个轻型壶铃重复20次 8. 单壶铃甩摆（第82页）：使用一个中等重量的壶铃进行练习，每只手重复10次
放松	拉伸：每种姿势拉伸30秒（肩部的向后拉伸，第62页；肩部的拉伸，第62页；肱三头肌的拉伸，第63页；膝盖向胸部的站立式拉伸，第64页；股四头肌的站立式拉伸，第65页；腘绳肌的站立式拉伸，第65页；小腿的拉伸，第66页）

图10.5　适合冰球的壶铃训练计划

冰球运动中，混合使用无氧能量和有氧能量的情况相当复杂。随着比赛的进行，由于要连续地滑冰，这种运动就变得更加依赖有氧能量。射门和守门员的救球行为都是使用无氧能量的短时间爆发式的运动。横向运动能力、以髋部为主的爆发力、核心稳定性，以及单腿的力量与平衡性都是冰球运动员应具备的一些重要的运动素质。

热身	1. 深蹲（第97页）：25秒 2. 跳绳（第45页）：1分钟 3. 关节灵活性练习（第46页）：每种练习练习20秒（手指的屈曲与伸展、手腕的十指紧扣绕转、前臂的伸展与屈曲、肘部的绕转、肩部的绕转、颈部上下倾、颈部的旋转、颈部的绕转、髋部的绕转、躯干的旋转、侧向弯曲、腰部的屈伸、腰部的8字绕转、脊柱逐节活动、肋骨的侧向伸展、膝盖的绕转、脚踝的弹跳） 4. 动态灵活性热身（第56页）：每种练习练习30秒（手臂的扭转、胸部的收缩与扩展、垂直扩胸、动态拍手、腿部的拉伸、腿部的甩摆）
主体训练	循环进行以下练习，循环3轮，两轮之间休息1分钟，努力循环5轮： 1. 单壶铃甩摆（第82页）：使用一个轻型壶铃进行练习，每只手重复10次，休息30秒；然后用一个中等重量的壶铃进行练习，每只手重复10次，休息45秒；再用一个重型壶铃进行练习，每只手重复10次 2. 倒立高翻（第140页）：使用一个重型壶铃进行练习，每只手重复5次 3. 单臂下蹲挺举（第114页）：使用一个中等重量的壶铃进行练习，每只手臂重复10次；休息1分钟；然后使用一个重型壶铃进行练习，每只手臂重复10次 4. 双壶铃交替高翻（第145页）：使用两个中等重量的壶铃重复20次 5. 单臂对侧单腿壶铃硬拉（第103页）：使用一个中等重量的壶铃进行练习，每条腿重复8次 6. 双壶铃甩摆（第105页）：用重型壶铃练习30秒
放松	拉伸：每种姿势拉伸1分钟（肩部的向后拉伸，第62页；肩部的拉伸，第62页；肱三头肌的拉伸，第63页；颈部的前屈拉伸，第63页；颈部的侧向拉伸，第64页；膝盖向胸部的站立式拉伸，第64页；股四头肌的站立式拉伸，第65页；腘绳肌的站立式拉伸，第65页；小腿的拉伸，第66页；脊柱的伸展，第67页；脊柱的前屈，第66页；婴儿式拉伸，第68页）

图 10.6　适合跆拳道的壶铃训练计划

跆拳道的运动模式与能量需求与拳击相似。此外，跆拳道的踢腿动作还需要运动员具有强健的髋部屈肌和股四头肌。

热身	1. 轻松慢跑 5 分钟
	2. 关节灵活性练习（第 46 页）：每种练习练习 20 秒（肩部的绕转、颈部上下倾、颈部的旋转、颈部的绕转、髋部的绕转、躯干的旋转、侧向弯曲、腰部的屈伸、腰部的 8 字绕转、膝盖的绕转、脚踝的弹跳）
	3. 动态灵活性热身（第 56 页）：每种练习练习 30 秒（手臂的扭转、胸部的收缩与扩展、垂直扩胸、动态拍手、腿部的拉伸、腿部的甩摆）
主体训练	按顺序进行以下练习，两项练习之间休息不超过 1 分钟：
	1. 单壶铃甩摆（第 82 页）：使用一个轻型壶铃进行练习，每只手练习 1 分钟
	2. 双壶铃风车（第 131 页）：使用两个轻型壶铃进行练习，每侧重复 10 次
	3. 高脚杯深蹲（第 97 页）：使用一个轻型壶铃练习 1 分钟
	4. 双壶铃完整挺举（第 159 页）：使用两个轻型壶铃练习 1 分钟
	5. 高脚杯深蹲（第 97 页）：使用一个中等重量的壶铃练习 1 分钟
	6. 单腿壶铃硬拉（第 102 页）：使用两个中等重量的壶铃进行练习，每条腿重复 10 次
	7. 双壶铃完整挺举（第 159 页）：使用两个中等重量的壶铃练习 1 分钟
	8. 高脚杯深蹲（第 97 页）：使用一个重型壶铃练习 1 分钟
	9. 俄罗斯转体（第 136 页）：使用一个轻型壶铃重复 30 次
	10. 壶铃跳跃式深蹲（第 119 页）：使用一个轻型壶铃重复 20 次
	11. 双壶铃风车（第 131 页）：使用两个中等重量的壶铃进行练习，每侧重复 10 次
	12. 壶铃跳跃式深蹲（第 119 页）：使用一个中等重量的壶铃重复 15 次
	13. 双壶铃甩摆（第 105 页）：使用一个中等重量的壶铃练习 1 分钟；休息 1 分钟；再用一个重型壶铃练习 1 分钟
放松	拉伸：每种姿势拉伸 1 分钟（肩部的向后拉伸，第 62 页；肩部的拉伸，第 62 页；肱三头肌的拉伸，第 63 页；颈部的前屈拉伸，第 63 页；颈部的侧向拉伸，第 64 页；膝盖向胸部的站立式拉伸，第 64 页；股四头肌的站立式拉伸，第 65 页；腘绳肌的站立式拉伸，第 65 页；脊柱的伸展，第 67 页；脊柱的前屈，第 66 页；婴儿式拉伸，第 68 页）

图10.7 适合足球的壶铃训练计划

由于在足球运动中要长时间地奔跑，因此运动员需要具备强大的有氧基础，但足球运动中也包含了无氧的爆发式运动。下半身的灵敏性与关节完整性、上半身的灵敏性与力量、颈部的稳定性，以及核心稳定性都是足球运动员需要具备的重要运动素质。

热身	1. 轻松慢跑5分钟
	2. 关节灵活性练习（第46页）：每种练习练习20秒（肩部的绕转、颈部上下倾、颈部的旋转、颈部的绕转、髋部的绕转、躯干的旋转、侧向弯曲、腰部的屈伸、腰部的8字绕转、膝盖的绕转、脚踝的弹跳）
	3. 动态灵活性热身（第56页）：每种练习练习30秒（手臂的扭转、胸部的收缩与扩展、垂直扩胸、动态拍手、腿部的拉伸、腿部的甩摆）
主体训练	足球运动中，要连续运动相当长的时间。进行以下练习，两项练习之间休息的时间越短越好：
	1. 单壶铃甩摆（第82页）：使用一个轻型壶铃进行练习，每只手臂练习1分钟
	2. 土耳其起立（第133页）：使用一个轻型壶铃进行练习，每只手臂重复5次；再使用一个中等重量的壶铃进行练习，每只手臂重复3次
	3. 高脚杯深蹲（第97页）：使用一个轻型壶铃练习1分钟；休息30秒；再用一个中等重量的壶铃练习30秒
	4. 单壶铃实力推举（第90页）：使用一个轻型壶铃进行练习，每只手练习1分钟，在1分钟内重复的次数越多越好
	5. 单臂对侧单腿壶铃硬拉（第103页）：使用一个中等重量的壶铃练习2组，每组重复5次
	6. 双壶铃高翻（第107页）：使用两个轻型壶铃练习30秒；休息1分钟；再用两个中等重量的壶铃练习30秒
	7. 壶铃跳跃式深蹲（第119页）：使用一个轻型壶铃练习3组，每组重复15次；两组之间休息30秒
	8. 单壶铃甩摆（第82页）：使用一个轻型壶铃进行练习，每只手练习1分钟；休息1分钟；再用一个中等重量的壶铃进行练习，每只手练习1分钟
放松	拉伸：每种姿势拉伸1分钟（膝盖向胸部的站立式拉伸，第64页；股四头肌的站立式拉伸，第65页；腘绳肌的站立式拉伸，第65页；小腿的拉伸，第66页；脊柱的伸展，第67页；脊柱的前屈，第66页；婴儿式拉伸，第68页）

图 10.8 适合网球的壶铃训练计划

网球运动中混合使用了无氧能量系统和有氧能量系统，因此运动员必须制订一个全面的训练计划。给定的一组练习或比赛的持续时间越长，涉及的有氧运动就越多。然而，主要的能量系统仍然是无氧系统，在横向运动和进行各种击球时使用。主要的运动模式和运动素质包括前后弓步与横向弓步、核心稳定性、腿部的耐力，以及手臂与肩部的力量与稳定性。

热身	1. 轻松慢跑3分钟 2. 关节灵活性练习（第46页）：每种练习练习20秒，总共练习5分钟（手指的屈曲与伸展、手腕的十指紧扣绕转、前臂的伸展与屈曲、肘部的绕转、肩部的绕转、颈部上下倾、颈部的旋转、髋部的绕转、躯干的旋转、侧向弯曲、腰部的屈伸、腰部的8字绕转、肋骨的侧向伸展、膝盖的绕转、脚踝的弹跳） 3. 动态灵活性热身（第56页）：每种练习练习20秒，总共练习2分钟（手臂的扭转、胸部的收缩与扩展、垂直扩胸、动态拍手、腿部的拉伸、腿部的甩摆）
主体训练	循环进行以下练习，两项练习之间几乎没有休息，完成一轮循环休息1分钟，努力循环2轮： 1. 绕身传递（第77页）：使用一个轻型壶铃在各个方向上练习30秒 2. 过顶持握（第124页）：使用一个轻型壶铃进行练习，每只手练习30秒 3. 倒立高翻（第140页）：使用一个轻型壶铃进行练习，每只手重复5次；再用一个中等重量的壶铃进行练习，每只手重复5次 4. 双腿之间8字传递（第79页）：使用一个轻型壶铃在各个方向上练习30秒 5. 单壶铃高翻（第84页）：使用一个轻型壶铃进行练习，每只手练习30秒；休息30秒；再用一个中等重量的壶铃进行练习，每只手练习30秒 6. 借力推举（第92页）：使用一个轻型壶铃进行练习，每只手练习30秒；休息30秒；再用一个中等重量的壶铃进行练习，每只手练习30秒 7. 单腿壶铃硬拉（第102页）：使用两个轻型壶铃进行练习，每条腿重复5次 8. 抓举（第94页）：使用一个轻型壶铃进行练习，每只手练习1分钟 9. 单腿壶铃硬拉（第102页）：使用两个中等重量的壶铃进行练习，每条腿重复5次 10. 壶铃跳跃式深蹲（第119页）：使用一个轻型壶铃练习3组，每组重复10次；两组之间休息30秒 11. 俄罗斯转体（第136页）：使用一个轻型壶铃重复30次 12. 单壶铃甩摆（第82页）：使用一个中等重量的壶铃进行练习，每只手练习30秒；再用一个重型壶铃练习30秒
放松	拉伸：每种姿势拉伸30秒（肩部的向后拉伸，第62页；肩部的拉伸，第62页；肱三头肌的拉伸，第63页；膝盖向胸部的站立式拉伸，第64页；股四头肌的站立式拉伸，第65页；腘绳肌的站立式拉伸，第65页；小腿的拉伸，第66页；婴儿式拉伸，第68页）

图10.9 适合田径的壶铃训练计划：中距离赛跑运动员

田径是一种极其多样化的运动类别。一些项目属于无氧运动，如短跑、跳跃和投掷的项目，一些项目属于有氧运动，如中距离项目。在所有的田径运动员中，十项全能运动员必须拥有广泛的技能和能量系统基础，原因是这类运动员必须在包含短跑、跳跃、中距离赛跑和投掷在内的10个项目中以一个较高的水平进行比赛。中距离赛跑的距离在800米到大约3 000米或2英里(3 219米)之间。运动过程中，主要使用有氧系统来提供能量，这就意味着要有较高的氧气摄入。在比赛的最后阶段，中距离赛跑运动员需要具备良好的冲刺能力，冲刺是一种竭尽全力的无氧运动。因此，大多数体能训练都包含了对有氧系统及无氧爆发力所需的一些补充力量的训练。

热身	1. 轻松慢跑8分钟 2. 关节灵活性练习（第46页）：每种练习练习30秒（肩部的绕转、颈部上下倾、颈部的旋转、颈部的绕转、髋部的绕转、躯干的旋转、侧向弯曲、腰部的屈伸、腰部的8字绕转、脊柱逐节活动、肋骨的侧向伸展、膝盖的绕转、脚踝的弹跳） 3. 动态灵活性热身（第56页）：每种练习练习30秒（手臂的扭转、胸部的收缩与扩展、垂直扩胸、动态拍手、腿部的拉伸、腿部的甩摆）
主体训练	循环进行以下练习，循环2轮，两轮之间休息1分钟，努力循环4轮： 1. 架式持握（第123页）：使用两个轻型壶铃练习1分钟 2. 单壶铃甩摆（第82页）：使用一个轻型壶铃进行练习，每只手练习1分钟 3. 风车（第127页）：使用一个轻型壶铃进行练习，每侧重复10次 4. 双壶铃下蹲挺举（第156页）：使用两个轻型壶铃练习1分钟 5. 双臂单腿壶铃硬拉（第102页）：使用两个轻型壶铃进行练习，每条腿重复10次 6. 高脚杯深蹲（第97页）：使用一个轻型壶铃练习1分钟 7. 俄罗斯转体（第136页）：使用一个轻型壶铃扭转30次
放松	拉伸：每种姿势拉伸1分钟（肩部的向后拉伸，第62页；肩部的拉伸，第62页；肱三头肌的拉伸，第63页；颈部的前屈拉伸，第63页；颈部的侧向拉伸，第64页；膝盖向胸部的站立式拉伸，第64页；股四头肌的站立式拉伸，第65页；腘绳肌的站立式拉伸，第65页；小腿的拉伸，第66页；脊柱的伸展，第67页；脊柱的前屈，第66页；婴儿式拉伸，第68页）

图10.10 适合田径的壶铃训练计划：短跑运动员和跳跃运动员

　　田径是一种极其多样化的运动类别。一些项目属于无氧运动，如短跑、跳跃和投掷的项目，一些项目属于有氧运动，如中距离项目。在所有的田径运动员中，十项全能运动员必须拥有广泛的技能和能量系统基础，原因是这类运动员必须在包含短跑、跳跃、中距离赛跑和投掷在内的10个项目中以一个较高的水平进行比赛。短跑运动员和跳跃运动员使用的是快缩型肌纤维和无氧能量。他们比赛的项目强度高、持续时间短。

热身	1. 轻松慢跑5分钟 2. 关节灵活性练习（第46页）：每种练习练习30秒（肩部的绕转、颈部上下倾、颈部的旋转、颈部的绕转、髋部的绕转、躯干的旋转、侧向弯曲、腰部的屈伸、腰部的8字绕转、脊柱逐节活动、肋骨的侧向伸展、膝盖的绕转、脚踝的弹跳） 3. 动态灵活性热身（第56页）：每种练习练习30秒（手臂的扭转、胸部的收缩与扩展、垂直扩胸、动态拍手、腿部的拉伸、腿部的甩摆）
主体训练	循环进行以下练习，循环2轮，两轮之间休息30秒，努力循环5轮： 1. 架式持握（第123页）：使用两个轻型壶铃练习1分钟 2. 双壶铃甩摆（第105页）：使用两个轻型壶铃练习30秒 3. 高脚杯深蹲（第97页）：使用一个轻型壶铃练习30秒 4. 双壶铃甩摆（第105页）：使用两个中等重量的壶铃练习30秒 5. 双壶铃下蹲挺举（第156页）：使用两个中等重量的壶铃练习30秒 6. 高脚杯深蹲（第97页）：使用一个中等重量的壶铃练习30秒 7. 单臂对侧单腿壶铃硬拉（第103页）：使用一个中等重量的壶铃进行练习，每条腿练习1组，每组重复8次 8. 单壶铃高翻（第84页）：使用一个中等重量的壶铃进行练习，每只手练习30秒 9. 壶铃跳跃式深蹲（第119页）：使用一个中等重量的壶铃重复20次 10. 单臂完整挺举（第117页）：使用一个重型壶铃进行练习，每只手练习30秒 11. 双壶铃甩摆（第105页）：使用两个重型壶铃练习30秒
放松	拉伸：每种姿势拉伸1分钟（肩部的向后拉伸，第62页；肩部的拉伸，第62页；肱三头肌的拉伸，第63页；颈部的前屈拉伸，第63页；颈部的侧向拉伸，第64页；膝盖向胸部的站立式拉伸，第64页；股四头肌的站立式拉伸，第65页；腘绳肌的站立式拉伸，第65页；小腿的拉伸，第66页；脊柱的伸展，第67页；脊柱的前屈，第66页；婴儿式拉伸，第68页）

图 10.11　适合田径的壶铃训练计划：投掷运动员

　　田径是一种极其多样化的运动类别。一些项目属于无氧运动，如短跑、跳跃和投掷的项目，一些项目属于有氧运动，如中距离项目。在所有的田径运动员中，十项全能运动员必须拥有广泛的技能和能量系统基础，原因是这类运动员必须在包含短跑、跳跃、中距离赛跑和投掷在内的10 个项目中以一个较高的水平进行比赛。投掷项目需要上半身和下半身的力量共同努力，运动时采用的是快速爆发式的动作。要发挥出这种较大的爆发力离不开无氧能量系统，训练时要模拟快速、高强度的能量输出。

热身	1. 绕身传递（第 77 页）：使用一个轻型壶铃在各个方向上练习 30 秒 2. 双腿之间 8 字传递（第 79 页）：使用一个轻型壶铃在各个方向上练习 30 秒 3. 单壶铃甩摆（第 82 页）：使用一个轻型壶铃进行练习，每只手练习 1 分钟
主体训练	按顺序进行以下练习，两项练习之间休息不超过 30 秒，以保持较高的心率： 1. 土耳其起立（第 133 页）：使用一个轻型壶铃进行练习，每侧重复 5 次；再用一个中等重量的壶铃进行练习，每侧重复 3 次；最后使用一个重型壶铃进行练习，每侧重复 3 次 2. 双壶铃风车（第 131 页）：使用重型壶铃进行练习，每侧练习 2 组，每组重复 5 次 3. 倒立高翻（第 140 页）：使用一个重型壶铃进行练习，每只手重复 5 次 4. 抓举（第 94 页）：使用一个重型壶铃进行练习，每只手练习 5 组，每组重复 5 次；两组之间休息 30 秒 5. 单臂下蹲挺举（第 114 页）：使用一个重型壶铃进行练习，每只手练习 3 组，每组重复 10 次；两组之间休息 30 秒 6. 双壶铃甩摆（第 105 页）：使用重型壶铃练习 30 秒，休息 30 秒，再重复 30 秒 7. 负重行走（第 121 页）：使用两个重型壶铃进行练习，直到坚持不住为止
放松	拉伸：每种姿势拉伸 1 分钟（肩部的向后拉伸，第 62 页；肩部的拉伸，第 62 页；肱三头肌的拉伸，第 63 页；颈部的前屈拉伸，第 63 页；颈部的侧向拉伸，第 64 页；膝盖向胸部的站立式拉伸，第 64 页；股四头肌的站立式拉伸，第 65 页；腘绳肌的站立式拉伸，第 65 页；小腿的拉伸，第 66 页；脊柱的伸展，第 67 页；脊柱的前屈，第 66 页；婴儿式拉伸，第 68 页）

图 10.12 适合排球的壶铃训练计划

排球运动中涉及弓步、深蹲、跳跃和横向运动，因此这种运动主要是一种无氧运动。运动中还包含了大量的过顶动作，因此还需要运动员具有肩部稳定性。像大多数运动一样，在排球运动中，运动员要想保持整个比赛期间的体能表现，就需要具备良好的有氧基础。

热身	1. 徒手灵敏性练习（第 45 页）：每种练习练习 1 分钟（横向滑步、前后跳跃） 2. 关节灵活性练习（第 46 页）：每种练习练习 20 秒（肘部的绕转、肩部的绕转、颈部上下倾、颈部的旋转、颈部的绕转、髋部的绕转、躯干的旋转、侧向弯曲、腰部的屈伸、腰部的 8 字绕转、脊柱逐节活动、肋骨的侧向伸展、膝盖的绕转、脚踝的弹跳） 3. 动态灵活性热身（第 56 页）：每种练习练习 30 秒（手臂的扭转、胸部的收缩与扩展、垂直扩胸、动态拍手、腿部的甩摆）
主体训练	循环进行以下练习，循环 2 轮，两轮之间休息 1 分钟，努力循环 4 轮： 1. 绕顶旋转（第 78 页）：使用一个轻型壶铃在各个方向上重复 10 次 2. 高位风车（第 130 页）：使用一个轻型壶铃进行练习，每侧重复 5 次 3. 双壶铃完整挺举（第 159 页）：使用两个中等重量的壶铃重复 15 次 4. 抓举（第 94 页）：使用一个轻型壶铃进行练习，每只手重复 20 次 5. 壶铃跳跃式深蹲（第 119 页）：使用一个轻型壶铃重复 15 次 6. 双壶铃甩摆（第 105 页）：使用两个中等重量的壶铃重复 15 次
放松	拉伸：每种姿势拉伸 1 分钟（肩部的向后拉伸，第 62 页；肩部的拉伸，第 62 页；肱三头肌的拉伸，第 63 页；颈部的前屈拉伸，第 63 页；颈部的侧向拉伸，第 64 页；膝盖向胸部的站立式拉伸，第 64 页；股四头肌的站立式拉伸，第 65 页；腘绳肌的站立式拉伸，第 65 页；小腿的拉伸，第 66 页；脊柱的伸展，第 67 页；脊柱的前屈，第 66 页；婴儿式拉伸，第 68 页）

图10.13 适合摔跤的壶铃训练计划

摔跤运动中，为了接近最高水平，运动员要用到三个能量系统，因此运动员需要进行全面的体能训练。摔投、摔倒和反击的动作依赖的是 ATP 系统；垫上控制和缠抱动作使用的是糖酵解系统；要在长时间的比赛中坚持下来，用的是有氧系统。就身体结构而言，摔跤运动员需要具备强壮的抓握肌肉与肩部肌肉，同时背部和腿部需要具有爆发力与耐力。

热身	1. 轻松慢跑 5 分钟
	2. 关节灵活性练习（第 46 页）：每种练习练习 20 秒（手指的屈曲与伸展、手腕的十指紧扣绕转、前臂的伸展与屈曲、肘部的绕转、肩部的绕转、颈部上下倾、颈部的旋转、颈部的绕转、髋部的绕转、躯干的旋转、侧向弯曲、腰部的屈伸、腰部的 8 字绕转、脊柱逐节活动、肋骨的侧向伸展、膝盖的绕转、脚踝的弹跳）
	3. 动态灵活性热身（第 56 页）：每种练习练习 30 秒（手臂的扭转、胸部的收缩与扩展、垂直扩胸、动态拍手、腿部的拉伸、腿部的甩摆）。
主体训练	按照相应指导进行以下练习，两项练习之间休息 1 分钟：
	1. 土耳其起立（第 133 页）：使用一个中等重量的壶铃进行练习，每侧练习 2 组，每组重复 3 次
	2. 倒立高翻（第 140 页）：使用一个中等重量的壶铃进行练习，每只手重复 5 次；休息 30 秒；再用一个重型壶铃进行练习，每只手重复 5 次
	3. 双壶铃高翻（第 107 页）：使用两个中等重量的壶铃练习 3 组，每组重复 10 次；两组之间休息 30 秒
	4. 双壶铃下蹲挺举（第 156 页）：使用两个中等重量的壶铃练习 3 组，每组重复 10 次；两组之间休息 30 秒
	5. 壶铃硬拉（第 81 页）：使用两个重型壶铃练习 3 组，每组重复 20 次
	6. 壶铃跳跃式深蹲（第 119 页）：使用一个中等重量的壶铃重复 15 次；休息 1 分钟；再用一个重型壶铃重复 15 次；休息 1 分钟；最后用一个中等重量的壶铃重复 15 次
	7. 双壶铃甩摆（第 105 页）：使用重型壶铃练习 1 分钟
	8. 负重行走（第 121 页）：使用两个重型壶铃进行练习，直到坚持不住为止
放松	拉伸：每种姿势拉伸 1 分钟（肩部的向后拉伸，第 62 页；肩部的拉伸，第 62 页；肱三头肌的拉伸，第 63 页；颈部的前屈拉伸，第 63 页；颈部的侧向拉伸，第 64 页；膝盖向胸部的站立式拉伸，第 64 页；股四头肌的站立式拉伸，第 65 页；腘绳肌的站立式拉伸，第 65 页；脊柱的伸展，第 67 页；脊柱的前屈，第 66 页；婴儿式拉伸，第 68 页）

附录

营养与水分

增加热值的饮食与提升健康与体能表现的饮食从根本上是不同的。此外，似乎并没有哪一种饮食方案取得了普遍的成功或受到了营养专家的一致认可。书店中充斥着上百种饮食方面的书籍，哪一种是适合自己的呢？

虽然为自己选择合适的饮食方案是一个自我发现与试验的过程，但我们仍然可以依赖一个方法来辅助这一过程，这个方法就是营养搭配的逻辑方法。如果某种食物或某种饮食方式对自己有效，感觉和效果都很好，那么就可以认为这是一种良好的食物或饮食方式。如果某种平衡食物的类型、摄入量和搭配的饮食方式不仅使自己感觉健康，而且使自己表现良好，那么就继续坚持这种具有良好效果的饮食方式。但是如果我们的饮食方式致使我们反应迟缓或出现健康问题，我们就要仔细考虑自己在吃什么并尝试更多地了解什么样的饮食有益于身体健康。

虽然这不是一本关于营养的书，但是我可以与大家分享一下我觉得非常不错的营养方案。作为我健康饮食理念的一部分，我在下面分享了一些营养技巧。大家可以选用其中的一些方法，也可以将一些方法与其他方法相结合，直到找到一个既适合自己又能够使自己达到想要的健康效果的配方。营养是

我们生活中一个非常重要的部分。健康的营养方案会有助于我们在训练后更快地恢复和提升训练期间的表现。

当谈到壶铃训练的营养方案时，我们首先需要考虑的一件事情就是训练前的营养。我的建议是，如果感到饥饿，就在壶铃训练之前进餐，但不要吃得太多，进餐的时间也不要离训练的时间太近。胃里有少量易消化的食物会比较好，但不要吃得过饱。吃得太多还不如不吃。一个普遍的经验法则：训练前要尽量留有至少1小时的消化时间，所吃的食物要能给自己提供一些能量，但不要吃得太丰盛以至于不易消化。

大家可能喜欢这些方法中的某些方法，并可能决定更深入地研究一下这些方法。再说，没有适合所有人的通用饮食方案，但如果我们掌握了营养方面的知识，就会有更好的机会来创造出为自己提供能量和活力的饮食方案。正如李小龙（Bruce Lee）曾经说过的，"吸收有用的"。

酸性食物与碱性食物

一种饮食方式是密切关注食品的酸碱含量。这种饮食理念认为，某些食物是酸性的，而另一些食物是碱性的。由于健康有一个最

佳的 pH 值，所以坚持这种饮食理念的人注重的是增加碱性食物摄入的同时减少高酸性食物的摄入。高酸性食物包括咖啡因、碳酸食品、酒精、红色肉类、油炸食品、加工过的食品、乳制品和谷物。碱性食物包括绿茶和药草茶、柠檬水、橄榄和橄榄油、杏仁、豌豆、四季豆、红薯、芦笋、西兰花、洋葱、柠檬、酸橙、西柚、橙子、西瓜、杧果和木瓜。

咖啡因

一些研究支持咖啡和其他含有咖啡因的食物的摄入，而其他研究则劝诫人们不要摄入此类食物。切记咖啡因会刺激中枢神经系统，所以如果训练者确实喜欢咖啡或其他形式的咖啡因，最好克制一下自己的摄入量。不要以咖啡和甜甜圈为主食！由于咖啡因能使我们保持清醒，提高我们的警觉性，所以在某些情况下，少量的咖啡因可以提升体能表现；但是不要摄入得太多，让自己出现紧张或发抖的情况。如果训练者喜欢喝咖啡，那么尽量不要加糖。

食物搭配

食物搭配关注的是哪些食物应该一起食用，哪些食物应该单独食用。这种方式考虑的是不同类别的食物（包括肉类、乳制品、蔬菜、淀粉和水果）的不同消化速度。通过学习如何正确地搭配食物和计划食物的摄入时间，我们可以解决腹胀、排气、便秘和其他消化问题。

麸质

当今世界，在绝大多数人的饮食中，含有麸质的食物占比较高，最近的许多研究都将注意力放在了这种饮食方式对健康的不利影响上。麸质包含在谷物之中，而谷物又被用于制作面包、谷类食品、面食、糕点和上千种的方便食品。如果某种食物以盒子、袋子或罐子盛装，那么这种食物中很可能含有麸质。大多数商业化的肉类食品，都来自饲喂谷物的动物，因此即使是这些食物中也含有影响健康的麸质。如果训练者关心自己的健康和活力，就要考虑只食用饲喂草料的动物的肉和野生鱼。如果训练者想了解麸质的不利影响以及如何以一种无麸质的饮食方式生活，可以参考由罗布·沃尔夫（Robb Wolf）创作的、被列入《纽约时报》（*New York Times*）畅销书榜的《旧石器时代健康法则》（*The Paleo Solution*）。

水分

一直以来，我都认为水是最好的饮品，尤其是干净且经过过滤的水。很多人都想增加体重，但是通过饮用汁类饮品和其他甜味饮料来补充热量并不是有理想回报的投资，原因是这类饮品虽然能够增加热量但却不能增加饱腹感。但是喝水绝对不会有错——水不但没有热量，而且对于身体代谢有着非常重要的作用。

汁类饮品

大多数营养专家会告诉我们，经过加工的汁类饮品，尤其是果汁，含有过多的蔗糖，饮用时会使血糖和胰岛素的水平升高。我也赞同这种说法，大部分经过加工的汁类饮品都来自浓缩物，甚至比实际的果汁更甜，所以应该避免此类饮品。即使是鲜榨的果汁也有很多糖，所以应该适量饮用。但是，蔬菜汁，特别是强大的羽衣甘蓝汁，极有营养，而且具有抗氧化和增强免疫力的优点。可以考虑买一个榨汁机，早起后先来一些新鲜的蔬菜汁。除了新鲜的蔬菜汁，大多数品类齐全的营养品商店中，都会售卖高品质的粉状绿色食品，这些粉状绿色食品由经过冷冻干燥的新鲜蔬菜制成，保留了食物本身的营养。

肉类

关于吃肉是否健康，人们的意见各不相同。有些人支持纯素食和素食主义，有些人则支持杂食性饮食（既吃动物类食物也吃植物类食物）。我个人更崇尚一种旧石器时代的饮食方式，即以瘦的动物蛋白和应季的蔬菜水果作为主食，也就是我们以狩猎采集为生的祖先们的饮食方式。值得考虑的是只食用饲喂草料的动物的肉，而不是在超市中更为常见的饲喂谷物的动物的肉。

经过加工的食物

如果某种食物以盒子、罐子或塑料容器盛装，那么这种食物就是经过高度加工的食物，应尽可能避免食用。如果可以，尽量选择完整天然、未经加工的食物。冷冻的水果和蔬菜及糙米等晾干的谷物除外，这些食物含有的营养成分往往与其新鲜的时候一样多。

生食

生食主义者指的是以未经烹饪、未经加工的食物为食的人。我个人喜欢清蒸蔬菜，偶尔放点黄油，但我每天都会尝试着混入一些生的食物，如苹果或绿叶蔬菜。

糖

虽然我们的身体确实需要糖来处理基本的激素过程，但我们应该尝试着从水果等天然的糖源中获得我们所需要的糖分。由于天然的糖源中还含有纤维，因此通过这种渠道摄入糖分，血液胰岛素释放得更慢。要尽可能地远离添加了蔗糖和果糖的食物，如糖块、蛋糕、碳酸饮料、罐装或瓶装的果汁，以及含有高果糖玉米糖浆的食品。这些食物会导致胰岛素快速达到峰值，从而可能导致出现不理想的健康问题。

超级食物

许多所谓的超级食物具有较高的营养价值和增强免疫力的功能，可以被简单地加入我们的饮食之中。例如蜂花粉、蜂王浆、玛卡、可可粉和 MSM（二甲基砜）。虽然这些食物都非常有营养，但是它们的功效也非常猛烈。根本没有所谓的完美食物，所以如果训练者决定在自己的饮食中加入一些超级食物，那么要先小剂量地尝试。有些人的体质比别人更敏感，对于这些人来说，超级食物的刺激性可能会过大。

营养品

这个话题很难用较短的篇幅讲完，我的建议是，在饮食得到控制之前，不要过多地专注于补充营养品。由于补充营养品可能会相当昂贵，所以如果没有一个坚实的以食物为主的营养基础，补充营养品很可能会是一件非常浪费钱的事情。简单的做法是，考虑一种高品质的鱼油，特别是Omega-3的鱼油，以及一种包含多种维生素和矿物质的高品质营养品。其他的营养需求应该通过健康的食物来满足。

营养是整体健身、健康和舒适的一个重要的组成部分。要注意自己的饮食，尽可能多地了解使自己感觉健康的食物类型和搭配方式。人在食用了正确的食物后，气色和感觉会更好，不仅在壶铃训练中的表现更好，在日常活动中的表现也会更好。

术语

FITT 原则——这是一个首字母缩略词，代表的是指导、控制和变换训练时使用的四个变量，即频率（Frequency）、强度（Intensity）、类型（Type）和时间（Time）。

HIIT——高强度间歇训练的首字母缩略词。

SMART 目标——代表具有具体性（Specific）、可衡量性（Measurable）可实现性（Attainable）、相关性（Relevant）、和限时性（Timely）的目标的首字母缩略词。这五个词描述了目标的本质，以及在壶铃训练计划中设定和实现目标的方法。

半蹲（第一次下移）——壶铃挺举的第一部分，涉及了快速、轻微弯曲膝盖的动作；这一阶段在挺举的发射阶段之前。

爆发力——在最短的时间内发挥出最大力量的能力；进行摆举时可以达到的速度。肌肉爆发力将速度与运动相结合，等于产生的力量乘以速度。

爆发式的——锻炼爆发力的壶铃摆举动作，进行动作时要加速并采用一个较快的速度；也称"快速的摆举动作"。爆发式的字面意思是"抛投"，包含了一个释放的部分。

本能训练——根据自己的感觉制订训练计划。本能训练的训练计划没有特定的结构。

本体感受——身体的自我意识；训练者的倾向或身体进行空间移动的方式。

不对称性——身体右半部分和左半部分之间的不平衡性或不均匀性；也可以指身体的两侧在运动上的不平衡性。例如，一条腿明显短于另一条腿，就是不对称的。

不完全深蹲（第二次下移）——壶铃从胸部位置进行发射（回弹）后的一个快速的动作，其间运动者要将身体下移到壶铃的下方，同时完全伸展肘部。

长周期项目——见"完整挺举"。

超负荷原则——要使身体做出适应的反应，就需要大于正常水平的应力。

持续时间——给定的一组练习或训练持续了多长时间；也称"时间"。

重复次数——在一组练习期间举起重物的次数。

大师选手——在壶铃体育竞赛中，40岁以上的男性参赛选手和 35 岁以上的女性参赛选手；通常男性大师选手用 53 磅（24千克）重的壶铃进行比赛，女性大师选手用26 磅（12 千克）重的壶铃进行比赛。

大周期——一年或半年的训练期；一个训练周期的整个时长。

单侧训练——一次训练身体的一侧，例如单臂训练或单腿站立训练。

倒立姿势——壶铃底部在上、把手在下的所有姿势。这种姿势会使练习更困难。

等长持握——又称"静态持握"；指的是控制住壶铃后，待在一个地方，保持不动。

等长力量——又称"静态力量"；指的是肌肉长度不发生改变且关节处没有明显运

动的肌肉动作。

等级或排名——壶铃运动中的一种成就水平，评定时，要根据被评定的运动员使用一个特定的重量完成一定数量的重复次数的情况来确定。

低位悬挂姿势——见"负重持握或负重行走"。

动力链——将整个身体看作一系列相互关联的链条，这些链条形成了一个由关节、肌肉、骨骼、神经和结缔组织组成的杠杆系统，在有效运动时，这些链条要共同运动；又被称为"运动链"。

动态的——速度快、强度高的剧烈运动。

动态拉伸——通过相应运动改善某一关节的活动度；动态拉伸由需要较大运动范围的简单运动组成。

动态灵活性——身体在逐渐扩大运动范围和提高速度直到达到最大运动范围为止的同时在各个方向上进行运动的能力。

动态稳定性——身体在原始姿势受到影响时努力保持平衡并返回到原始状态的能力。

对侧——使用相反的手臂和腿；上半身和下半身使用位置相反的部位进行运动。

额状面——将身体分为前后两个部分的垂直平面；也称"冠状面"。

发射——见"回弹"。

反常呼吸法——呼吸与身体的动作相反时的呼吸方法，如身体在压缩时吸气，在伸展时呼气。在摆举极限重量或接近极限的重量时使用这种呼吸方法。由于这种呼吸法能够在胸腔产生压力，使脊柱具有稳定性，所以适合体质较差的人使用。

方法——在实现壶铃训练计划的目标的过程中所使用的方法，包括练习、组数、重复次数、负荷、频率和休息时间。

方式——在达到训练目标的过程中所使用的手段，包括选择的设备和训练计划。

放松——一次完整的壶铃训练的结束阶段，通过降低主体阶段引起的兴奋性，使身心恢复到正常的状态，同时有助于缩短进行下一次训练之前所需要的恢复时间。

飞行项目——在壶铃运动中，一排参赛选手按照相同的摆举顺序、内容和进度同时进行摆举。

分解代谢——运动和营养消耗肌肉的特性；合成代谢的反向过程。

俯卧——面朝下趴在地板或长凳上。

负荷——举起的重量。

负荷量或总负荷量——在一段时间（如一次训练、一个星期、一个月）内的负荷的总量（完成的训练量）；计算方法为：组数 × 重复次数 × 负荷。

负重持握或负重行走——双臂放在身体的两侧，用一只手握住一个壶铃，或者双手各握住一个壶铃，让壶铃悬挂在较低的位置，保持不动一段时间（持握）或保持相应姿势行走一段距离（行走），以此来训练抓握的力量与耐力。

高翻——将一个或两个壶铃摆举到胸部位置形成架式姿势，然后下放壶铃进入后摆。

个体差异性原则——就身体对各种刺激的反应方式而言，每个人都是独一无二的。

工具——训练计划中使用的训练设备；壶铃、哑铃和沙袋都是训练工具。

功能性健身训练——将身体作为一个完整的系统来对待的训练，旨在训练能够产生有效运动的动作和运动模式。功能性健身训练计划侧重于体能表现而不是美感。

钩形姿势——在悬挂姿势中及在（甩摆、高翻、抓举和长周期项目的）前摆和后摆的过程中，用弯曲的手指握住一个或两个壶铃。

固定——指的是过顶持握壶铃时，使手臂完全伸直、肱二头肌贴着耳朵、双腿完全伸展的过程。这是所有过顶摆举动作（例如，抓举、推举、借力推举、挺举、长周期项目）的顶点姿势或结束姿势。

固定重量的壶铃——重量永恒不变的壶铃，通常由钢或铸铁制成。

关节旋转——一般的热身的第二部分，在较为温和地加快心跳之后，运动的过程中会打开和润滑所有关节，使关节能够灵活和相对轻松地移动；又被称为"关节灵活性练习"。

惯性——任何物体阻抗自身运动状态或静止状态发生变化的能力，或物体阻抗自身在运动中的任何变化的趋势。牛顿在他的第一运动定律中对惯性进行了描述。

国际级别的运动大师（MSIC）——壶铃运动中的最高级别，通过在双项竞赛（挺举和抓举）或长周期项目中完成规定重复次数的动作来达到这个级别。

过度补偿原则——肌肉在遇到较大的阻力时，会通过逐渐变壮、变大、变灵活的方式对阻力做出反应。

过度拉伸——将身体或肌肉拉伸到拉伤或受伤的程度。

过度训练——运动量和运动强度超过恢复能力时引发的身体状况，这种状况会降低进步的速度。

合成代谢——运动和营养塑造肌肉的特性。发生在生长激素释放期间。

核心——由腰椎－骨盆－髋部复合体（腹部、髋部和下腰背的肌肉）、髋部的腰肌和脊柱的多裂肌与腹横肌构成，共同稳定躯干（包括脊柱和骨盆）和支撑姿势。

后摆——壶铃从双腿之间向身后移动；前摆的反向动作。

后链肌群——身体后侧的肌肉，包括臀部肌群、腘绳肌、小腿肌肉和下腰背的肌肉。

候选运动大师（CMS）——壶铃运动中划分的一个专家级别，通过在双项竞赛（挺举和抓举）或长周期项目的比赛中完成规定重复次数的动作来达到这一级别。

壶铃——字面翻译过来为"手球"。

壶铃运动——这是一种俄罗斯的民族体育运动，运动中壶铃以单个或成对的方式使用，运动员要在10分钟内尽可能多地重复同一动作，从而在运动框架内对前后两名运动员进行比较。同一重量级别的运动员相互比拼。

花式举重——一种竞技性的体育运动，在运动的过程中，表演者要进行一项例行表演，评委会针对特定的要素打分，从而对表演者进行评分；打分时要考虑的因素有符合例行表演艺术特质的服装与音乐、优美的姿态、自信的态度、表情和美感等。在花式举重竞赛或表演中，男性使用35磅（16千克）重的壶铃，女性使用18磅（8千克）重的壶铃。

花式项目或花式摆举动作——在壶铃运动中，以娱乐为目的的、非传统的摆举动作，这些动作通常不会被用在比赛中。

换手——在壶铃训练的过程中换手。

恢复——训练的一个阶段，在这个阶段中，训练者要暂停壶铃训练，休息一段时间，让身体充电、愈合和恢复活力；这一阶段通常在竞赛或训练目标完成之后。

回弹——又称"发射"，这是壶铃挺举的第二个阶段，在半蹲之后、不完全深蹲之前进行。在运动的过程中，膝盖、髋部、脚踝和躯干都要最大限度地伸展，从而在不使用手臂的情况下将壶铃向上弹起或推起。

混双——在花式举重竞赛中，男女混合的团队。

肌肉耐力——多次重复某一练习或运动的能力。

极限力量——训练者在一次倾尽全力的动作中能够产生的肌肉骨骼的力量；也被称为"最大力量"。

挤压式握法——一种强有力的握手式握法，在这种握法中，要用手掌和手指紧紧地抓住壶铃或其他工具。

加快心跳——在一般的热身的开始时进行，加快心跳指的是任何能够向肌肉循环血液和氧气、为肌肉提供更多可用能量的温和的有氧活动。

加速上拉——在壶铃被垂直地拉向胸部（在高翻中）或过顶位置（在抓举中）的过程中，上拉壶铃速度的迅速变化。

架式姿势——将一个或两个壶铃稳定在胸前的姿势，壶铃被夹在前胸与手臂之间，稳定在前臂上。理想的姿势是肘部搁置在骨盆的髂骨上，膝盖完全伸展，壶铃与下方的支撑基础垂直对齐。

间歇——高强度训练两组练习之间的休息时间。

渐进阻力原则——由超负荷原则与循序渐进原则这两个原则组合而成的一个叠加原则。

健美操——由简单的动作组成的练习，通常只用体重作为阻力，不使用任何器械；运动中可以包含弯曲、跳跃、甩摆、扭转和踢腿等动作。

接力——壶铃体育竞赛中的一个团队项目，在这个项目中，来自一个俱乐部或一个国家的举重运动员组成一个团队，与其他俱乐部或国家比拼；每个举重运动员摆举不超过 3 分钟，累计分数最高的一队获胜。常见的接力摆举项目是双壶铃挺举和长周期项目。

结束阶段——训练的最后一个阶段，内容为放松，旨在为身心提供一个恢复到正常状态的时间。

节奏——单位时间内重复动作的次数，又称"速度"或"步调"，通常用 RPM（每分钟的重复次数）来表示；节奏可以是进行一组练习所花费的时间，也可以是重复一次动作所花费的时间。虽然在某些健美和力量训练的训练方案中，节奏表示的是完成一个动作的各个阶段（例如，向心阶段、中点阶段、离心阶段）所花费的时间，但是在壶铃运动中，节奏代表的是一个 RPM 值。

经典摆举动作——介绍了所有其他壶铃练习中使用的技巧标准和原则的基础练习，包括甩摆、高翻、推举、借力推举、抓举和挺举。

竞赛——壶铃运动中，一名运动员试图通过更多地重复某个或某些动作来超越另一名运动员的比赛。

竞赛摆举动作——壶铃运动中，竞赛中比拼的经典摆举动作：上挺、抓举和长周期项目。

竞赛壶铃——壶铃体育竞赛中使用的国际标准壶铃。竞赛壶铃具有统一的高度、重量、直径和把手周长。

静态持握——见"等长持握"。

静态拉伸——在不引起疼痛的情况下，将肌肉拉伸到可容忍的最远位置的柔韧性训练，然后在不发生反弹或抽搐的情况下，保持相应姿势 10 秒到 3 分钟或更长时间。

静态力量——见"等长力量"。

具体原则——通过练习一种具体的技能，训练者可以更加擅长这种技能。这种原则的术语是"对强制要求的具体适应原则（SAID 原则）"。

可逆原则——这个原则与适应原则相反，又称"停训原则"或"用进废退原则"。训练者的身体越用越强，越不用越弱——用进废退。

可调壶铃——可以通过装填和卸载调整重量的壶铃。最常见的类型是负重式的可调壶铃和填充式的可调壶铃。

快速伸缩复合训练——涉及反复快速伸展和收缩肌肉以提升肌肉爆发力的练习。

拉伸—收缩周期——先对肌肉进行一种主动的拉伸（离心收缩），然后立即对同一肌肉进行收缩（向心收缩）。

老年运动员——在壶铃体育竞赛中，55岁以上的参赛选手；通常男性老年选手用35磅（16千克）重的壶铃进行比赛，而女性老年选手用18磅（8千克）重的壶铃进行比赛。

类型——训练者在训练中所做的练习的种类，如力量训练、耐力训练、爆发力训练、柔韧性训练等。

离心——肌肉随收缩而变长的运动阶段。

力——质量与加速度的乘积；施加在物体上的力量。

力量——肌肉或肌群产生对抗外部阻力的力量的能力；通常用训练者在一个给定的练习中可以举起的重量来表示。

力量表演——通过举起杠铃、木桶、铁砧、石头、人或大型动物等重物进行的力量展示；双手倒立平衡等体操项目；弯曲钉子、长钉和马蹄铁；扯断铁链；撕开成摞的卡片和电话簿；拉动火车；总之，就是从不同寻常的运动角度来展示极限力量。壶铃通常是专业大力士进行此类力量表演时的常用物件，力量表演曾是19世纪和20世纪初的马戏团中流行的特色表演。

练习选择——为训练计划选择练习的

过程。

灵活性——在整个运动范围内主动移动关节，旨在保持乃至恢复这些关节的运动能力。

灵敏性——控制身体进行移动的能力。

马拉松赛——这是壶铃运动中的一个比赛项目，比赛时运动员要在规定的时间内尽可能多地重复一个特定的摆举动作，其间不能放下壶铃，比赛时长通常为30分钟、1小时或更长的时间。

模式——实现训练目标的方式或方法。

耐力——身体在运动的过程中从有氧系统获得能量的同时使自身进行运动的能力。

能量系统——身体在运动的过程中为运动产生能量的方式有三种：有氧系统，又称"氧化能系统"，为持续时间超过2分钟的活动提供能量；酵解能系统，又称"乳酸系统"，这是一种为持续时间在30秒以上、2分钟以下的活动提供能量的无氧系统；ATP–CP系统，一种为持续时间不超过30秒的活动提供能量的无氧系统。

皮质醇——肾上腺中产生的一种激素；压力会促使身体产生这种激素。

偏转——躯干在壶铃摆举期间进行的过度伸展。通过使躯干向后倾斜，可以减小壶铃下落时所产生的运动轨迹的弧度，从而减弱加速的力量，降低壶铃的速度。

频率——用每周或每月训练的天数来表示的训练频率。

平台——壶铃运动中，运动员站立的摆举区域，这个区域的面积不小于2米×2米，应该平坦防滑；两个平台之间的距离不能小于1.5米。

平台期——在训练的过程中几乎没有或没有变化的状态；停止进步的时期。

葡萄糖——一种为身体提供主要能量来

源的简单的糖，身体将碳水化合物转化为能量时，通过消化碳水化合物来获得这种糖。

前庭系统——内耳中包含了一个叫作"前庭器官"的系统，这个系统能够根据重力和头部的运动判断头部的姿势，然后将有关头部姿势的信息向中枢神经系统传递。

强度——在一个给定的动作、一组给定的练习或一次给定的训练中所用的力量与极限力量的百分比。可以用运动员所用的重量与其在一次重复动作中能举起的最大重量（1RM）的百分比或主观上的自感劳累分级（RPE）来衡量。

青少年选手——在壶铃体育竞赛中，18岁以下的参赛选手；通常，男性青少年选手用53磅（24千克）重的壶铃进行比赛，而女性青少年选手用26磅（12千克）重的壶铃进行比赛。

躯干的伸展——向后倾斜躯干；在许多壶铃运动中，躯干的伸展指的是躯干的偏转。

躯干的弯曲——向前或侧向弯曲躯干。

热身——包含在训练的准备阶段之中，其目的是让训练者的身心做好迎接训练的主体阶段的准备；其中涉及了众多变量，如增加流向肌肉的血流量、提高心率及加快血液循环、提高肌肉温度和核心体温、集中注意力，以及减轻焦虑感。

柔韧性——关节或肌肉在整个运动范围内移动的能力。

上挺——使用单壶铃或双壶铃进行的一种壶铃练习，这种练习分五个阶段进行，分别是半蹲、回弹（或发射）、不完全深蹲、（膝盖的）锁定，以及过顶固定。

少年组——在壶铃体育运动中，未达到青少年级别的儿童可以参加的一个竞赛类别；根据运动员的年龄和水平不同，比赛使用的壶铃的重量可从9磅（4千克）到35磅（16千克）不等。

身前——身体的正面。

身前肌肉链——腹部肌肉、髋部屈肌、沿脊柱的深层肌肉和股四头肌，这些肌肉相互配合形成了一件"胸衣"。

身体成分——身体中的脂肪与瘦肉或无脂肪的部分的整体比例。

时间——给定的一组练习或一次训练的持续时间。

时间长、速度慢、距离远（LSD）——锻炼有氧能力的传统方法，由距离较远、持续时间较长的中低强度的循环有氧练习组成，如跑步、骑行或游泳。

矢状面——从前向后穿过身体的一个垂直平面，将身体分为右半部分和左半部分。

视觉系统——身体平衡机制的一个组成部分。在视觉系统中，眼睛负责接收关于环境以及环境如何与身体的姿势和位置相关联的信息。

适应——身体进行自我调整来适应提高的体能要求的能力；因训练而产生的生理变化。

适应原则——描述的是身体对压力（包括练习的物理应力）产生的短期反应和长期反应；身体会进行自我调整来适应不断提高的体能要求。也称"一般适应原则（GAS）"。

手提箱硬拉——将壶铃或哑铃放在身体的两侧，然后就像提着手提箱的把手将手提箱提起来一样，从地板上提起壶铃或哑铃。

手掌插入——将手深深地插入壶铃的把手，使把手的内侧以向下约45度的角度放在食指和拇指之间。

甩摆——学习惯性原则时介绍的第一种壶铃练习。像钟摆一样，一次甩摆要将壶铃向前、向上移动，然后再向下、向后移动。

双侧不平衡性——由较弱的、非惯用的手臂对力量与耐力造成的限制；也称"双侧缺陷性"。

双项竞赛——壶铃运动中的双项竞赛，由双壶铃挺举和单臂抓举两个项目组成，每个项目的比赛时间不超过 10 分钟，内容为在相应项目的一组摆举中尽可能多地重复这个项目的动作；也称"经典竞赛"。

水平面——将身体分为上半身和下半身的假想平面，又称"旋转面"或"轴状面"。

四重伸展——身体四个部位的完全伸展：脚踝、膝盖、髋部和躯干。

速度——壶铃摆举的速度或每分钟的重复次数。速度是提升一项练习爆发力输出的最直接的方法之一。术语"速度""节奏""步调"可以互换使用。

锁定——肘部完全伸展、壶铃到达过顶位置的过程。

塔巴塔训练方案——由田畑泉教授（Dr. Izumi Tabata）发明的一种强度高、持续时间短的无氧训练方法，使用了这种训练方法的受试者有效地提升了有氧和无氧的运动能力，这是一种流行的健身训练形式。

特殊的辅助练习——在运动上与主要的练习相类似的经典摆举或特定练习的个别组成部分；用于讲授技巧的完善和纠正技术上的错误。

体重级别——在壶铃体育运动中，这是根据举重运动员的体重对举重运动员可以参加的比赛进行分类的一种方法。壶铃运动的举重运动员要与相同体重级别的运动员进行比拼。

停顿——使用壶铃进行摆举时，在架式姿势、固定姿势或低位悬挂姿势的位置停止运动的行为；也称"静态持握"。

同侧——同一侧；使用同一侧的手臂和腿。

团体竞赛——在花式举重中，由多名男性、多名女性或男女混合组成的团队相互比拼。

推举——将一个或两个壶铃高翻至胸前，然后再过顶推举到固定位置的一种练习。在这种练习中，过顶上推时只使用上半身的肌肉，不通过腿部提供动力。

完整挺举——一种分三个阶段进行的壶铃摆举动作：将壶铃高翻至胸前、过顶挺举，然后下放壶铃进入后摆。在整组的练习过程中，要连续重复这三个阶段。这个动作也被称为"长周期项目"。

稳定性——保持平衡或恢复原始直立姿势的能力。

无氧——字面意思是"无氧气的"，在这种类型的运动中，氧气的消耗速度比身体的补充速度更快，身体在没有氧气的情况下将碳水化合物作为燃料来产生能量，同时产生副产物乳酸。

膝外翻——膝盖朝中线方向内扣，对膝盖的内侧韧带施加了反常的压力。

系数冠军——壶铃运动中，给定的一种竞赛的综合实力冠军（pound-for-pound winner），要通过一种以运动员的总重复次数和体重为参考因素的算法来确定。

相互抑制——位于关节对侧的肌肉以相反的方式运动。

向心——肌肉随收缩而变短的运动阶段。

小周期——一个大周期中的一周或两周的训练期。

心肺调节——通过有规律的剧烈有氧运动对心脏功能和循环功能进行的改善。

心率训练区间——指的是不同百分比的最大心率，反映了不同水平的运动强度，包括热身训练区间或健康心脏训练区间、健身训练区间或燃脂训练区间、耐力训练区间或有氧训练区间、体能表现训练区间或无氧训练区间，以及最大力量训练区间。

胸腰筋膜——连接一侧臀部肌群与对侧背阔肌的结缔组织，具有辅助稳定脊柱的作用。

休息时间——两组练习、两次训练或两个训练周期之间的空闲时间。

悬挂姿势——见"负重持握或负重行走"。

循序渐进原则——超负荷有一个改善训练者体质的最佳水平。

训练方案——训练计划的细节和程序。

训练计划——为实现训练目标而精心设计的要遵循的训练安排。

训练计划设计——训练计划的详细信息，包括组数、重复次数、持续时间、频率、强度和休息时间。

仰卧——面朝上躺在地板或长凳上。

业余运动员——在壶铃运动中，使用53磅（24千克）重的壶铃进行比赛的男性参赛选手及使用26磅（12千克）重的壶铃进行比赛的女性参赛选手。

一般的热身——热身的第一部分，包含在训练的准备阶段之中，其目的为预热身体的大肌群；由加快心跳（有氧活动）和提高关节活动度两部分组成。

一般适应原则（GAS）——见"适应原则"。

一般性辅助练习——锻炼一般的身体素质（如力量、耐力、灵活性、柔韧性）的调节练习。

一般性健身训练——与运动专项训练相对，这类练习的目标更宽泛，为了整体的健康与舒适，可被用来促进减肥、增加张力或塑造肌肉。

一般性体能准备训练（GPP）——这种训练旨在提供一个关于一般的身体素质的全面的基础，使一个人能够应对特定任务的体

质要求，包括力量、柔韧性、肌肉耐力、有氧耐力、速度和身体成分。

应激激素——当身体判断某种受力情况（如剧烈运动）存在危险时释放的化学物质。皮质醇是与剧烈运动相关的主要应激激素。

用进废退原则——见"可逆原则"。

有节奏的——以有规律的、重复的模式进行的壶铃运动。

有氧——字面意思是"有氧气的"，指的是运动的心肺部分。有氧运动要在中低强度下进行，依靠氧气来获得持续的能量。

运动——变换地点、位置或姿势的行为。

运动大师（MS）——壶铃运动中的一个很高的级别，通过在双项竞赛（挺举和抓举）或长周期项目中完成规定重复次数的动作来达到这个级别。

运动量——在规定的时间内完成的运动的总量。

运动模式——身体进行空间移动的方式；在运动和日常活动的过程中，身体进行移动时所采用的一般的运动范围与姿势。

运动能力——进行高负荷运动及充分恢复的能力；训练过程中抵抗疲劳的能力。运动能力与心血管系统、代谢系统和神经系统的协调性相关，是体力、爆发力和效率的综合水平。

运动专项热身——在一次训练的准备阶段中进行；内容为模拟后续主要活动的练习和反复练习，只是进行时所采用的强度较低。可以将这类热身视为热身阶段与主体阶段之间的过渡阶段。

运动专项训练——针对特定体育运动的专门的体能训练。

增大——因抗阻训练而产生的肌肉尺寸的增加。

整体质心——当工具（壶铃）与身体的

重心在支撑基础的上方垂直对齐时，二者的总体质量。

支撑基础——身体与地面的所有接触点所构成的轮廓内的区域；通常指站立时双脚构成的轮廓内的区域。质心必须位于支撑基础的范围内才能确保稳定性和平衡。

质心——使整个身体的质量在所有方向上保持平衡或均匀分布的点；当身体的姿势发生改变时，质心的位置会发生改变。也称"重心"。

中点——重复一次动作的向心阶段和离心阶段之间的阶段；又称"固定"。

中周期——一个大周期中的一个月的训练期。

周期化——在一段时间（一般为一年或半年）内，有组织地融入具体的训练阶段的过程；由大周期、中周期和小周期组成。

周期项目——一种依赖于惯性、需要大量重复的运动，每个动作都与前一个动作相同，例如壶铃高翻或抓举。

周期性练习——重复性的抗阻运动，如重复的壶铃摆举、跑步、骑行或游泳。在相当长的一段时间内一个接一个地重复相同的动作，并且这些运动在本质上都是有氧运动。

主体阶段——在壶铃训练中，主体阶段指的是进行的训练，包括学习技能、掌握壶铃练习，以及对这些练习的实际练习和进步。主体阶段在准备阶段或热身阶段之后。

抓举——一种分六个运动阶段进行的壶铃练习，包括惯性、加速上拉、手掌插入、固定、下放（缓冲）和后摆阶段。将壶铃甩摆到头部以上，然后在壶铃到达过顶位置时，完全展开手臂。

专业运动员——在壶铃运动中，使用71磅（32千克）重的壶铃进行比赛的男性参赛选手及用35～53磅（16～24千克）重的壶铃进行比赛的女性参赛选手。

准备阶段——一次壶铃训练的第一个部分，在这个部分中，训练者要使身心做好迎接后续艰苦训练的准备；这一阶段由热身组成。

自感劳累分级（RPE）——评价一个给定的动作、一组给定的练习或一次给定的训练中发挥出的力量的强度的一种主观的方法。大多数RPE量表的等级都为从1到10，1代表极其容易，5代表难度适中，10代表最大力量。

自然呼吸法——由于用这种呼吸方式呼吸时，呼吸要配合身体的动作（即，压缩的过程中呼气，伸展的过程中吸气），所以这种呼吸方法也被称为"匹配呼吸法"。由于这种呼吸方法有助于运动员管理自己的心率，所以更适合在进行耐力和运动能力训练时使用。

组——在不放下壶铃的情况下，使用壶铃完成连续重复的动作。练习可以一组或多组进行。

最大力量——见"极限力量"。

最大心率（MHR）——心脏在1分钟内跳动的最快速度；通常以一种非专业的算法来确定，即220－年龄＝MHR。

作者简介

史蒂夫·考特是一名冠军运动员，也是一位优秀的体能教练。他从不同的文化中汲取精华，开发了许多当下流行的体能训练课程。他在壶铃训练、武术、体能、体育运动和运动表现领域不断地研究和实践科学有效的训练方法。

作为一名享誉世界的武术家、运动员和为专业训练人士制订训练计划并指导其训练的运动表现教练，考特分享了他多年积累的经验。他是国际壶铃健身联合会的创始人兼董事，曾在 40 多个国家进行演讲与授课。他在众多专业体育团队担任顾问，包括美国国家橄榄球联盟的旧金山 49 人队和圣迭戈电光队，美国职业棒球大联盟的得州游骑兵队、西雅图水手队和洛杉矶道奇队，国家冰球联盟的阿纳海姆鸭队。考特也是美国国家体能协会（NSCA）认证的体能训练师（CSCS）。